Terapia Regresiva Infantil

Manual Práctico

Carlos González Delgado
y
Sonia Tapiador Coello

www.ediciones-ende.com

Primera edición, mayo de 2025

www.ediciones-ende.com info@ediciones-ende.com
facebook.com/edicionesende twitter.com/edicionesende
Colección: Psicoterapia del Alma

Edición, maquetación, cubierta y diseño: © ediciones ende
Diseño de cubierta © ediciones ende
Impreso en España / Printed in Spain
ISBN: 978-84-10337-53-4
Depósito Legal: SE 934-2025

Terapia Regresiva Infantil

Manual Práctico

Carlos González Delgado
y
Sonia Tapiador Coello

ediciones ende

Autores

Sonia
Tapiador Coello

Carlos
González Delgado

Índice

PARTE 1

Por Sonia Tapiador Coello

Prólogo

Este proyecto nace del impulso de aunar dos mundos: la Psicología Infantil y la Terapia Regresiva.

Cuando mi profesor Carlos González Delgado me propuso el proyecto, no me lo pensé demasiado. Me pareció fascinante poder fusionar nuestro conocimiento y experiencia para presentar un recogido de estrategias y recursos que den soporte y estructura a la Terapia Regresiva Infantil.

El recorrido de Carlos González, psicólogo, discípulo de José Luis Cabouli, con muchos años de reconocida experiencia, formador de terapeutas regresivos en su propia escuela ATMA, fundador y presidente de la Asociación Española de Terapia Regresiva; ofrece la impecable sabiduría y especialización de la técnica para aplicarla de manera segura, eficiente y eficaz a la infancia. El tándem perfecto para complementar mi experiencia y conocimientos adquiridos de 23 años como Psicóloga Infantil, especializada en niños y adolescentes con dificultades emocionales, psicológicas y mentales.

Desde el 2021, cuando realicé mi formación en Terapia Regresiva, fui consciente de que muchos de los recursos y estrategias que ya usaba en mi consulta coincidían significativamente con la aplicación de la Terapia Regresiva. Por lo que fue fácil complementar e integrar con lo aprendido en la formación y empezar a realizar Terapia Regresiva Infantil con mayor especialización.

Esta obra pretende presentar recursos y estrategias, y, a la par, ofrecer ejemplos de abordaje de diferentes casos reales. No sin antes profundizar en algunos principios teóricos y conocimiento de Psicología Infantil, imprescindibles para comprender la base y estructura de los recursos, estrategias y terapias mostradas.

El ejercicio de la Psicología Infantil nos permite ser plenamente conscientes de que si trabajamos desde la infancia podemos procurar adultos más sanos emocionalmente y, en consecuencia, unas relaciones más equilibradas y una sociedad más sana. Este es uno de los pilares fundamentales que motivan el uso de la Terapia Regresiva en la infancia.

Una de mis frases más proclamada es que "los niños son nuestros grandes maestros". Desde el inicio de mi ejercicio, allá por el 2002, fui consciente de que subestimamos a los niños, sin darnos cuenta de que si los observamos más y manipulamos menos podemos aprender grandes cosas de ellos. Tras mi larga experiencia con los niños, siento profundamente que "son nuestros abuelos, nuestros ancestros", que a través de ellos vienen a ayudarnos a recuperar nuestro poder de autosanación, simplemente hemos de ayudarles a desplegar sus recursos. Los niños nos vienen a enseñar el real sentido de la vida: amor incondicional, sueños, esperanza, fluidez, disfrutar de la vida con ilusión y sin victimismo.

Son seres transparentes, no enturbiados y contagiados por las desilusiones del mundo, que son una creación adulta. Cuando entramos en la vida adulta y soltamos la capacidad de soñar de los niños, estamos perdidos... Soñar es crear, si no creo, no doy rienda suelta a mi esencia, no expreso mi luz, me apago... Y con ello: "ensombrezco mi realidad y el universo".

Los niños nos presentan el mejor modelo de recuperación, sobre todo en la primera infancia: tienen fluidez emocional, no "embotellan" las emociones, lloran, ríen, dejan salir sin tabú.

Nuestra esencia está en el niño que fuimos y de adulto en nuestro niño interior.

Pero los niños también son los seres humanos más vulnerables, por tanto, ayudarles en su sanación, en su desarrollo y evolución es "ser defensores de la vida". Es nuestro deber y responsabilidad ser la voz, los intérpretes y los defensores de los niños.

Explicaremos en los capítulos posteriores cómo los niños se ven afectados sin poder escapar de traumas y heridas que en un futuro harán que perciban el mundo como hostil, viviendo en "modo supervivencia" y más adelante enfermando física, emocional o mentalmente.

También ofreceremos claves para la sanación de las personas, que parten por: trabajar la energía masculina y la energía femenina, integrarlas y recuperar la voluntad del niño interior para que pueda dirigir su mente y su conducta de manera libre. Esta limpieza profunda permite cambios en el ADN, lo que derivará en adultos sanos, relaciones sanas y una humanidad más equilibrada.

Así pues, la premisa es: si sanamos a los niños, los limpiamos y liberamos de toda esa serie de heridas, traumas y patrones heredados, llegarán a la vida adulta con salud física, emocional y mental. De esa manera podrán establecer relaciones sanas y así tener paternidades y maternidades responsables que den pie a descendencias sanas, libres de bloqueos y energía tóxica.

Y la Terapia Regresiva (sin necesidad de hipnosis), es un método completamente seguro y adecuado, porque nos permite acceder a esas heridas, traumas y patrones tóxicos de una manera sencilla y respetuosa.

Todo esto, será comprendido en el transcurso de la lectura, que pretende aportar sabiduría y conocimiento tanto a terapeutas como al público en general.

Cabe señalar que este libro no es sustituto de una formación exhaustiva y completa sobre Terapia Regresiva Infantil. Puede ayudar a conocer técnicas a terapeutas regresivos y a psicólogos infantiles, pero nunca equivaldrá a la formación correspondiente en estas disciplinas. Y no puedo terminar sin enfatizar que en el mundo de las terapias con los niños es de especial relevancia la prudencia y la responsabilidad profesional.

Esperamos que disfruten de la lectura.

Sonia Tapiador Coello
Barcelona, 20 de Abril del 2025

1. La importancia y adecuación de trabajar con los niños a través de la terapia regresiva. Consideraciones a tener en cuenta

Para entender la vulnerabilidad del niño y la pertinencia de usar la Terapia Regresiva como técnica de sanación en la infancia, hemos de tener en cuenta una serie de consideraciones.

Es muy importante prestar atención a la mente subconsciente desde la concepción hasta la pubertad, especialmente hasta los 7 años; ya que está programada con emociones y recuerdos que más tarde generarán problemas en el adulto.

Ya en el vientre materno se graba el archivo de las emociones y situaciones que están experimentando mamá y papá.

Desde el nacimiento empezamos a codificar las experiencias en buenas y malas, esto también determina nuestros esquemas mentales.

Por si fuera poco, además existen traumas transgeneracionales, es decir traumas que se heredan de nuestros ancestros. La epigenética nos ha ofrecido ya muchos estudios sobre ello. Como ejemplo, la Universidad de Emory, trabajó en un estudio que investigó el mecanismo biológico por el cual ciertos eventos estresantes pueden afectar el comportamiento emocional e incluso el metabolismo de generaciones futuras. Se expuso a ratones de manera aversiva a la flor del cerezo, comprobando que la segunda y la tercera generación de crías seguían respondiendo con miedo ante la presencia de estas flores, a pesar de no haber sido condicionadas directamente. Diversos estudios concluyen que portamos la información de tres y cuatro generaciones anteriores.

Toda esta información, la grabada en el vientre materno, la almacenada con las primeras experiencias y recuerdos, la heredada de nuestros ancestros y la que porta nuestra alma de experiencias anteriores, se almacena y se guarda en el subconsciente. Así, configura una serie de patrones y sistemas de creencias (esquemas mentales) que son energía en movimiento que se activa durante la vida. Esta energía se dispara y atrae vivencias, personas y situaciones que nos dan la misma experiencia, como si de un bucle se tratase.

En cuanto a la Terapia Regresiva, su poder terapéutico reside en que proporciona al consultante una sanación más rápida, profunda y eficaz que muchas otras herramientas, ya que permite acceder a todos esos archivos subconscientes (sin necesidad de hipnosis). Con lo que facilita una catarsis física (revivir las sensaciones y emociones atrapadas para resolver la experiencia que quedó incompleta) y una catarsis mental (entender de dónde vienen los patrones que nos condicionan nuestra vida, lo que nos proporciona un autoconocimiento consciente y profundo de nosotros mismos). Además, la Terapia Regresiva es una terapia energética que facilita el desbloqueo, la recuperación, la sanación y el reequilibrio de nuestra energía para recuperar nuestra fuerza vital y nuestra voluntad. Todo esto es imprescindible para una óptima salud global, además de un catalizador para que podamos cambiar los patrones insanos. En definitiva, la Terapia Regresiva nos va a permitir sanar las huellas físicas, emocionales, mentales y energéticas que dejaron las vivencias traumáticas.

Y si esta terapia es un método fácil y eficaz en la vida adulta... ¿Para qué exponer a los niños?, pueden preguntarse algunos.

Pues porque los profesionales de la salud vemos constantemente cómo los adultos "sobreviven" invirtiendo la mayor parte de su energía en la lucha con su pasado, sus emociones escondidas, sus patrones de pensamiento insanos... Así es muy difícil tener energía para cambiar patrones, salir de los "bucles" (emocionales, mentales y conductuales), tomar responsabilidad, dirigir nuestra vida hacia la satisfacción y, sobre todo, disfrutar aquí y ahora.

Si no vaciamos y liberamos toda la energía estancada no seremos seres libres que fluyen en la vida, sino esclavos de nuestra biografía. Y no olvidemos que "nuestra biografía se convierte en nuestra biología". Es decir, cada trauma vivido o insertado en nuestro ADN (herencia transgeneracional) genera una energía estancada que hará que nuestras células se repliquen con esa energía insana y, de esa manera, incremente el riesgo de enfermar tanto física, como emocional, como mentalmente. Como ya hemos explicado y veremos en más profundidad en posteriores capítulos, desde el vientre materno hasta los 7 años, van a quedar grabados en nuestra energía y nuestro inconsciente muchas huellas y heridas que darán lugar a esos problemas físicos, emocionales y mentales. Pero no sólo eso, como dijo Jung: *"Lo que hemos olvidado o no hemos entendido de la infancia, lo atraemos como destino dramático"*, es decir que el bloqueo energético nos llevará a repetir sucesos e historias propias y transgeneracionales.

Por tanto, como cualquier otro tratamiento preventivo, la Terapia Regresiva en la infancia va a procurar un adulto más sano y equilibrado tanto emocionalmente como físicamente, porque no contará con tanta proporción de energía estancada. Literalmente, hemos de "sacar esa energía" de nuestras células para que cuando se repliquen vayan limpias y no cargadas de energía bloqueada e insana. Hemos de "limpiar el ADN de los niños".

Teniendo en cuenta que dentro de cada adulto hay un niño herido (niño interior), trabajando desde la infancia se procurarán niños interiores más sanos, algo fundamental para el bienestar global de la persona. Y, como ya comentamos en el prólogo, individuos sanos permiten relaciones sanas, paternidades y maternidades responsables y descendencias sanas.

Otra consideración de vital importancia es poder prevenir abusos en la infancia, que por desgracia son más numerosos de lo que pensamos y pueden acabar detonando en muchos problemas de salud e incluso llevar a la autolesión y el suicidio consciente o inconsciente.

Por otra parte, en el trabajo con los niños vamos a encontrar una serie de ventajas respecto a los adultos.

Los niños trabajan en Terapia Regresiva con gran facilidad porque son "soñadores despiertos" y no ponen juicio a su imaginación. Están familiarizados innatamente con el uso de la imaginación como un recurso para acceder a su subconsciente. Tienen la virtud de recordar vidas pasadas de manera espontánea. Para ellos es una forma de jugar, sin resistencias, con transparencia y naturalidad.

Los niños, en general, son más emocionales y menos mentales que los adultos. Es decir que su fluidez emocional va a favorecer la catarsis física necesaria en la Terapia Regresiva. Si bien no se hace en profundidad en el momento de la terapia, irá desbloqueándose en días posteriores a través de sueños y estados emocionales. Ellos tienen gran capacidad para transformar la energía de las emociones de malestar en energía de bienestar, son grandes alquimistas.

En el adulto las emociones de malestar se han prolongado, convertido en estados de ánimo, sintomatología física, emocional y mental. Hay más bloqueo energético y es más costoso acceder a las heridas.

Un trabajo extremadamente importante en la infancia es el del afrontamiento de los miedos. Va a ser muy determinante para la vida adulta, porque ahí radica la seguridad en uno mismo, el vivir libremente y no en modo supervivencia, y el amor propio-autoestima; algo indispensable para el correcto desarrollo personal, emocional y social. En los niños, es más fácil acceder a esos miedos, porque los expresan sin tabúes. Y debemos atender de manera imprescindible al "miedo capital o miedo que se esconde tras todos los miedos": la muerte. El trabajo del miedo a la muerte en la infancia garantiza adultos más libres y sanos emocionalmente, y con una mayor apertura de consciencia

Como condición básica para realizar Terapia Regresiva a los niños, el terapeuta debe ser extremadamente profesional y respetuoso tanto con ellos como con sus padres. Debe procurar ir siempre en consonancia con la educación que sus padres desean transmitir, así como ser cauto para no incidir negativamente en los esquemas mentales del niño ni en sus emociones. Eso sí, el tener acceso a la familia a través del niño va a facilitar que el terapeuta pueda observar desajustes en el sistema familiar y pueda ayudar terapéuticamente al equilibrio. Está claro que los niños son un reflejo del sistema familiar y en concreto de sus padres, por lo que la mayoría de las veces el trabajo va a ser familiar.

El terapeuta debe acompañar al niño de manera afectiva y lúdica, haciendo uso de la simbología, ya que los niños trabajan particularmente a partir de ella. De la misma manera que con los adultos, se trata de no quedarse en la fascinación o surrealismo del relato del consultante, sino en la simbología de lo que explica, y en ofrecerle recursos para que desbloquee/libere/recupere energía.

Por último, en el caso de los niños, se debe ofrecer de manera imprescindible un seguimiento terapéutico tras la terapia durante todo el tiempo que sea necesario.

2. El cerebro del niño

Voy a exponer una explicación del cerebro basada en la teoría de Paul McLean (años 60), una teoría que erróneamente algunos pueden considerar antigua y desfasada, pero que sin embargo ha cobrado especial importancia en los últimos años porque encaja completamente con los estudios de la neurociencia actual. Esta teoría permite entender la interconexión de todos nuestros sistemas, que evidencia que el ser humano tiene que estudiarse y comprenderse desde una perspectiva holística e integrada. En pocas palabras: cuerpo, emociones y mente no se pueden comprender por separado, están profundamente interconectadas y precisamente su disociación o separación es lo que causa desajustes en la salud.

Trataré de explicarlo sin tecnicismos, de manera sencilla, como lo explico incluso a niños y adolescentes, puesto que pienso que es fundamental que ellos entiendan cómo funcionan sus sistemas para poder autorregularlos.

El cerebro del niño se desarrolla en tres etapas o "pisos".

El primer "piso" que se desarrolla es el Cerebro Reptiliano, compuesto por el Tronco Encefálico y el Cerebelo. Está activo y operativo ya en el útero materno.

Se ocupa de las funciones básicas (respirar, comer, dormir, despertar, llorar, temperatura, hambre, sed, dolor), del control muscular, del equilibrio y de las funciones autónomas (respiración y frecuencia cardiaca).

Es el encargado de la supervivencia y de la homeostasis corporal.

En él nace el Nervio Vago, que lleva la información de los órganos al cerebro y a la inversa. Es nuestro centro regulador, controlando ritmo cardiaco, la respiración y la digestión. Además, se encarga de la Interocepción, nuestro sexto sentido (percepción de lo que sucede dentro de nuestro cuerpo), cuya afectación está demostrada en muchos trastornos físicos, emocionales y mentales.

Esta parte del cerebro es la más instintiva y, a partir de las señales que recibe el Nervio Vago de las vísceras, prepara al cuerpo para la lucha o la huida.

Puesto que el bebé primariamente sólo tiene esta parte desarrollada, va a grabar la información interoceptiva a modo de memoria sensorial en "amenaza/no amenaza". En conclusión, hay un aprendizaje instintivo muy prematuro que determinará nuestros mecanismos de defensa futuros y quedará grabado en nuestro sistema corporal/sensorial.

El segundo "piso" cerebral corresponde al Sistema Límbico, donde encontramos el Hipocampo (Memoria), la Amígdala, el Hipotálamo y parte de la Corteza Orbitofrontal. Aquí vamos a encontrar también la Ínsula, que es la que integra la información proveniente del Nervio Vago.

El Sistema Límbico configura junto al Cerebro Reptiliano nuestro Cerebro Emocional. Es el encargado de nuestro bienestar, el centro regulador de las emociones, del aprendizaje, de la memoria y de las relaciones sociales.

Aquí tenemos el monitor del peligro, valora las situaciones, estímulos y todo lo que viene tanto del interior como del exterior y lo codifica como agradable/desagradable (placentero/doloroso).

La Ínsula, también partícipe en la Interocepción junto al Nervio Vago, es el centro de alarma interno que avisa a la Amígdala de la amenaza. Para ello integra la información sensoriomotriz, encargándose de la percepción y del procesamiento de la información sensorial (vista, olfato, gusto, oído, la coordinación y el control motor).

La Amígdala activará el Sistema Nervioso Simpático que es el que preparará el cuerpo para la huida o la lucha. Hemos de saber que nuestra Amígdala dedica dos tercios de sus neuronas a detectar amenazas, lo que hace más fácil que se almacenen en nuestra memoria a largo plazo los hechos dolorosos que los agradables. La naturaleza de ello se basa en la premisa de que nuestra supervivencia depende de nuestra capacidad para detectar amenazas.

El Hipocampo (formación, organización y conservación de recuerdos) guardará la información en fragmentos de sensaciones físicas y emocionales.

El Sistema Límbico y el Cerebro Reptiliano van a ser prácticamente los únicos "pisos" funcionales del cerebro hasta los dos años de edad. Por lo que podemos comprender la relevancia del grabado sensorio-emocional que se produce en nosotros antes de que pueda haber un filtro de razonamiento, cuando somos puramente instinto y emoción.

A partir de los dos años, se acentúa el desarrollo del tercer "piso" del cerebro: El Neocórtex. Este es nuestro Cerebro Racional, la parte del cerebro encargada de la cognición, el lenguaje, el razonamiento abstracto y las funciones mentales superiores.

Los Lóbulos Frontales (Córtex Pre-Frontal) empiezan a desarrollarse antes, pero no tendrán funcionalidad completa hasta los siete años e incluso posteriormente en niños inmaduros. Es más, la maduración total no alcanza su pico hasta la vida adulta (25-30 años aproximadamente). Y este es nuestro Cerebro Ejecutivo, es decir el que controla la atención, posibilita el pensamiento consciente, permite filtrar la información, planificar, reflexionar, imaginar y predecir escenarios futuros.

La Ínsula conectará con el Neocórtex o tercer "piso" para encargarse de la percepción de las emociones sociales como la empatía, culpa, vergüenza o para la toma de decisiones emocionales.

La información del Sistema Límbico llega a la Corteza Pre-frontal Medial, que es la que permite ver más allá y valorar qué sucederá si realizamos una acción u otra y así hacer una toma de decisión consciente. Para ello va a regular y gestionar las respuestas automáticas emocionales.

Dado todo esto, podemos comprender que en general el niño menor de siete años (y mayores en caso de inmadurez) no va a poder hacer un filtrado de los inputs y diferentes estímulos que vienen tanto del interior como del exterior, puesto que no funciona aún el Control Ejecutivo.

El niño ya en el vientre materno va a impregnarse de todo lo que sucede a su alrededor. Su corazón se sincronizará con el de mamá (el corazón se desarrolla antes que el cerebro) y todo lo que suceda ese tiempo va a determinar su desarrollo sensorial, cómo se establece su futuro mecanismo de defensa, su regulación emocional y la posterior funcionalidad de su Neocórtex. Es decir, que condicionará desde ese momento la conexión entre Corazón, Nervio Vago, Ínsula, Amígdala, Hipocampo y Neocórtex que va a establecer su sistema.

La sincronización de los corazones bebé y mamá se produce según la frecuencia respiratoria de mamá. A una frecuencia respiratoria más alterada, más momentos de sincronización del corazón, como una especie de "vigilancia del bebé", una metáfora de *"si mamá respira alteradamente voy a ver qué pasa"*. Con lo que una mamá estresada o con conflictos físicos, emocionales o mentales va a tener una frecuencia respiratoria mayor y el corazón del bebé se sincronizará más frecuentemente. Energéticamente, cuando los corazones se sincronizan el bebé siente el amor de mamá, pero también se conecta a sus huellas o heridas con lo que sucede un traspaso de memorias. Y físicamente, si la frecuencia respiratoria de mamá se altera su frecuencia cardiaca también se incrementa, con lo que al sincronizarse con el bebé va a provoca que su corazoncito responda con una presión sanguínea mayor, lo que puede ser precursor de secuelas posteriores (físicas, emocionales o mentales).

Teniendo en cuenta esto, si el Cerebro Reptiliano y las Regiones Cerebrales Subcorticales involucradas en las emociones se han visto significativamente activadas (bien por causas durante la gestación o por una mamá con huellas y conflictos propios o transgeneracionales), esto va a provocar: mayor sensibilidad sensorial, una tendencia a la reactividad y a la percepción de amenaza, dificultad de gestión emocional y que haya una desconexión o hipoactivación posterior del Lóbulo Frontal. Si, por el contrario, ha habido un defecto de actividad o estimulación, habrá una posterior hipoactivación del Nervio Vago, anhedonia, y dificultad para conectar con las emociones que llevará a estar en exceso en la mente. Porque, como he ya he mencionado, todo lo que el bebé sienta condicionará la conexión entre Corazón, Nervio Vago, Ínsula, Amígdala, Hipocampo y Neocórtex.

Así pues, como nadie hemos escapado del vientre materno, nos desarrollamos ya con una tendencia a la "desconexión" entre los "pisos cerebrales", dado que por muy tranquila que haya sido la gestación nuestro sistema es tan vulnerable que queda un grabado irremediable. La "desconexión" será mayor o menor en función del nivel de activación/hipoactivación.

Los extremos provocarán dificultades sensoriales, emocionales y mentales o, con otras palabras: tendencia a quedar atrapado en el cuerpo y en las emociones ("pisos de abajo") o en la mente ("piso de arriba). Eso va a propiciar que respondamos con sintomatología física y ahogo emocional o con tendencia al exceso de mente (bucles, obsesiones, problemas atencionales y del control ejecutivo...). En definitiva, provocará sintomatología física, emocional y mental a las que hoy día ponemos etiquetas y diagnósticos clínicos.

Por último, he de destacar que las ondas cerebrales hasta los siete años son lentas, ondas Delta y Theta (propias de estados de relajación y meditación en los adultos), lo que va a favorecer que se quede todo profundamente grabado en el inconsciente y en el Hipocampo. Codificaremos en agradable/desagradable, y se establecerá un mecanismo futuro de búsqueda de placer/huida del dolor en función de lo que se haya ido experimentando en esos primeros años.

Esto es lo que determina que "todos seamos niños heridos", ya que todos hemos pasado por el vientre materno y la infancia, sin posibilidad de afrontar o huir ante los acontecimientos externos. Es por ello, que cobra especial importancia el trabajo terapéutico con los niños, para poder paliar daños y evitar futuras consecuencias emocionales, mentales y físicas.

3. Premisas básicas para el trabajo terapéutico

Para el trabajo terapéutico con los niños, igual que con los adultos, es imprescindible tener claras tres premisas básicas.

La primera es que: **La base de la Salud está en el equilibrio e integración de la Energía Masculina y la Energía Femenina**.

La física cuántica nos explica que somos energía, puesto que dentro de nuestro cuerpo hay órganos, dentro de nuestros órganos hay tejidos, dentro de nuestros tejidos hay células, dentro de nuestras células hay moléculas y dentro de nuestras moléculas hay átomos.

Y nuestra energía se divide en Energía Masculina y Energía Femenina. La masculina nos la entrega papá, es racional, centrada en el pensamiento y la acción, la que nos dirige en lo externo, dadora y proveedora. La femenina nos la entrega mamá, es receptiva, creadora, centrada en las emociones y en nuestro mundo interno.

Así, la Energía Femenina está arraigada a nuestros sentidos, nuestro cuerpo físico y emocional. Y la Masculina a nuestra mente y nuestra acción. ¿Y a qué nos suena estas dos distinciones? Al Cerebro Emocional (Reptiliano y Límbico), que se encarga de las sensaciones corporales y emocionales, es decir nuestro mundo interno; y al Cerebro Racional (Neocórtex) que dirige pensamiento, mente y conducta.

El equilibrio de la salud está en equilibrar e integrar estas dos energías, o lo que es lo mismo: Conectar los tres pisos del cerebro y con ello cuerpo, emociones y mente.

El desequilibrio de la energía masculina nos provoca múltiples afecciones físicas, emocionales y mentales, lo mismo que el desequilibrio de la energía femenina. Por tanto, habrá que equilibrar ambas energías e integrarlas (comunicarlas) para que se produzca la homeostasis: el femenino (mundo interior) debe florecer limpio y sano para que el masculino pueda proteger, guiar y proveer (mundo exterior).

Así pues, la cuestión está en que hay que sanar las heridas emocionales (energía femenina, mundo interno) porque si no estamos disociados, o lo que es lo mismo "desconectados", no podemos comunicarla con la energía masculina, ni conectar los "pisos del cerebro", ni cuerpo-emociones-mente. Esa falta de conexión, además de múltiple sintomatología física, emocional y mental, provocará que nuestra mente, voluntad y conducta estén dirigidas por heridas y patrones insanos (grabados en nuestro inconsciente como hemos visto en capítulos anteriores).

Otra premisa básica es que **Nuestra biografía se va a convertir en nuestra biología**. Puesto que nuestro cuerpo es un campo vibratorio de energía, cuando la energía no está en equilibrio y no fluye de la manera adecuada, van a producirse una serie de bloqueos energéticos que harán que nuestras células se repliquen con energía estancada y tóxica. La energía bloqueada en el tiempo acaba ocasionando daño en los tejidos que es lo que llamamos "enfermedad". Un caos atómico en nuestro cuerpo se traduce en caos molecular y caos celular y los síntomas son la alarma de este caos.

¿Y qué causa el estancamiento de la energía? Todos aquellos traumas, heridas, patrones, emociones reprimidas, lo almacenado en el vientre materno, historias propias y familiares grabadas en el ADN, etc... Todo esto va a determinar nuestra biología, ya que lo no expresado lo acabará expresando el cuerpo. Nuestra "psique" va a descargar en el cuerpo para poder seguir sobreviviendo. Ya es reconocido por la OMS que más del 90% de las enfermedades son de origen psicosomático (a mi parecer son el 100%).

En cuanto a la transmisión transgeneracional de patrones en el ADN, actuará como energía en movimiento que se disparará y atraerá situaciones, personas, a modo de bucle hasta que se desbloquee, recupere y sane la energía. Por tanto, pensamos que tenemos libre albedrío, pero la realidad es que estamos condicionados por la energía que portamos, ya que lo que "es adentro es afuera" y vamos a "cocrear nuestra realidad" desde patrones y creencias limitantes heredadas.

Por último: **La persona forma parte de un Sistema**. Es decir, todo individuo forma parte de un sistema familiar, laboral, social. Y esto cobra especial relevancia en el caso de los niños, puesto que los niños somatizan los bloqueos de sus figuras paternas. La mayoría de las sintomatologías van a estar asociadas a papá o mamá, e incluso con la relación entre ellos (recordemos que papá es nuestra energía masculina y mamá la femenina, la comunicación con ellos y entre ellos determinará la conexión entre nuestras dos energías). Así que, habrá que hacer una recogida de información tanto familiar como escolar para poder trabajar de manera coherente. Y, como ya hemos referido, trabajar con el sistema familiar será necesario en la mayoría de las ocasiones.

Además, se ha de tener en cuenta el árbol transgeneracional, pues como hemos explicado, el niño recibe una herencia de heridas, traumas y patrones en su ADN. Será necesario contemplar tanto el linaje paterno como materno.

4. Anamnesis

Antes de empezar a trabajar con el niño, será imprescindible hacer una recogida de información a modo de historia clínica. Esta información nos servirá para dirigir la terapia hacia el origen de la problemática: vida intrauterina, traumas, cargas transgeneracionales, almas perdidas, vidas pasadas, etc.

Vamos a explorar los siguientes aspectos:

Gestación y parto: Como hemos explicado, la vida intrauterina va a ser de vital importancia para entender el desarrollo sensorial de cada niño, cómo gestiona su mundo emocional, sus mecanismos de defensa, y cómo dirige su mente y su conducta.

Debemos tener en cuenta todo lo que se refiere al mundo interno de papá y mamá, como la situación externa familiar, laboral, social de ellos. Cuáles han sido sus sentimientos antes y durante la gestación, así como la relación entre ellos y los sucesos vitales estresantes. Muy importante si ha habido algún duelo familiar (esto marcará significativamente al bebé).

Será muy relevante también el orden o posición de hijo en la familia, si ha habido fallecimientos de otros hijos u abortos. Según la posición, podemos entender algunos rasgos y conductas. Si ha habido abortos o fallecimientos habrá sentimientos de culpa, carga, lealtad, herida de abandono, etc. Y tener en cuenta de que el alma perdida puede también estar acompañando.

El parto va a ser siempre un trauma, la forma de nacer marcará el temperamento del individuo. Y digo "trauma" porque, aunque no haya tenido complicación, para el bebé es una vivencia de separación y un cambio de medio ambiente, pasará de estar protegido por agua y respirando a través de la placenta a "estar en el aire" y tener que respirar con sus propios pulmones. Se han de tener en cuenta: complicaciones tanto médicas como familiares, prematuridad, si ha estado en incubadora, la separación con mamá (hasta los dos años el bebé se siente un "anexo" de mamá), etc. Hay que recoger todo detalle del parto, cosas que aparentemente no tienen importancia serán decisivas para entender como se mueve el niño en la vida. Por ejemplo: niños que nacen con "vuelta de cordón", nos habla de memorias de ahogo que pueden desencadenar futuros problemas respiratorios, alérgicos y asmáticos e incluso niños demasiado apegados o demandantes de atención.

También es necesario recoger información acerca de abuelas y bisabuelas en relación con la maternidad. Las dificultades a la hora de concebir, gestar y "maternar" se repiten y generan secuelas en los descendientes (Es lo que llamamos "Memorias del Útero").

El papel de mamá es de vital importancia, ya que según mamá me da la vida así la voy a vivir. Es decir, si mamá me la da con esfuerzo, miedo, carencia...voy a vivir la vida con esas sensaciones.

Alimentación: Cómo el niño se nutre físicamente es una muestra de cómo se nutre afectivamente, es decir cómo se relaciona con el amor. Debemos atender a si el niño es demasiado restrictivo/selectivo con los alimentos, o bien todo lo contrario, come de manera ansiosa y sin moderación.

Los problemas alimentarios y las alergias/intolerancias alimentarias nos aluden a energía femenina en desequilibrio y a situaciones traumáticas que resuenan con la presentación del estímulo (alimento).

En concreto, los Trastornos Alimentarios nos indican un severo bloqueo de la energía femenina (Cómo me nutro es cómo me doy amor). Es similar a la Adicción y a las Autolesiones, responden a una búsqueda de dopamina (placer/sensación de bienestar momentáneo) para anestesiarse del dolor (mecanismo de evasión o huida), pero a la par es un autocastigo (esconde culpa y vergüenza).

Sueño: Recogeremos información sobre hábitos de sueño y trastornos del sueño, así como pesadillas, terrores nocturnos, etc.

Los miedos a la hora de dormir y a la oscuridad se asocian con traumas y con la percepción sensorial/extrasensorial de energías.

Las pesadillas y terrores nocturnos son canalizaciones (liberación de energía) de vidas pasadas, traumas, tragedias del linaje, etc.

El insomnio y la somnolencia son alarma de conflictos energéticos y emocionales graves, pueden ser propios o transgeneracionales.

Desarrollo sensorial: Debemos atender a problemáticas respecto a la vista, olfato, oído, gusto.

Tener en cuenta el desarrollo de la Interocepción, si se presenta exceso o defecto de sensibilidad. Explorar este aspecto será muy importante en niños con dificultades, diagnósticos clínicos y/o Neurodivergencias. Revisaremos qué pasó en la gestación y también el transgeneracional, en el que con seguridad pasaron muchas cuestiones que han generado múltiples bloqueos energéticos y que están comprometiendo la salud de los descendientes.

Síntomas Físicos/Enfermedades: Recabaremos información tanto de la historia clínica del niño, como de los antecedentes familiares. Puesto que "*Nuestra Biografía se convierte en nuestra Biología*", cada síntoma es una alarma de una herida interna que sangra en nuestro inconsciente. El cuerpo nos habla a través de la sintomatología: lo que el alma calla lo grita el cuerpo. Cada una de las afecciones nos hablará de un bloqueo energético que solucionar.

Por ejemplo: Las cefaleas y migrañas nos señalan un exceso de control, obsesión y bucle mental.

Nuestro estómago responde con sintomatología cuando hay cuestiones emocionales que no podemos digerir (Recordemos que el Sistema Digestivo es nuestro segundo cerebro, todas las sintomatologías relacionadas nos hablan de estar sobrepasado a nivel psíquico).

Nuestra piel externaliza cómo nos relacionamos con el exterior, memorias de separación, heridas de abandono/rechazo/humillación y si hay un desequilibrio de nuestra energía masculina.

Los problemas respiratorios nos señalan tristeza "solidificada" (mucosidad), emociones que no fluyen y memorias de ahogo emocional/físico.

La garganta y problemas de tiroides nos hablan de las injusticias "tragadas", de emociones reprimidas, defensiva y dificultad para expresar. Los problemas con la voz y con las cuerdas vocales exactamente lo mismo. Nuestro Nervio Vago pasa por las cuerdas vocales, así que las afonías también nos alertan de bloqueo de este (la energía no circula).

Las piernas con tendencia a lesiones, también nos señala desequilibrio energético en relación con el masculino o el femenino.

Las rodillas con problemas nos hablan de que hemos sido o nos hemos sentido obligados (Es típico que nos digan que a los niños les duelen "por el crecimiento", pero la realidad es que de los 6 a los 12 años se forja el sentido de responsabilidad, y si se sienten "obligados o sacrificados" a crecer, pues van a resentirse las rodillas).

Los problemas de crecimiento nos esconden miedo a crecer por inseguridad al asumir el rol de adulto y resistencia a aceptar los aprendizajes, heridas, patrones, etc.

Las problemáticas de espalda y columna son importantes de atender, nos hablan de carga, de sentimiento de falta de apoyo. Pero también hemos de recordar que la espina dorsal es la base por la que se insertan nuestros chakras (energía vital) y nuestro Nervio Vago (control homeostático del cuerpo), por lo que nos alerta de un bloqueo que luego puede profundizarse y tocar tejidos y órganos.

Las infecciones urinarias y del tracto reproductivo, así como los problemas hormonales, nos alertan de sentimiento de invasión, abuso, "memorias del útero" (ancestras que pasaron muchas cosas respecto a su feminidad y la maternidad).

Los riñones y sus problemáticas se relacionan con el miedo a la pérdida y el sentimiento de carencia, como con la angustia por falta de apoyo de la energía masculina.

La diabetes nos habla de falta de dulzura en la vida, de mucho dolor, heridas y femenino herido en el linaje.

Y así, un largo etcétera.

Hay que prestar atención a enfermedades degenerativas, cáncer, demencias, fibromialgias, problemas cardiacos y causas de fallecimiento en los antecedentes familiares. Nos señalarán claramente patrones muy instaurados y de repetición (lealtades familiares). Por ejemplo: las demencias nos alertan de un patrón de desequilibrio de energía masculina; exceso de uso de mente y acción; rigidez y bucle mental; exceso de responsabilidad, de trabajo y de preocupación; tendencia a abandonarse emocionalmente y falta/carencia de madre. (Se hace un retroceso, vuelven a ser niños para poder recibir el cariño y el cuidado que les faltó en su infancia; bien por tener una madre ausente o bien por tener una madre presente pero ausente emocionalmente, dada la falta de apoyo de la figura masculina).

Regulación Emocional: El cómo el niño vive su mundo emocional nos habla directamente de la energía femenina, es decir, tiene que ver con mamá. Si no hay autorregulación o la hay en exceso, provocará problemáticas, es decir que debemos atender tanto a la hipersensibilidad emocional como a la frialdad o anhedonia. La fluidez emocional es necesaria para el equilibrio de la energía femenina, por tanto, si hay contención/represión o labilidad emocionales nos alerta de desequilibrio.

Es importante valorar si reprime alguna emoción en concreto o emociones que son demasiado notorias (frecuentes o intensas). Hay que prestar especial atención a las emociones de miedo, culpa, vergüenza, rabia e ira.

La tristeza prolongada exige atención inmediata, sobre todo si incluye sentimientos de desesperanza, episodios de llantos continuos, crisis existencial y/o verbalizaciones de vida sin sentido.

Miedos versus Autoestima: Un exceso de miedo nos alertará de un Hipotálamo y de una Amígdala hiperactivas, lo que nos viene a decir que hay una hiperdefensiva, que va a detonar en: alta percepción de riesgo, sensación de inseguridad, reactividad emocional y conductual, necesidad de control, obsesión, rigidez e inflexibilidad.

Todo esto va a pasar factura a la Autoestima, dando pie a una sensación de lucha constante, de vivir en un mundo hostil, de estar en modo supervivencia y una tendencia a medirse con lo externo (o bien me siento "chiquitito", o bien compito en exceso).

Esto va a marcar la relación con la autoridad, un concepto especialmente importante para el desarrollo socioemocional: me enfrento/rebelo en demasía o me reprimo y complazco.

Las fobias esconden traumas, pero no siempre conectados con la experiencia propia o de la vida actual. La fobia social suele estar provocada por historias pasadas de tener que esconderse, ser perseguido, excluido, sacrificado, etc.

Un desequilibrio de Autoestima siempre nos indica un desequilibrio de energía masculina y femenina y una desconexión entre ellas. Por tanto, el tener una equilibrada autoestima es señal de equilibrio en salud y conexión cuerpo, emociones y mente.

En los casos en los que claramente hay un patrón de hiperalerta será imprescindible revisar la historia familiar, ver qué pasó y que provocó en los descendientes el miedo a la vida. Suelen haber historias de muchas desgracias, pérdidas y duelos.

Desarrollo cognitivo y Mente: Cuando se hace un uso excesivo de la mente deja de ser productivo, es un desequilibrio. Por tanto, una persona con "exceso de mente" va a tener en desequilibrio la energía masculina, lo que le va a comportar atraparse en obsesiones y bucles.

Como hemos visto, la desconexión de nuestro físico, emociones y mente racional es precursora de problemas de salud. Si la mente se desconecta de cuerpo y emociones tenderemos a lo que llamo "efecto pajarera", es decir dispersión mental o dificultad para filtrar la información. En otras palabras: el Control Ejecutivo Cerebral (Neocórtex, Cerebro Racional) no funcionará correctamente.

Lo que se encuentra detrás de una persona muy "mental" es una persona con dificultad para regular sus emociones. De hecho, la alta capacidad cognitiva va siempre entramada con una alta sensibilidad, es decir habrá desequilibrio de la energía masculina, pero a la par de la energía femenina. La persona se disociará cuando no consiga gestionar sus emociones.

En personas con exceso de uso de la mente se suelen encontrar historias familiares en las que pasó algo terrible por estar demasiado en las emociones y no usar el raciocinio. Ahora el patrón del linaje familiar es "soluciona con la mente, no sientas, no desates tus pasiones, eliminando las emociones se evita el sufrimiento".

Debemos atender a las psicosis, alucinaciones, delirios y otras sintomatologías de este tipo como un exceso de desorden mental ocasionado por desconexión con las raíces. Hay historias transgeneracionales de tanto dolor y sufrimiento que se evaden y se disocian. Al irse a la mente, se desconectan de la realidad y del aquí y ahora, lo que provoca que empiecen a confundirse con las memorias que afloran de su inconsciente.

Cabe señalar que cuando la mente está hiperactivada o en desequilibrio, se pierde la conexión y el control consciente de nuestro ser, por lo que es más fácil que puedan acechar otras energías parasitarias o puedan intervenir en nuestra energía.

Comunicación y Expresión: Las dificultades del lenguaje y de la expresión son siempre sintomatología de bloqueo energético. Hay un patrón familiar de tener que callar, esconder abusos, injusticias y cosas que pasaron antaño, incluso miedos al poder de la palabra por decretos que se hicieron. De la misma manera: la verborrea, la incontinencia verbal y las explosiones verbales, también señalan desequilibrio energético. Hay una reactividad provocada por mucho dolor transgeneracional, injusticias y necesidad de ser escuchado.

Conducta y Desarrollo Motor: Observaremos si se tiende al descontrol o a la restricción conductual. La conducta está regida por la energía masculina. Si hay desequilibrio provocará un temperamento y conducta rígida e inflexible o bien una conducta hiperactiva, impulsiva, impaciente e insistente.

Las explosiones conductuales con violencia suelen ser "un grito" de dolor transgeneracional reprimido por injusticia, abuso, humillación, rechazo, abandono, etc.

Debemos prestar atención a manías, tics y estereotipias, pues nos señalan necesidad de gestionar las emociones a partir del movimiento. La hiperactividad conductual esconde historias en las que hubo que moverse rápidamente, o patrones del linaje que tienden a esconder las emociones y el pensamiento bajo la acción y el movimiento ("no pienses, haz").

Los famosos "berrinches" o "rabietas" infantiles son expresiones de dolor que poco tienen que ver con el contexto sino con injusticias de antaño.

La procrastinación, no es pereza, es una huida a la vez que un autocastigo que esconde múltiples heridas emocionales. De la misma manera, la hipoactividad o letargo están escondiendo problemáticas emocionales (bloqueo y falta de energía).

Afectividad y Relación Social: Para el desarrollo de la afectividad y la equilibrada relación social, es muy importante el equilibrio de energías masculina y femenina y su integración. Todo ello va a depender de la relación con papá, la relación con mamá y cómo se relacionan entre ellos.

Los patrones familiares de comunicación y la relación entre estas dos energías, masculina y femenina, van a ser muy significativos para el desarrollo afectivo y las posteriores relaciones afectivo-sociales de los descendientes. Será importante recoger información sobre ello y tener en cuenta relaciones, separaciones, duelos, abandonos y situaciones de maternidades y paternidades difíciles o irresponsables (con sufrimiento para padres e hijos por extremos/polaridades tóxicas).

Cualquier desequilibrio en la relación con papá o mamá va a comprometer el desarrollo del niño. Y con desequilibrio me refiero a extremos de ausencia/falta de atención/carencias o exceso de sobreprotección/exigencia, puesto que toda polaridad extrema se convierte en tóxica y causa desequilibrio en las energías masculina y femenina.

Tanto si la relación con papá como la relación con mamá no están en equilibrio, el amor propio/autoestima del niño va a quedar comprometido, con todo lo que ello conlleva para el desarrollo afectivo, personal y social.

Respecto a las separaciones parentales, tener en cuenta que se trata de un duelo siempre, y por tanto dejará una huella energética, es decir generará unas secuelas que habrá que trabajar. Si papá representa la energía masculina y mamá la femenina, una separación implica que mis dos energías van a estar disociadas. Eso no implica que sea mejor no separarse, sino que habrá que trabajar emocional y energéticamente sin falta. Y respecto a tema de custodias, la relación con ambos padres será indispensable para el correcto desarrollo del niño, siempre que sean sanas y seguras.

En casos de víctima o victimario de bullying y acoso, es indispensable tener en cuenta la relación del niño con la autoridad, nos centraremos para el abordaje en la energía masculina y los patrones del linaje de sumisión/competitividad. Es muy habitual la relación empático-narcisista como aprendizaje de equilibrio energético a través del espejo. Habrá que acompañar el aprendizaje tanto de la víctima como del victimario, sin caer en el señalamiento de "buenos y malos", sino centrándonos en el aprendizaje que cada uno ha de hacer.

Recordemos que, como "animales sociales que somos, las relaciones nos enseñarán a partir de la dualidad. Se pondrá a prueba nuestro amor propio para que aprendamos sobre el límite y la comunicación equilibrada/asertiva.

Los síntomas de desequilibrio energético serán: dependencia emocional, el exceso de generosidad, la manipulación, la alerta, las mentiras, la competitividad, el complacer a todos, la sumisión, el huir de los conflictos, la sensación de "no encajar" en entornos sociales, la necesidad de llamar la atención, la necesidad de pasar desapercibido o el "pánico escénico", la rigidez frente a costumbres y hábitos (patrones), el medirse constantemente por lo "correcto-incorrecto", la rebeldía y el sentimiento de abandono-exclusión-rechazo-humillación-injusticia-traición, etc.

Intereses, disfrute y aficiones: Los niños tienen claros sus centros de interés, desde bien pequeños saben qué les gusta y con qué disfrutan. El problema es cuando los influenciamos o manipulamos consciente o inconscientemente, y sesgamos así sus dones o propósitos. Es muy importante estimular y fomentar la creatividad del niño. Para esto hay que hacerles sentir bien y no decir constantemente lo que hacen mal, porque fulminará su creatividad.

Adicciones y Autolesiones: Toda adicción y modo de autolesión responde a heridas, miedos, apegos y falta de autoestima. La búsqueda compulsiva de placer es una búsqueda irrefrenable de dopamina que pretende anestesiar el dolor, escapar de la herida y a la vez autocastigarse.

Contra más desconectados estemos (cuerpo, emociones y mente) y más heridas inconscientes pendientes de sanar tengamos, seremos más esclavos de esos patrones que nos arrastran a la búsqueda de placer y huida del dolor.

Cualquier hábito que se convierte en compulsivo y sobre el que el niño pierde el control es una adicción y una autolesión.

De la misma manera que en los Trastornos Alimentarios, hay que atender a la conducta/compulsión, pero no servirá de nada si no se atiende a lo que hay detrás: culpa y obsesión/bucle mental.

El trabajo de energías femenina (heridas emocionales) y masculina (regulación mental y conductual) y su integración son indispensables.

Abuso: En caso de existencia o sospecha de abusos físicos, psicológicos, sexuales o de privación (no atender necesidades básicas físicas, emocionales, mentales), habrá que derivar a un profesional especialista del tema por ser una situación de máxima vulnerabilidad.

5. Recursos terapéuticos para aplicar antes, durante y después de la terapia regresiva

Los recursos que a continuación presentamos son útiles tanto para usarlos independientemente como fusionados con la Terapia Regresiva. Nos van a permitir acceder a heridas, hacerlas conscientes y sanarlas.

La mayoría de ellos son aplicables en adultos, pues no olvidemos que *"todos somos niños heridos"* y que el trabajo con el niño interior es un indispensable en toda terapia.

Primera entrevista con el niño: De la misma manera que hemos hecho con los padres en la Anamnesis, vamos a recoger información de una primera entrevista con el niño. En ella vamos a proceder con preguntas acerca de cómo se definen a sí mismos, qué quieren ser de mayores, cómo duermen, si tienen algún dolor frecuente (sobre todo cabeza o barriga), con qué sueñan despiertos y dormidos, si hay alguna pesadilla que se les repite, qué les hace sentir alegría-enfado-tristeza y miedo, impresiones sobre su familia y sus amigos, cómo se sienten en el colegio y qué actividades disfrutan más y menos. Acompañaremos toda esta información con dibujos de la Familia, la Casa, el Árbol y la Persona (detallaremos más adelante).

Emociones: Una de las actividades más relevantes con los niños es hacer un registro emocional. Se puede hacer verbalmente o a través de cuentos y dibujos, pero es muy importante ver si el niño identifica las emociones en él y en los demás, si hay emociones que no reconoce o no quiere expresar y si hay emociones que se repiten en exceso o situaciones que generan múltiples emociones.

Sugerir a los niños que tengan un diario emocional es darles una herramienta sanadora que les va a ser útil para toda la vida. Les va a permitir no reprimir las emociones y liberar diariamente la energía bloqueada a través de la expresión. Y además de ser una herramienta de gestión y autorregulación emocional, es un recurso que les va a proporcionar un profundo autoconocimiento, algo indispensable para una equilibrada autoestima.

Energía, Emociones y Colores: Aprendizaje de estrategias para identificar el estado de su energía en cada momento, para recuperarla y transformarla. Los niños son grandes alquimistas, trabajan fácilmente con la energía; simplemente con enseñarles unos hábitos y practicarlos, aprenden fácilmente a transformarla. A través de dibujos con siluetas, pueden ir representando la energía en las diferentes zonas de su cuerpo durante cada emoción y situación (les dejaremos libertad para escoger los colores, pues eso también nos dará información). Si les cuesta a través del dibujo, se puede hacer a través de la visualización, los niños son especialistas en visualización.

Les enseñamos así hábitos de cuidado, limpieza, protección, transformación y recuperación energética. Es importante instruir sobre el concepto de "contagio energético", pues los niños se mimetizan frecuentemente con las emociones ajenas, son muy permeables (con un dibujo podemos explicarles cómo en una situación la energía de la otra persona les puede envolver y contagiarles). En situaciones de robo energético, también se les enseña a devolver y recuperar su energía, igual que hacemos en la Terapia Regresiva con adultos. Este ejercicio está expuesto en profundidad en el cuento: *"Cuida tu energía, cuida tu superpoder"*, de Sonia Tapiador Coello y la Editorial Apuleyo, julio 2024.

Dibujos: El dibujo es una herramienta mágica con los niños. Nos permite llegar fácilmente a aquello que no pueden o quieren expresar de manera consciente y verbal. Cuando el niño dibuja siempre va impregnado de inconsciente, igual que cuando el adulto escribe. Por eso es una herramienta básica que nos va a arrojar grandes evidencias si sabemos interpretarlo.

El dibujo de la Casa, el Árbol, la Persona y La Familia, es una Técnica Proyectiva Psicológica de gran utilidad para conocer el estado emocional del niño en la primera visita. Estos dibujos se van a acompañar siempre de una explicación del niño, que nos ayudará a la interpretación y a tener más información.

Para explorar emociones, o bien le pedimos que dibuje un personaje que simbolice una emoción, o bien a ellos mismos en una situación emocional. Volvemos a acompañar el dibujo de la explicación que da el niño. Debemos atender a la simbología y a las contradicciones ente dibujo y explicación.

Un dibujo del síntoma o de cómo siente su problema el niño será muy clarificador. De la misma manera que si le hacemos dibujar tras la Terapia Regresiva tendremos muestras de la conclusión del trabajo realizado.

Control Mental: Enseñamos al niño a recuperar el poder de su mente, evitando bucles/obsesiones. Será fácil detectar con los ejercicios si el niño puede estar interferido por obsesores o otras entidades energéticas.

La "Tecnica del Camello" servirá para demostrar al niño que voluntariamente puede tener el control de su mente. Consiste en enseñarle una imagen de un camello y a posteriori tendrá que seguir las instrucciones de "*piensa en el camello*" y "*no pienses en el camello*". Se pondrá un tiempo de no más de dos minutos para cada instrucción y se registrará las veces que se "pierde" o "aparece" el camello. Según mayor destreza para una u otra instrucción vemos la capacidad de funcionalidad de su Control Ejecutivo Cerebral (autorregulación de la atención).

Es muy relevante enseñarles a los niños cómo funciona su cerebro y la necesidad de que conecte su corazón con su mente. En cada situación debe pararse a pensar qué dice su corazón y qué dice su mente (lo pueden registrar con un dibujo), y debe hacer un diálogo para ponerlos de acuerdo. Para ello, debe comprender que siempre empezará atendiendo a cuerpo y emociones, la gestión de ellos será la línea base para que la mente racional pueda hacer su función. El Cerebro Racional no funcionará si hay "ahogo" emocional. Siguiendo el esquema de los pisos del cerebro, le explicaremos que si el piso uno (encargado del cuerpo) y el piso dos (encargado de las emociones) están inundados, no podremos subir al piso tres que es el que pone orden y toma decisiones. Una vez vaciada el agua (calmo cuerpo y emociones), subiremos al raciocinio a hacer un filtro de la información para ver si hemos de afrontar o, si no está en nuestras manos la solución, hemos aplicar técnicas de control mental.

Se le muestra al niño que es capaz de usar la mente a su favor, de manera muy productiva para él. Puede crear imágenes mentales para establecer nuevas conexiones cerebrales porque el cerebro es plástico, y cuando imaginamos algo muchas de las conexiones que se activan coinciden con las que se activarían si el suceso/imagen fuera real. Es una gran herramienta para paliar malestar e inducir bienestar.

Estos ejercicios enseñarán al niño cómo su mente condiciona sus sensaciones y emociones. Además, le ayudarán a recuperar su poder, lo que generará inmediatamente una sensación de seguridad y propulsará el reequilibrio de energías.

Los recuerdos positivos tienen gran poder sobre las reacciones físicas y emocionales de la persona. Por tanto, ayudaran a sentirse mejor y a controlar la mente ante los bucles.

Visualización, Imaginación y Meditaciones: La visualización es una potente técnica para trabajar en la infancia, como lo es el uso de la imaginación y la meditación. Los niños no ponen juicio a lo que imaginan, no buscan racionalizar, se permiten fluir al igual que se permiten crear.

Estas herramientas nos van a ser muy útiles para encontrar las huellas de las heridas, los patrones tóxicos y los conflictos energéticos; pero también para sentirse mejor y transformar la energía de malestar en bienestar. Y lo más importante, se podrá resolver y concluir el asunto, reequilibrar y cerrar energéticamente la historia que quedó inconclusa provocando el conflicto.

Con una simple instrucción de *"Visualiza, imagina..."* y un *"cuéntame cómo sigue esa historia"* veremos trabajar a los niños con fluidez. Para reequilibrar y cerrar historias se les puede guiar, pero muchas veces es suficiente con la instrucción de *"Finaliza esta historia como tu corazón necesita para que todo quede en paz"*. Si el protagonista de la historia es una tercera persona o un personaje inventado, algo muy habitual, pues se le hace proceder por él. Poner hincapié en las reacciones físicas, emocionales y mentales para que pueda facilitar la catarsis/liberación sensorial, emocional y energética. Y, para recuperar el poder personal, verbalizar la recuperación de su voluntad y ruptura de decretos/patrones/creencias limitantes.

Story Cubs: Estos cubos son una herramienta creativa y, como con los dibujos y la imaginación, hemos de saber que no podemos crear nada que no nos resuene en nuestro inconsciente. Por ello, las historias creadas nos van a servir para trabajar traumas, heridas, patrones, bloqueos, conflictos energéticos y situaciones inconclusas.

Trabajaremos de la misma manera que en la técnica anteriormente expuesta. Será imprescindible desentramar la simbología. Es indiferente que sea una vida pasada, una historia familiar o del linaje, un trauma propio, heredado, etc...el desbloqueo y la resolución es igualmente eficaz.

Esta herramienta también nos sirve para ver los dones del niño, simplemente hacerle escoger sin mirar y ayudarle a asociar qué tiene que ver con él ese símbolo.

Proyección al Futuro y registro de cosas que le hacen feliz (gratificaciones internas y externas): Los niños tienen muy claro cuáles son sus dones y sus propósitos de vida, pues inconscientemente se dirigen hacia ellos. Son las intervenciones adultas las que les confunden y sesgan.

Para la satisfacción vital como para la autoestima es muy importante ayudar a los niños a identificar sus dones y dirigirse hacia su propósito. Un 90% de los adultos no saben cuáles son sus dones ni sus propósitos, y dedican su tiempo a cosas que no les interesan. Esa es una causa habitual de muchas enfermedades emocionales y psicológicas (y recordemos que los bloqueos emocionales y mentales luego pasan al cuerpo físico).

Un ejercicio muy productivo es "Entrevista conmigo mismo dentro de x años". Le hacemos al niño reflexionar, dibujar o escribir cómo será su vida de adulto. Aquí vamos a observar los niños que ya están sesgados, influenciados o confundidos (va a haber resistencia con este ejercicio o plasmarán un ideal no propio, claramente influenciado). Y, sobre todo al preadolescente y adolescente, le vamos a hacer reflexionar si tiene los intereses y aptitudes necesarios para aquello que sueña. Ante todo, les vamos a aconsejar que sueñen alto, dejemos a los niños que sueñen sin barrera, porque reprimirlos es robarles su capacidad de creación, de expresión y su luz.

Otro ejercicio es un registro, lista o dibujo, de todas aquellas cosas que le hacen feliz. Aquí les ayudaremos a reflexionar sobre la necesidad de tener gratificaciones internas y externas para una equilibrada salud. Las externas son aquellas actividades en las que necesitan cosas externas para poder llevarlas a cabo (personas, situaciones, lugares...) y las internas son aquellas que pueden hacer ellos solos. Les enseñamos que es importante tener de ambas y en equilibrio, porque si tenemos mayoría de externas podemos acabar dependiendo de lo externo y si la mayoría son internas nos estamos privando de estimulación indispensable. Con este ejercicio, observaremos claramente sus dones y propósitos, ya que, de manera natural, nos sentimos bien con aquello que nos permite conectar con nuestra alma. Esto será muy útil para la sanación, ya que uno de los bálsamos que tenemos son nuestros centros de interés, hacer lo que nos gratifica interna y externamente. Para todas las personas, pero fundamentalmente para los niños: tener claro y practicar aquellas cosas que mientras las realizamos conectamos con nuestra esencia, es la mejor medicina.

Estos ejercicios son muy importantes para que el niño reflexione que no hemos de competir por nuestro lugar ni encajar en ningún sitio, porque cada uno tenemos nuestro sello particular, unos dones y propósitos que nos convierten en seres únicos y necesarios para formar un engranaje global (sociedad). Este es un aprendizaje imprescindible para la autoestima equilibrada, pero también para despertar la empatía y salir de la competición, de la medición y de la violencia.

Miedos, miedo a la oscuridad y pesadillas: Los miedos van a ser un motivo de trabajo imprescindible. El miedo señala directamente una herida.

Recordemos que ya en el vientre materno se "diseña" nuestro mecanismo de defensa y cómo vamos a gestionar nuestra percepción de amenaza. Como seres vivos que somos, la misión básica es la supervivencia, y para ello nuestro organismo está dedicado en gran parte a la detección de amenazas. Eso va a hacer que en nuestro inconsciente quede profundamente grabado todo aquello que atentó contra nuestra existencia, la de nuestro linaje, y la de nuestros ancestros.

Usaremos los dibujos, la imaginación y las pesadillas como herramienta de conectar con el origen para sanar la herida. Lo haremos igual que en las técnicas anteriores, en las que se trabaja a través de la historia, modificando, saldando, concluyendo y cerrando todo lo que quedó en desequilibrio. La premisa básica es que no podemos cerrar aquello que quedó desequilibrado, la energía necesita equilibrio para poder concluirse. Por tanto, todo lo no cerrado o no concluido de manera equilibrada provocará una huella, un conflicto y una herida.

Las pesadillas son un grito de alarma que hemos de aprovechar para indagar. Trabajaremos la historia, pero también enseñaremos la capacidad de elaborar sueños lúcidos. Los niños aprenden fácilmente a tomar el control del sueño y dirigirlo, únicamente es necesario que practique. De nuevo, vamos a enseñar a recuperar su poder personal tanto en la pesadilla como cuando se siente acechado. Si el niño es muy inseguro le animaremos a pedir ayuda.

El miedo a dormir es un síntoma de hipersensibilidad física y emocional, pero también de significativa capacidad sensorial y extrasensorial. Los niños detectan la energía a su alrededor con gran facilidad por su permeabilidad.

Puede ser necesario trabajar el establecimiento y la regulación del hábito o rutina de sueño: enseñar hábitos saludables para conciliar y mantener el sueño. Aquí podemos añadir hábitos de limpieza y protección energética (Recogidos en el cuento *"Cuida tu energía, cuida tu superpoder"*).

Miedo a la muerte: Como he comentado anteriormente, es muy importante que atendamos este miedo desde la primera infancia. Tendemos a hacer "tabú" con este tema porque muchas veces ni los adultos sabemos gestionarlo. Pero no somos conscientes del daño que hacemos con eso a los niños, porque, además de mentirles, les hacemos que lo vivan con anormalidad y un desasosiego terrible. Tras todos los miedos se esconde el miedo a la muerte, porque el miedo nace de la percepción de peligro y la muerte atenta contra nuestra supervivencia. Así pues, en un niño que presenta muchos miedos, tratar el tema a la muerte puede simplificar el resto.

Para trabajarlo sin incidir en las creencias religiosas u otras explicaciones familiares que les hayan dado, es muy útil hacer una Meditación de "Paseo por el Cielo". En la meditación se guía para que ellos mismos puedan sentir, ver, experimentar cómo es "su cielo". Si se hace en grupo es muy sorprendente la puesta en común y ver cómo explican con naturalidad el encuentro con sus seres queridos fallecidos. En mi experiencia incluso he vivido como traen mensajes que luego son asombrosamente verificables.

Ansiedad: Lamentablemente, cada vez nos encontramos con más frecuencia casos de ansiedad infantil. Pero hemos de tomarlo como una oportunidad de profundizar y sanar las heridas. La ansiedad es una alarma que está señalando la existencia de heridas emocionales.

Vamos a enseñar a los niños a reconocer la alarma a través de la sintomatología física. Deben saber que esa alarma es una aliada, y sobre todo que su cuerpo está "funcionando bien", no mal, que es lo que se suele pensar por la sintomatología de ansiedad (Piensan que les está pasando algo malo y su cuerpo no funciona). Les explicamos que como animales mamíferos que somos, tenemos un mecanismo de defensa que es necesario que se despierte cuando hay una amenaza. Así pues, si esa alarma está despertando su mecanismo de defensa vamos a trabajar con ella, no contra ella.

La premisa básica es: la alarma nos dice que hay algo que nos preocupa, afecta emocionalmente y hiere (puede ser consciente o inconsciente). Primero la vamos a apagar tomando el control sobre nuestro cuerpo con ejercicios de relajación y reequilibrio energético que van a apaciguar la sintomatología física. Después, a modo detective, vamos a analizar y a buscar cuál es el estímulo que hizo sonar la alarma. Es muy importante que el niño entienda que tiene que empezar por atender al cuerpo y a la emoción para después poder atender al pensamiento y a la mente, ya que, si el cuerpo y las emociones no están en calma, lo cognitivo no funciona. Por eso la ansiedad será una aliada, porque será la alarma que nos avise de que hay un asunto que exige que alineemos cuerpo, emociones y mente para poder solucionar.

Autoestima: La autoestima es la base del correcto desarrollo de la persona. Para ello es necesario un equilibrio de la energía femenina y masculina y una correcta integración de ambas. Las relaciones con papá y mamá o figuras de referencia serán muy importantes para establecer el equilibrio, al igual que la relación entre ellos. Para trabajar al respecto podemos hacer uso de técnicas como el dibujo, los cuentos, a través del juego e incluso del "rol playing".

Una actividad que puede ayudar a fortalecer la relación y con ello la autoestima del niño es hacer un registro con el que el niño preguntará "tres cosas que hace bien y dos que ha de mejorar" a sus seres queridos y allegados (primordialmente papá y mamá). Se llevará a casa el registro y durante unos días se dedicará a preguntar y apuntar, para en otra sesión con el terapeuta poder reflexionar, estimular los puntos fuertes y motivar hacia el cambio de lo mejorable. Se pide a los padres que se hagan críticas constructivas y se aludan aspectos productivos para el desarrollo global del niño.

Amor, Afectividad y Relaciones: Es primordial un desarrollo afectivo adecuado en la infancia para tener una correcta autoestima y relaciones equilibradas en la vida adulta.

Con la actividad de "El Círculo Afectivo" podemos explorar heridas, carencias afectivas y ayudarles al reequilibrio. La instrucción sería dibujar un círculo pequeño, donde pondrán el número uno y su nombre, y dibujar otro alrededor, como si de un donut se tratase, ese será el círculo dos. De la misma manera se dibuja un círculo tres y el cuarto. Así quedará un círculo central rodeado por tres más. Se le dirá que en el dos ha de escribir los nombres de aquellas personas que siente más cercanas afectivamente; en el tres también personas que siente que le aman, pero menos intensamente que las del círculo dos; y en el cuatro lo mismo, personas que siente que le quieren, pero menos que las del círculo tres. La idea es que haga una gradación, de más a menos. Con ello, observaremos desequilibrios afectivos y trabajaremos para que comprenda que siempre va a tener su lugar, que las relaciones sociales van y vienen, se transforman y evolucionan. Reflexionaremos sobre el apego sano e insano y veremos si hay necesidad de profundizar en heridas de abandono, rechazo, humillación, traición, etc.

Otra actividad interesante es que el niño escriba una carta afectiva a alguien de su círculo. Veremos su capacidad de expresarse emocional y afectivamente, y reflexionaremos sobre los desequilibrios que observemos.

También trataremos el tema del bullying si se requiere, enseñando límites asertivos y, sobre todo, la necesidad de no callar, expresar y denunciar la situación. Les aclaramos que "denunciar" es explicar la situación y cómo se están sintiendo a los adultos de referencia, para que ellos puedan aplicar justicia. Es importante que la víctima entienda que el victimario también necesita ayuda para salir de ese rol tóxico, y que expresando y denunciando la situación, podrá recibir la ayuda. Por tanto, "denunciar" es lo adecuado para el beneficio de todos.

Otra actividad de interés para unas relaciones sociales sanas es ayudar a diferenciar entre "amigo", "colega" y "compañero". Entendiendo "compañero" como aquel con el que coincido en el colegio y tenemos respeto y cordialidad, además de compartir espacio y trabajo. "Colega", sería un grado mayor de afinidad, correspondiendo a aquel con el que comparto tiempo, intereses, disfrute, pero no llega a tener las condiciones de un amigo. Y trabajar en el concepto "amigo", para que se comprenda que debe tener unas condiciones indispensables (entre ellas: nos ayuda cuando lo necesitamos, nos respeta y trata bien, nos da cariño, etc) y no puede atribuirse a cualquiera.

Es importante que desde niños aprendamos que las relaciones han de ser recíprocas, que ha de haber equilibrio entre el "dar y el recibir", y que no necesitamos "encajar" en relaciones que no son sanas. Un niño que desde pequeño intenta encajar, calla por miedo a las reacciones, prioriza al otro, es excesivamente generoso, busca la aprobación social, etc...nos está mostrando un desequilibrio que si no se trabaja repercutirá gravemente en su autoestima y en sus relaciones. Hay que enseñar asertividad y a poner límites sanos por una óptima salud emocional y mental pero también física y energética. El callar, otorgar, priorizar al otro, ya sea por miedo a la reacción o por la necesidad de aprobación, es como un autocastigo, autolesión o represión que genera desequilibrio energético con lo que eso puede conllevar a la salud física. Enseñaremos a reconocer el abuso y a ponerle límite.

Cartas Asociativas: Las cartas o tarjetas asociativas son una herramienta psicológica que favorece la intuición, la imaginación y la introspección. Es otra herramienta que permite fluir al inconsciente.

Se pueden usar de múltiples maneras: para crear historias, para conectar con sensaciones y emociones bloqueadas, para reconocer heridas, etc. Pero lo más importante es que van a ser de gran utilidad para impulsar la expresión tanto verbal como del inconsciente.

Con el apoyo visual de la tarjeta, podemos explorar cualquier aspecto en desequilibrio. Se pueden usar al azar o bien por elección del individuo, nos va a sorprender cómo siempre aflora aquello que es necesario trabajar.

Geometría Sagrada: Trabajar con los niños a través de la geometría sagrada es un potente ejercicio sanador. Por naturaleza les encantan las figuras geométricas, puesto que resuenan en su inconsciente, y combinar con el dibujo y el uso de colores permite que estén haciendo una reparación energética sin darse cuenta. Podremos desbloquear chakras y trabajar bloqueos energéticos.

Libreta de Sueños: De la misma manera que vamos a inculcar al niño que tenga un diario emocional, la libreta de sueños es otra herramienta que les va a permitir autoconocimiento y guía.

Los sueños liberan inconsciente, por lo que hay que prestarles atención. Obviamente habrá mucha simbología, pero si aprendemos a desentramarla tendremos trazado el camino de búsqueda de la herida.

Igual que en la Terapia Regresiva, no hemos de quedarnos fascinados con el surrealismo de la historia, sino poner el foco en lo que nos señala que hay que trabajar.

Hay que prestar especial atención a los sueños que se repiten, ahí hay asuntos por desbloquear.

Música de frecuencias: Puesto que nuestro cuerpo es un campo vibratorio de energía, las ondas musicales van a entrar en frecuencia con nuestras vibraciones permitiendo sanar los nudos o bloqueos energéticos.

Cada frecuencia trabaja un chakra o centro energético. Crear un hábito en los niños para que escuchen este tipo de música va a favorecer su desarrollo, puesto que las ondas elevarán la energía de sus células y estimularán su cerebro. Así, el niño aprenderá un ritual de autosanación, pero además tendrá un recurso para calmar cuerpo, emociones y mente y sintonizarlos.

Esta música también permite preparar para que la Terapia Regresiva sea más fluida, así como posteriormente ayudar a acabar de drenar la energía bloqueada (muy útil para la inestabilidad emocional posterior, que es fruto de la sanación iniciada).

Es de especial utilidad para niños con bucles mentales, el oído en un potente medio de anclaje (reconexión).

Canciones preferidas: Explorar junto al niño las letras de sus canciones preferidas nos dará pistas también sobre aquello que hay que trabajar. Ninguna canción nos gusta por casualidad sino por causalidad, es decir, hay algo de ella que resuena en nuestro inconsciente.

La música es una infalible herramienta para ayudar a la gestión emocional y como medio de anclaje para salir de momentos críticos tanto emocionales como mentales. Es una fuente de bienestar y por tanto de sanación.

Arte y movimiento de manos: El arte es expresión y las manos son las "antenas del alma", combinar ambas cosas tiene un efecto sanador inmediato. Prestaremos atención a aquello que el niño crea y la disciplina artística que utiliza, que nos dará información tanto de dones como de heridas.

Le pediremos que nos exprese verbalmente lo que está haciendo, pues tendremos mucha más información y, además, mientras el niño usa sus manos, va a tener más facilidad para expresar lo reprimido.

El movimiento permite gestionar las emociones, pero siempre que sea controlado y productivo. Para los niños hiperactivos y muy nerviosos, encontrar una fusión entre talento artístico y movimiento será la panacea.

La expresión artística fomenta la creatividad, y la creatividad fomenta la autoestima, así que en ello también tendremos otro recurso para alinear cuerpo, emociones y mente.

Juego simbólico: A través del juego simbólico con cualquier tipo de material podremos explorar y sanar las heridas, traumas e historias inconclusas. Podemos elegir el material y sugerir el juego o bien dejar que el propio niño lo elija.

Procederemos igual que con los ejercicios de Visualización y de Imaginación.

Numerología: Con el nombre, apellidos y la fecha de nacimiento del niño vamos a poder hacer un estudio de sus vibraciones energéticas y las del linaje paterno y materno. Esto ya nos sirve de base para saber qué ha de equilibrar y sanar.

Cada vibración energética nos clarificará los patrones limitantes (polaridades extremas/insanas), por tanto, las heridas que porta y el don que está por aflorar tras la sanación de la herida y el reequilibrio energético. Cuando se sana una herida y la vibración energética vuelve a su equilibrio, el don referente a esa vibración adquiere su poder.

Nos permitirá desentramar la esencia del niño de los patrones adquiridos y también dilucidar su propósito de vida.

Arcanos Mayores del Tarot: La propia numerología del niño y la numerología familiar corresponden con Arcanos Mayores del Tarot que nos muestran heridas, patrones o polaridades insanas y nos guían hacia el reequilibrio que hay que alcanzar.

Con los niños podemos trabajar a través de la visualización, del dibujo o pintura del arcano mayor. Estarán trabajando sin esfuerzo la energía de ese arcano, para así desbloquear y liberar la energía bloqueada relacionada.

Animales de Poder: Los niños en general conectan fácilmente con los animales. A través de cartas de animales, imágenes, pintura y dibujos podemos trabajar la energía de cada animal para potenciar y empoderar al niño con las cualidades correspondientes.

6. Metodología de la terapia regresiva con niños

Según el momento, la capacidad del niño y su edad cronológica, podemos proceder con una terapia con ojos abiertos o cerrados.

Las terapias serán significativamente más cortas y sencillas que para los adultos. El tiempo de duración se estipulará en función de cada caso y con coherencia a la edad y el desarrollo emocional y neurológico.

Es importante tener en cuenta la capacidad de expresión y el desarrollo del lenguaje. En niños con dificultades de expresión haremos uso de otras formas de expresión como son los dibujos y el juego simbólico.

Una terapia con ojos abiertos es posible, si el desarrollo del niño lo permite, a partir de los 4 años. Una terapia con ojos cerrados necesitará de una edad superior para que pueda mantenerse conectado.

Hay que permitir el movimiento, porque será expresión que hay que tener en cuenta. Además, el movimiento permite la catarsis física, la liberación emocional y el desbloqueo energético.

Serán permitidas todas las pausas necesarias, en las que seguiremos atentos a todo lo que suceda, puesto que el niño sigue en consciencia expandida.

Una manera de comenzar es enunciarles que vamos a hacer un viaje a través de su imaginación, a modo juego y de manera lúdica.

El niño marcará los tiempos, el terapeuta no debe nunca forzar, será extremadamente prudente, comprensivo y respetuoso. Para el trabajo con los niños se requiere de ternura y acompañamiento afectivo. Debe sentirse seguro, protegido y sostenido. (Yo personalmente no realizo la terapia en presencia de los padres, puesto que con todos los niños establezco anteriormente un vínculo, pero en el caso de no existir vínculo o de que el niño lo requiera es completamente adecuado que se haga en presencia de algún progenitor).

Hemos de atender a todo detalle, aunque parezca sin significación, y estar alerta a la simbología.

El objetivo, además de la sanación, es empoderar al niño, hacerle ver cómo él mismo puede recuperar su voluntad y aprender recursos de sanación.

En el caso de "los amigos invisibles", monstruos, o demás energías que detecta el niño, se puede usar la misma metodología que para los adultos en caso de entidades parasitarias, almas perdidas, etc. Pero es imprescindible enseñar al niño recursos para poder gestionarlo en situaciones posteriores.

La Terapia Regresiva en niños será menos estructurada que en adultos, pero al final se tratará igualmente de poder completar lo que quedó inconcluso (trauma, herida). Accediendo al momento traumático, podrá conectar los síntomas físicos o sensaciones (Reacciones Físicas) con los síntomas emocionales (Reacciones Emocionales) y con el pensamiento (Reacciones Mentales). De esa manera, podrá agotar las sensaciones atrapadas en la memoria sensorial, podrá expresar y drenar emocionalmente y podrá tomar consciencia del pensamiento que se decretó en ese momento y generó una afectación posterior. Así se consigue desbloquear la energía y alinear/conectar de nuevo cuerpo, emociones y mente, que quedaron disociados en el trauma.

La recuperación energética será de vital importancia. El trabajo de recalibración o reequilibrio energético es muy fácil con ellos, pues lo hacen casi de manera natural con simples indicaciones.

Hacemos hincapié en que en el caso de los niños es fundamental e imprescindible el seguimiento del caso tras la terapia.

Debemos considerar que en muchos casos habrá que trabajar con los padres en vez de con los niños, o incluso en paralelo. La terapia con los niños a través de los padres también es muy eficaz en casos de niños más pequeños o por la existencia de cualquier otra limitación.

Bruna: El "chico Rabia"

Sobre la Consultante

Buna es una niña de 4 años que llega a mi consulta porque sus padres están preocupados por las dificultades de gestión emocional que presenta en los últimos meses.

Cuando conozco a Bruna, observo una capacidad de inteligencia y un lenguaje que destacan para su corta edad. Muestra ser resolutiva y tener una óptima autonomía. Es muy creativa y le encanta imaginar y fantasear. Tiene las ideas muy claras y cuesta llegar a acuerdos con ella, puesto que es bastante rígida. Según sus padres *"desde los dos o tres años, ya buscaba discutir"*. Su dialéctica y su alta capacidad mental junto a su rigidez hacen que necesite constantemente explicaciones de los límites, normas y rutinas; así las dificultades surgen a la hora de los hábitos y rutinas del día a día. Cuando Bruna ha de dejar de hacer lo que le gusta (jugar, pintar, crear, etc.) para proceder con las obligaciones y hábitos diarios, literalmente "estalla" y no puede gestionar su frustración.

Entre la sintomatología problema que aluden sus padres, me alerta el hecho de que Bruna tiene pesadillas casi cada noche que le provocan despertares.

En la entrevista con Bruna, ella misma reconoce que tiene dificultades de autocontrol emocional y conductual, dice *"me porto mal porque pego a papá".* Veo que es exigente y perfeccionista. Sus pesadillas siempre están relacionadas con estar sola y no poder resolver (por ejemplo: *"Estaba sola en una altura y no tenía escalera para bajar"*). Muestra ser muy cariñosa y necesitada de afecto, su perfil de inseguridad le hace ser dependiente a nivel afectivo. Esto lo veo reafirmado en su dibujo de la figura humana:

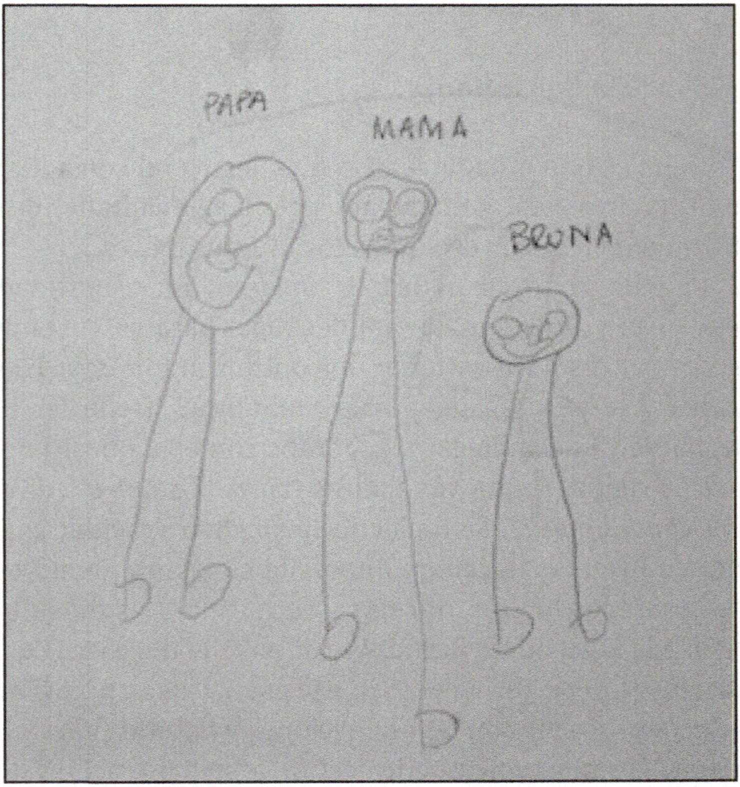

La ausencia de brazos señala dificultades para equilibrar el "dar y recibir", hay un bloqueo de su energía receptora y dadora. Es decir que ya el dibujo alude a un desequilibrio de energía masculina y femenina que está provocando una frágil autoestima, miedos, necesidad de control de lo externo y rigidez. Las piernas largas hablan también de ese desequilibrio de energía masculina: hay una prevalencia de la acción y de la impulsividad, lo que dará a una tendencia a vivir desde la mente y relacionarse desequilibradamente con la autoridad (o se siente chiquitita e insegura o está reactiva/defensiva).

La sorpresa viene cuando espontáneamente Bruna me verbaliza que tiene un amigo invisible llamado "chico rabia", que tiene 5 años y es el que le dice que se porte mal. Me explica que cada vez que está pintando, dibujando o jugando con él y sus padres le dicen que ha de hacer alguna obligación como ir a la ducha, el niño se enfada y le dice: *"pega a tus papás"*. Bruna expresa: *"me dice que les pegue a la cara"*.

Procedo a la transcripción de la Terapia Regresiva con **ojos abiertos** que posteriormente llevamos a cabo.

Transcripción de la sesión

(La transcripción es literal, Bruna tiene 4 años y su lenguaje aún puede tener errores gramaticales).

Rubí, 1 de junio del 2021.

Charlamos previamente sobre el "chico rabia". Bruna me dice que tiene papás y que el "chico rabia" es una rabia mala, lo diferencia así de su propia rabia que dice que es buena.

TERAPEUTA (T): A ver, ¿cómo te dijo él? ¿Qué te dijo la rabia?
CONSULTANTE (C): Que no quería salir. Si no quería salir, entonces la puerta se ha cerrado.

T: Bueno, pero yo puedo ayudarle a la rabia a encontrar la puerta. Mira, lo que tenemos que saber es por qué ese niño no quiere salir de tu cabeza. Porque si tiene sus papás... ¿Qué le pasa? ¿Es que ha hecho algo malo y piensa que sus papás le van a reñir? ¿Se está escondiendo en tu cabeza para que no le riñan sus papás? (Con esta información que le doy intento indagar si es un alma perdida).

C: Creo que se está escondiendo donde estoy pensando para jugar. (Se refiere a que se esconde en la mente).

T: Claro, a él le gusta estar contigo. ¿Sabes por qué?

C: El otro día estaba contento conmigo jugando y después... ahora ya se ha enfadado.

T: Quizás lo que le pasa a este chico, cariño, es que le gusta mucho divertirse. Y cuando estáis jugando está muy contento. Pero cuando no podéis jugar se enfada, ¿verdad?

C: Si.

T: Pero yo quiero saber un poco más...porque claro, el problema que tenemos con el "chico rabia" de cinco años, que es esta rabia que tú dices que es mala, pues yo no creo que sea malo. Lo que pasa que es un chico que necesita mucho cariño (me dirijo así al alma perdida).

C: Pero es que él... si no quiere salir, ¿qué hacemos?

T: Pues hay que convencerlo de que no puede estar ahí, porque fíjate... en esa cabecita, ¿a que está atrapado? (Señalo su cabeza).

C: Sí, pero si está atrapado... querría salir con sus papás, pero es que está cerrada la puerta.

T: No, la puerta la puede abrir él.

C: Pero no tiene llaves.

T: Sí, ¿sabes cómo se abren las puertas de la mente? Porque nosotros aquí en el cerebro tenemos puerta para la memoria y tenemos diferentes puertas. ¿Sabes cómo se abren? Queriendo abrirlas. Se hace así: se cierra los ojos y se imagina cómo se abre la puerta. Con la imaginación podemos hacer todo lo que queramos, cariño.

C: La rabia tiene fuerza. Si tiene fuerza... ¡la puede empujar!

T: Le podemos decir: "Chico, empuja la puerta". Y nosotros le ayudamos así con nuestra fuerza. (Hago gesto de empujar). Le vamos a convencer, ¿vale? No convencer a malas, no le vamos a engañar, nosotros no engañamos a nadie, le decimos la verdad. Y la verdad es que en la cabeza de Bruna está encerrado y no puede ser feliz... porque Bruna a veces tiene que hacer cosas y no puede estar jugando todo el día, porque ella tiene que aprender también. Este chico que lo que quiere es estar jugando todo el día, quizás tiene que ir a otro sitio donde pueda jugar todo el día, pero aquí no es, cariño. Aquí en este mundo lo que tenemos que hacer es un ratito de diversión, pero también un ratito de esfuerzo, porque nos tenemos que hacer mayores...crecemos.

C: Pero la rabia tiene que ir con sus papás a su país.

T: Pues vamos a mandarlo a su país. ¿Tú cómo crees que es su país?

C: El país del arcoíris, que esté contento.

T: ¡Ay, me encanta! Mira Bruna, me encanta, me emociona eso que me dices: un país con un arcoíris donde siempre se está contento. Yo creo que a nuestro "chico Rabia" le va a encantar ese país. Le va a encantar, mi vida. ¿Y qué te parece si lo mandamos ahí?

C: Pero está muy lejos.

T: Pero él puede ir volando, porque si está en tu cabeza y se ha metido en tu cabeza, es que él puede volar.

C: Pero no tiene capa.

T: No hace falta capa para volar. Nosotros con la imaginación podemos volar. Así que le podemos decir a este "chico Rabia" que con su imaginación piense que está volando y que está yendo a ese país maravilloso donde va a ser feliz siempre. Lo más importante es que allí están sus papás para darle abrazos. Tú tienes a tus papás en este país, pero él no. Así que tiene que irse con sus papás. ¿Qué te parece? ¿Lo está escuchando?

C: Si.

T: ¿Sí? ¿Te está diciendo que sí? ¿Qué piensa? ¿Le parece bonita nuestra idea?

C: Sí, le parece muy bien, para que esté contento y me porte bien en casa.

T: (Voy dirigiéndome al "chico rabia" y a Bruna en diferentes momentos) Y para que Bruna controle su cabeza...porque Bruna, tú tienes que controlar tu cabeza, no te pueden controlar. No te puede controlar esa Rabia que no es tuya, que es un niño que está ahí en tu mente. Entonces, "niño Rabia", te queremos mucho y tus papás te quieren mucho. Por eso te queremos ayudar para que vayas con ellos. Le vamos a dar un abrazo muy fuerte a este "chico Rabia" y le vamos a decir que ha de ir con sus papás y que, si se imagina que vuela, podrá ir con ellos. Nosotras le vamos a enviar todo nuestro amor y toda nuestra energía para que se vaya allí a disfrutar con sus papás. Porque este no es su sitio...porque aquí no tiene cuerpo esta Rabia. ¿Y dónde está? ¿En qué cuerpo está?

C: En el cuerpo de las personas que están contentas.

T: (Como me contesta en plural aprovecho para hacerle una reflexión de cómo actúan las almas perdidas o energías parasitarias) Están en nuestras cabezas, se meten en nuestra cabeza. Y en nuestra cabeza, los que mandamos, tenemos que ser nosotros. Vale Bruna, entonces vamos a hacer un trato con este chico. Le vamos a decir: "vete volando con tus papás al país del arcoíris". Y se va a ir con sus papás. Le vamos a decir que no tenga miedo. Porque los papás no le van a reñir. Le quieren mucho y están esperándolo.

(...)

Tras la terapia Bruna me dibuja al “chico Rabia”:

Véase cómo pinta de negro todo el exterior del niño, como un marco de oscuridad en el que está atrapado.

Sobre la Terapia y el seguimiento del caso

Como Bruna es pequeña, no indagamos más en el por qué esta alma perdida se quedó atrapada en el plano físico. Simplemente la despedimos, puesto que no pone inconvenientes y entendemos que es esa la ayuda que necesita.

Posteriormente, trabajamos con Bruna la necesidad de poner límites tanto a personas como “seres de su imaginación o que están atrapados en su mente”. Su condición de alta sensibilidad, unida a alta capacidad cognitiva y al desequilibrio energético de masculino y femenino, la convierte en un foco llamativo para obsesores, almas perdidas y otras energías parasitarias.

A continuación, llevamos a cabo unas sesiones de gestión emocional para promover reequilibrio energético (es indispensable para prevenir intervenciones energéticas).

Testimonio de Bruna y sus padres

Bruna: *"Al final yo me sentí mejor porque él estaba feliz en su país de Arcoíris y con sus papás, y yo igual de feliz con mis padres".*

Mamá de Bruna: *"Como padres la verdad es que fue un periodo bastante duro...Por eso te buscamos en esa ocasión, estábamos desesperados porque no veíamos una solución, ya lo habíamos intentado todo. Jamás pensamos que la respuesta iba a ser esa. Cuando todo esto pasó entramos en una etapa de mucha tranquilidad, fue como si Bruna hubiera hecho un clic y era la niña de siempre. Sí hubo un antes y un después de esto que sucedió".*

Rubí, 15 de diciembre del 2024.

Anna: Maternidades difíciles y trabajo del transgeneracional

Sobre la consultante

Anna tiene 8 años en el momento de la terapia. Es hija de una compañera que también es psicóloga y está muy dotada de herramientas socioemocionales. Su desarrollo cognitivo es muy bueno y también presenta una alta inteligencia emocional. Sin embargo, es altamente sensible y le cuesta gestionar su hipersensibilidad.

En esta sesión quiere trabajar su hipersensibilidad auditiva. Cuando escucha ruiditos y chasquidos bucales algo se despierta dentro de ella y no puede manejarlo. Se ha convertido en una obsesión, no puede soportar esos sonidos y le lleva a muchos conflictos con su hermano pequeño.

Transcripción de la Sesión

Rubí 6 de mayo del 2023.

TERAPEUTA (T): ¿Qué es lo que te suele poner nerviosa, lo que te causa sensibilidad?

CONSULTANTE (C): Cuando mi hermano me chincha.

T: Eso te pone nerviosa, pero ¿qué es lo que más te enfada a ti?

C: Pues cuando hacen así (hace ruidos/chasquidos bucales). Tengo una manía, porque mi hermano me chinchaba y me hacía así. Y ahora tengo una manía cuando hacen eso, me molestan.

T: Ruiditos con la boca, te molestan los ruiditos. ¿Y entonces te gustaría descubrir por qué te molestan esos ruiditos?

C: (Asiente con la cabeza).

T: ¿Qué te hacen sentir cuando tú los escuchas?

C: Pues como nervios, rabia, mucha rabia.

T: ¿Y dónde sientes esa rabia? ¿En qué parte de tu cuerpo la sientes?

C: En el oído. Me pongo loca.

T: ¿Qué te dice esa rabia? Porque si la sientes en el oído es que la rabia te está como hablando.

C: Me dice: "enfádate, enfádate, enfádate".

T: Vale, muy bien. ¿Y hay algo que te ponga también nerviosa, pero más un nerviosismo como de miedo, de intranquilidad, de no saber qué hacer?... porque eso son nervios de enfado. (Pregunto esto porque la hipersensibilidad suele estar asociada con miedos)

C: ¿Unos nervios de miedo? Nervios de miedo ir a las cuevas del Toll. Son unas cuevas que fui hace poco. Había una cueva que adentro estaba oscuro y había murciélagos.

T: Murciélagos...o sea que la oscuridad te da un poquito de miedo, ¿no?

C: Sí, y encima es que había murciélagos y había un señor ahí prehistórico, porque eran cabañas de la prehistoria.

T: ¿Qué te hace sentir la oscuridad aparte de miedo?

C: Nervios.

T: Y esos nervios que sientes en la oscuridad, ¿en qué parte de tu cuerpo los sientes?

C: Los siento en el cerebro.

T: ¿Qué te dice el cerebro cuando tienes esos miedos y esos nervios?

C: Dice: "sal de ahí porque te agobiarás".

T: Ok, vamos allá. Ahora vas a cerrar los ojos, ¿de acuerdo? ¿Y por qué te pido que cierres los ojos? Pues fíjate, porque cerrar los ojos hace que tu cerebro se tranquilice. Porque, ¿sabes qué pasa cuando tenemos los ojos abiertos? Que nos vienen muchas cosas a la vista, muchos estímulos. Y entonces el cerebro está como una pajarera, lleno de estímulos. Así que, si cerramos los ojos, nuestro cerebro se va relajando. Tú ya sabes, porque tú meditas. Entonces tú sabes que cuando cierras los ojos, conectas mucho mejor con esas cosas que ves en las meditaciones. Y yo ahora te voy a explicar unas instrucciones sobre esta especie de meditación. ¿Vale?
Te puedes poner de la postura que tú quieras, lo importante es que tengas los ojos cerrados. Si los quieres abrir, me dices: "Sonia, necesito abrir los ojos".
Va a ser una meditación que la vas a guiar tú con lo que te vaya viniendo.

Le doy unas breves instrucciones en las que básicamente le explico que me ha de verbalizar lo que vaya sintiendo y que debe escuchar a su mente superior.

T: Ahora sí, a la cuenta de tres, vamos a empezar esta bonita meditación. Y me vas a decir lo que te viene sobre esos ruiditos que te molestan. Cuál es el origen de esta molestia, por qué eso te provoca tantos nervios, tanta rabia, y por qué te viene al oído ese mensaje que te dice: "enfádate". Y también lo que te pasa con la oscuridad, ese miedo, esos nervios que se te ponen en el cerebro y te dicen: "sal de ahí que te agobiarás".

C: Me vienen fotos de gatos.
T: ¿Fotos de gatos? Muy bien.
C: Gatos pequeñitos.
T: ¿Cómo son esos gatos? A ver, explícame.
C: Son gatitos peluditos, bebecitos y son muy monos.
T: ¿Dónde están estos gatos?
C: En una camita para gatitos, ahí con su mamá gatita y están comiendo bolitas de piensito.
T: ¿Y viven en una casa o están en algún sitio? ¿Dónde están estos gatitos?
C: Viven en una casita de madera.
T: ¿Y dónde está esta casa? Si supieras, utiliza tu imaginación, ¿dónde puede estar esta casa? ¿En qué parte del mundo?
C: No sé.
T: ¿Qué te dice tu imaginación? (Insisto en imagine porque la imaginación es el puente al inconsciente).
C: Es una casa que está en un bosque nevado.
T: Ah, un bosque nevado. Hay nieve... ¿Entonces es invierno?
C: Sí.
T: ¿Y vive alguien más con ellos o están solitos? Porque si hay pienso... ¿Quién les ha puesto ese pienso?
C: Una personita.
T: ¿Quién es esa personita?
C: Un hombre que trabaja despejando los... que despeja todas las vías, todas las carreteras, todos los portales de las casas, toda la nieve. Despeja la nieve.
T: ¿Y este hombre vive solo, aparte de con sus gatitos? ¿Vive con alguna persona más?
C: Con su mujer. Su mujer trabaja escribiendo libros.
T: Ah, vaya. Y fíjate, descríbemelos un poquito. ¿Cómo es ese hombre?
C: Es blanquito, tiene pelo marrón, tiene una chaqueta verde, tiene pantalones azules marinos y está en una quitanieves.

T: ¿Qué edad tendrá este hombre, más o menos? ¿Cuántos años puede tener?

C: Treinta.

T: Muy bien. ¿Y su mujer cómo es?

C: Es rubia, blanca, con un jersey rojo, con arbolitos de Navidad verdes y con el tronquito marrón y unos pantalones azules tejanos.

T: Muy bien. ¿Y qué edad tiene esta mujer?

C: Veintinueve años.

T: Vale. ¿Y tú los ves felices? ¿Son felices esta pareja en esa casa?

C: Sí, porque también al lado de la casa hay un muñequito de nieve.

T: ¿Hay alguien más aquí? ¿Tienen hijos o no tienen hijos?

C: Tienen una hija.

T: Muy bien. ¿Y cómo es esta hija?

C: Es rubia, es blanca, tiene una sudadera azul y los pantalones los tiene verdes, así gorditos, y está haciendo otro muñequito de nieve.

T: Muy bien. O sea que a esta chica le encanta hacer muñecos de nieve. ¿Cuántos años tiene esta niña rubia?

C: Ocho años.

T: ¿Y cómo se llama?

C: Julia.

T: ¿Y qué está pensando Julia mientras está haciendo esos muñecos de nieve?

C: Alegría.

T: Está alegre. Muy bien. Pues ves avanzando en esa historia hasta el siguiente hecho que sea importante. A ver si siguen alegres, qué va pasando conforme va creciendo Julia y qué pasa con esos gatitos.

C: Julia se encuentra a un gatito... a la mamá cogiendo a su hijito corriendo porque viene un lobo.

T: A ver, a ver, explícame esto.

C: Viene un lobo y entonces Julia avisa a los papás y coge a la mamá gatita y a la bebé gatita y a todos... y los mete en una casita. O sea que los protege en el sótano porque los lobos estaban buscando carne. Y Julia, de la nevera, coge y le tira un bote de carne en toda la cara. (Mientras explica sigue con ojos cerrados, pero se mueve "a cuatro patas" en la colchoneta donde estaba estirada y simula perfectamente la escena. Esto es habitual en los niños, hay que permitirles todo movimiento porque es una forma de catarsis física y emocional. Habla agitada y con tensión).

T: ¿Al lobo?

C: Sí.

T: ¿Pero es un lobo o son varios?

C: De momento es un lobo, pero ahora entre los árboles hay muchos. Y Julia llama a los papás. El padre va a coger carne y entonces se mete en la casita... y va a por carne. Y después la madre protege a todos los gatos y los encierra porque un lobo había entrado adentro de casa. Y ha protegido a todos en el sótano. (Mientras lo explica su ritmo verbal se altera, habla con ansiedad y se remueve con expresión de peligro y miedo).

T: Madre mía, lo están pasando muy mal entonces. Están muy asustados.

C: Después vino el padre con carne. Se la lanzó a los lobos y los lobos se fueron. Y entonces después todos salieron a casa, después ordenaron todo, pero quedaba el lobo...
Pero ese lobo era solo un bebé, era un lobo bebé el que entró a casa. Estaba un poco perdido y entonces los lobos estaban asustados, porque la madre del bebé lobo era la líder de la manada y entonces buscaron al hijo y por eso estaban asustados.

Anna abre los ojos y se incorpora nerviosa.

T: Vale, a ver, cierra los ojitos. Venga, que vamos a hablar de esto. Entonces, ¿cuál es el momento más terrible de esta historia?

C: Cuando casi se comen a un bebé gatito.

T: Vamos a ver, pues vas a volver a ese momento. Todavía no se lo han intentado comer, pero están a puntito...Y a la cuenta de tres me vas a decir qué es lo que están viviendo cuando casi se comen al bebé. 1, 2 y...3.

C: Bueno, ahí Julia no se enteró, pero la mamá gata sí, porque estaba mirando a su hijito.

T: ¿Y qué está sintiendo esa mamá gata cuando casi se comen al bebé? Fíjate.

C: Sintió mucho miedo y mucha tristeza, pero también rabia, y a la de la manada "le echó" un arañazo y por eso se asustó el bebé y entró a casa.

T: Y fíjate, cariño, siente que tú eres esta mamá gata y siente qué le está pasando en el cuerpo a esta mamá gata cuando casi se comen a su bebé.

C: Me dan ganas de arañarles, cogerles de la oreja, ponerme a arañarles, arañarles, morderles. ¡Morderles la oreja, zarparle el ojo! (Vuelve a ponerse "a cuatro gatas" y simular la escena con mucha rabia, nerviosismo y defensiva).

T: Muy bien. Y fíjate, cuando esta mamá gata tiene ganas de arañar, de cogerles de la oreja, de morderles... ¿qué más está sintiendo aparte de miedo, tristeza y rabia?

C: Nerviosa. Pero al final no hizo todo eso porque ella sabía que no venían porque tenían hambre.

T: Pero fíjate, vamos a pensar en la gata, tú estás dentro de la gata, ¿vale? Tú eres esa mamá gata. Y tienes ganas de arañar, cogerles por la oreja, morderles...porque sientes miedo, tristeza, rabia, nervios. Y cuando sientes todo esto, ¿qué estás pensando?

C: Está pensando que en realidad no vienen porque sí. Vienen por algo.

T: ¿Vienen por algo?

C: Y entonces ella coge a su hijo, se lo lleva corriendo y la gata le dice a Julia... y Julia ve a la mamá loba que se está yendo un poco, pero al final está avanzando hacia la casa.

T: Y si tú supieras, ¿vienen por algo? Si tú fueras esta gata...

C: (Anna vuelve a ponerse a ponerse de rodillas de manera brusca, de nuevo en catarsis, incluso le cuesta expresarse ordenadamente, habla rápido y atropellada) Ella se acercó al lobo bebé y después se fue corriendo porque el lobo bebé... Ella, la gata, vio que estaba entrando y entonces se fue corriendo. Pero el bebé lobo solo estaba aprendiendo a cazar. Y entonces solo quería carne y tenía hambre. Porque se perdió en el bosque. Y entonces, como encontró una casita, pensó que ahí se podría quedar...pero no se podía quedar. Porque su familia le estaba buscando, toda su manada.

T: Claro, claro. O sea, fíjate: hay una mamá gata que está cuidando a sus pequeños, pero también hay un lobito que se ha distraído de su manada. Aquí veo yo muchos bebés. (Intento ordenar sus ideas y poner foco). Si tú supieras, utiliza tu imaginación, ¿qué te está diciendo tu mente superior sobre todos estos bebés que están en peligro?

C: Me dice mi mente superior que, si yo fuera la mamá gata, ¿sabes lo que haría? Avisar a Julia, que coja a los gatitos y que después llame a sus padres para que echen a los lobos y no cojan a ningún gatito. (Se vuelve a levantar y abre los ojos).

T: Cariño, túmbate y cierra los ojos. Entonces, a ver, vamos a poner un poco de orden. Cuando tú ves a alguien que está en peligro, como esa gata, lo que haces es ponerte en alerta. ¡Alerta, alerta! ¿Sí? ¿Es así?

C: (Asiente con la cabeza).

T: Y fíjate, si supieras, ¿por qué tú tienes activada esa alerta? Deja que tu imaginación te diga por qué. ¿Cuál es el origen de esa alerta que está encendida?

C: Porque los lobos están buscando a su bebé y si entra toda la manada en la casa la destrozarán.

T: ¿Y qué pasará con el bebé? ¿Qué es lo peor que puede pasar con el bebé?

C: ¿Con el bebé?... que, si quieren, el padre lo puede cazar. Y a los lobos también, pensando que vienen a cazarles a ellos.

T: Explícame... ¿Qué es lo más terrible que podría pasar?

C: Que la casa... Estaba el sótano un poco en ruinas y había mucho viento. Y entonces la mamá lobo entró a casa. Y entonces lo que hubiese pasado es que el padre hubiese lanzado una flecha a la mamá y el bebé lobo se hubiese quedado llorando. O sea, que el bebé lobo se hubiera muerto. Y la madre también, y toda la manada.

T: Vale, entonces el final más terrible sería que murieran el bebé lobo y su mamá, ¿verdad?

C: Sí, porque... sobre todo que muera su mamá, porque la mamá es la líder...la líder de la manada. Y si la matan, él tendrá que crecer mucho para ser el líder de la manada.

T: Ahm...Porque la manada se queda sin líder.

C: Sí. Pero el pequeñín es el líder, solo que tiene que crecer para que sea ya el líder. Y si su madre, que es la líder, no lo ha enseñado, los otros no han sido líderes, así que no pueden.

T: Ah, ya te entiendo, cariño. Entonces, lo peor que puede pasar es que una mamá se muera sin poder cuidar y enseñar a su bebé.

C: Sí.

T: Muy bien. ¿Y cómo crees que se sentiría ese lobo si su mamá muere?

C: Triste y enfadado y empezaría a matar a todos. A los gatos y llamaría a la manada y la casa quedaría en ruinas. Y todos acabarían muertos porque cogería el arco, el padre, porque la gata... (Se vuelve a poner de pie, hablando rápido, impulsiva y sin poder ordenar las ideas).

T: O sea, se convertiría en una guerra eso, vaya. Vale, vale.

C: O llamarían a la policía, al veterinario, a todos.

T: Vale, entonces sería un desastre, una catástrofe.

C: Sí.

T: Bueno, vamos a ver qué hacemos para que esas almitas no se queden ahí encerradas, vamos a liberarlas. Pero antes, si supieras, cariño, deja que tu alma te lo diga. ¿Qué tiene que ver toda esta historia con esos nervios y esa rabia que te dan los ruiditos y te dicen "enfádate"? ¿Qué tiene que ver toda esta historia de los lobos, los gatos, las manadas, las catástrofes, las muertes?

C: Porque todo conecta con mis emociones. Los gatos son mi animal preferido que conecta con el amor. La rabia de la madre conecta a la rabia que siento yo con los ruiditos. Y toda esa historia conecta con cada sentimiento de mí.

(Véase cómo ella misma es capaz de hacer la asociación de sus síntomas actuales con los del personaje de la gata).

T: ¡Eres "una crack"! Es maravilloso como trabaja tu alma. Pero, cariño, ¿los ruiditos qué serían en esta historia?

C: En esta historia serían como la mamá cuando ataca. Y entonces como la rabia contra el miedo sería.

T: Vale. O sea, cuando la mamá ataca están sonando una serie de ruidos que es como una alarma, ¿no? Como una alerta: "¡Alerta, alerta!". Y por eso a ti te hace sacar toda esa rabia. Vale... Y entonces te está afectando a que cada vez que tú escuchas esos ruidos te sientes como esa mamá gata.

C: Enfadada. (Se vuelve a poner de rodillas y con gesto de enfado y rabia).

T: Exacto. Pues vamos a hacer una cosa, ¿vale? Porque, cariño, cuando tú sientes esos ruiditos realmente no hay ninguna mamá en peligro, ¿verdad? Entonces vamos a liberar a esa mamá que lo pasó tan mal, a esa gata. Vas a entrar en una sala con esa gatita y le vas a explicar por qué no se tiene que poner nerviosa. Explícale, Anna.

C: Pues mira, gatita, no te pongas nerviosa porque si no los lobos se pondrán más nerviosos, más asustados, atacarán y son más grandes que tú. Avisa a Julia y así todo se aclarará. Esconde todas las armas porque solo quiere buscar a su hijo. Si te pones nerviosa pondrás más en peligro a tus bebés gatitos, a tu familia, a los lobos, al bebé lobo... Y habrá como una guerra y entonces todo "se pondrá" en peligro.

T: Muy bien, muy bien. ¿Y qué te dice esa gatita? ¿Qué va a decidir?

C: Que prefiere salvar a toda su familia y a los lobos en vez de enfadarse y hacer una guerra, quedarse sin casa y que sus gatos puedan acabar muertos.

T: Muy bien.

C: Que los lobos también, el bebé lobo también. La líder, la familia, Julia...

T: Muy bien, cariño. Eres una campeona. Tu alma está trabajando muy bien y creo que le has dado una gran ayuda a esta gata que va a volver a vivir todo lo que ha pasado, pero ahora incorporando tus consejos.

C: Y ahora esa gatita está con los lobos y cuando haya algún peligro los lobos ayudarán a la gatita y a esa familia. Muy bien. Y como el padre ha ayudado a los lobos, porque le ha devuelto su hijo, ahora están como compinchados. Y tienen como una alarma en la casa que es como un silbato, que cuando hay luna llena avisa a todos los lobos que vengan aquí por si hay algún peligro. (Se levanta de nuevo expresando corporalmente, eso le permite acabar de drenar las emociones y bloqueos energéticos).

T: Pues túmbate que vas a volver a vivir esta historia. Ahora vas a sentir perfectamente que eres esa gata y con los consejos que le has dado vamos a ver cómo acaba la historia. Vas a ir al momento en que están a punto de comerse al bebé gato. Vas a ir a ese momento y vas a vivirlo de manera diferente incorporando todos los consejos que te ha dado tu mente superior.

C: A ver, mira, yo cojo a mi hijo con la boca porque las gatas cogen así. (Me vuelve a mostrar escenificando).

T: Muy bien.

C: Lo llevo muy lejos. Yo me acuerdo porque soy la gata. Y entonces me pienso, ¿qué me ha dicho esa niña? Mejor hacer "lo bueno" para que mi familia y todos estén a salvo. Después se hablan entre los lobos y los gatos. Se ponen todos en el sótano. Ella habla con el bebé lobo. Después cuando vuelve el padre le enseña el bebé lobo al padre. Y la gatita y el padre devuelven al bebé lobo. Porque la gatita se tiene que comunicar con el bebé lobo para que el padre pueda dejarlo y que el bebé lobo pueda entender todo. Entonces la gatita le dice: "No estés nervioso ahora. Verás a tu mamá y nos pondremos de acuerdo". Entonces la mamá loba habla con la gatita mayor. Entonces dice la gatita mayor: "Gracias por no atacar, si queréis o estáis en peligro, venid a nuestra casa. O si queréis podéis quedaros aquí". Y la mamá lobo le dice a la gatita: "llamadnos cuando lo necesitéis".

T: Muy bien, muy bien. Cómo me gusta esta historia, cariño. Escúchame una cosa...Todos estos animalitos...esto es una historia antigua, ¿verdad? Ha pasado hace muchos años, ¿verdad?

C: Quizás sí, no sé.

T: Vale, entonces a lo mejor estos animalitos ya no están.

C: No, pero siguen estando en el corazón de las personas que los quieren.

T: Muy bien, cielo. Y entonces esos animalitos estarán en el corazón de las personas. Pero tú sabes que hay un país para estos animalitos que se llama el País Arcoíris, donde van todos los animales, eso te lo han explicado, ¿verdad?

C: Sí, están en las nubes, van brincando en las nubes. Y se hacen una camita de nubes, están así en una nubecita (Se acurruca).

T: Genial, pues qué te parece si los enviamos para allí y así cerramos esta historia. ¿Sí?

C: ¡Sí! Cogemos sus almas. (Mueve sus brazos y sus manos).

T: Muy bien, coge sus almas, Anna, cógelas todas. Y soplamos, soplamos al País Arcoíris. Y le pedimos al arcángel Miguel que les guíe.

C: (Va haciendo lo que le pido gesticulando).

T: Perfecto. Ahora siguen estando en nuestros corazones, aunque no estén aquí en la tierra, pero ya están donde ellos tienen que estar.

C: Sí, pero sus corazones siempre estarán en nuestros corazones.

T: ¿Sabes por qué? Estos animalitos te están muy agradecidos porque has cambiado su historia. Has sido una campeona.

C: Y porque hemos ayudado a la mamá gata a salvar toda la familia. Porque si no los lobos podrían atacar también a todo el pueblo.

T: Exacto, porque si no hubiera sido una catástrofe, los has liberado.

C: ¡Y la gata, como yo le he ayudado, entre las dos, la gata y yo, hemos salvado a todos! A los lobos, a la manada, a todo el pueblo.

T: ¡Qué alegría! Pues túmbate que ahora hay que hacer una cosita por ti. Ya que eres una campeona y has hecho una cosa por todos estos animales, ahora hay que hacer una cosa por ti. Si estos nervios y esta rabia con los ruiditos te venían por esa historia que estaba inconclusa, quiero decir que no se había cerrado, ahora como ya la hemos cerrado, te vas a imaginar que tu hermano está haciendo esos ruiditos. Y te vas a imaginar cómo tú reaccionas de una manera diferente, ¿vale?

C: Pues mira, él me está haciendo ahora los ruiditos. En vez de pegarle y gritarle, le digo: "Pues mira, yo me voy y me dejas tranquila. Y yo paso de ti porque eso me molesta y lo sabes".

T: Vale, pero vamos un poquito más allá, porque esos ruiditos ahora, ¿te suenan amenaza o ya no te suenan amenaza? Imagínate esos ruiditos ahora que ya sabes que esa gata ha liberado a toda su familia y a los lobos de la manada y ha salido todo perfectamente. Escucha esos ruiditos y siente el amor que esa gata te envía. ¿Cómo es la energía del amor, cariño?

C: Muy fuerte.

T: Pues esa energía del amor, como lo puede todo, va a sacar esa energía del nerviosismo. Siente cómo esa energía del amor te quita ese nerviosismo que te causa.

C: Mira, siento que la gatita está en mi corazón haciéndome cosquillas con sus patitas suavecitas. Y sus bebés gatitos están haciendo así en mi corazón, están jugueteando y son muy monos. (Escenifica lo que me dice).

T: Así que, a partir de ahora, cada vez que escuches esos ruidos, que antes te ponían nerviosa, lo que vas a sentir es el amor de esa mamá gata y esos gatitos haciéndote cosquillitas en el corazón. Y eso hará que ya no te pongas nerviosa. ¿Y sabes qué pasará? Que tu hermano, como ya no te pondrás nerviosa, dejará de hacértelo. ¿De acuerdo? Así que túmbate que vamos a visualizar esto. Estás ahí, estás en casa, estás tranquila en tu habitación y aparece Álex haciendo ruiditos. ¿Qué vas a hacer?

C: Pensar en la gatita y decir: "paso de ti".

T: Siente, siente esa gatita cómo te está haciendo esas cosquillitas. Siéntela, siéntela...

C: Siento que la gatita me hace muchas cosquillitas y siempre me acompaña. A todos lados. Y entonces que mi hermano ya pasa de mis historias y de todo y ya no me hace eso.

T: Muy bien, cariño.

C: Y la gatita me ha ayudado...como yo le he ayudado a elegir, ella me ha ayudado a mí con mis ruiditos.

T: Súper bien, cariño. Vale, y ahora vamos a ir a esa oscuridad que te da miedo. Te vas a imaginar que estás en un cuarto oscuro y te estás poniendo un poquito nerviosa. Está subiendo ese miedo al cerebro que te dice: "sal de aquí que te agobiarás". ¿Cómo vas a resolver eso?

C: Pues cerrando los ojos, encendiendo la luz, o si no puedo encender la luz, porque yo dentro de poco me voy "de colonias" (campamentos) pues cogeré mi linterna, porque estaremos toda la clase, mi profesora, mis amigas... Y tengo una amiga que es súper amable, la más amable de la clase, y es mi pareja "de colonias". Encenderé la luz, juntaré la linterna con la de ella, porque se puede. Y entonces así podremos estar las dos juntitas.

T: Bien, cariño. Fíjate en lo que me acabas de decir que es muy importante: ¿qué te transmite tu mejor amiga a ti?

C: Calma, alegría y emoción.

T: Y amor, ¿verdad cielo? ¿Has visto cómo el amor cura todo el miedo posible? Pues cuando sientas miedo, tienes que pensar también en el amor. El amor de esa gatita, el amor de tus amigas, el amor de tus papás y el amor de tu familia.

(...)

Acabamos la terapia envolviendo a Anna en el color azul, que es el que elige y curiosamente es el correspondiente al chakra garganta: centro energético que requiere expresar, poner límite, justicia y equilibrio para no bloquearse.

Sobre la terapia

El caso de Anna es un ejemplo de cómo trabajar una sintomatología a partir de una historia que puede parecer inventada, ser una vida pasada o una historia familiar. Sea lo que sea, vemos cómo los niños trabajan muy fácilmente a través de la simbología.

También es una muestra de la necesidad de permitir el movimiento, puesto que es a través de la expresión y la escenificación como los niños drenan las emociones. Así hacen lo que llamamos catarsis física, para deshacerse de las sensaciones y emociones que estaban retenidas. Eso les permite desbloquear la energía.

El concluir la historia visualizando un nuevo final permite el reequilibrio energético o lo que llamamos "justicia".

Todo lo que queda inconcluso o cerrado de manera injusta/desequilibrada, genera una deuda energética. La escenificación les permite completar el trabajo energético a la par que tomar consciencia.

Los niños altamente sensibles, hipersensibles y/o neurodivergentes vienen con muchos bloqueos en su herencia transgeneracional. Es el caso de Anna, que claramente ha estado trabajando información que lleva en su ADN sobre conflictos y guerras entre clanes, duelos, pérdidas, catástrofes, muerte de niños y mamás, o lo que llamo "maternidades y paternidades difíciles o irresponsables". Anna viene de un árbol en el que hay muchas memorias uterinas que llevan a un trabajo de la maternidad en los descendientes. El trabajo de la maternidad se hace equilibrando la energía femenina, la gestión del amor (equilibrio amor propio y al prójimo) y trabajando nuestro mundo interno, emociones y corazón (nombrados varias veces por Anna en la terapia).

Además, cuando hay memorias de maternidades y paternidades difíciles e irresponsables (muertes de niños, muertes de padres, niños no atendidos como se debía, instrumentalización y abuso del milagro de dar vida, inversión de roles entre padres e hijos, deudas del dar y del recibir, uso del amor como moneda de cambio, etc.), los descendientes desarrollan una hiperdefensiva y una tendencia a "ser salvadores" (necesidad de proteger) o a "necesitar ser salvados" (miedos y apegos). Esto les hace estar excesivamente en la observación de lo externo y acaba derivando en sentidos hiperdesarrollados y mente arborescente o muy activa, para poder prevenir y solucionar lo que pueda acontecer. Es el caso de Anna y su hipersensibilidad auditiva.

Dicho en otras palabras, cuando ha habido muchos sucesos traumáticos en el clan, queda información energética de culpa, deuda y de duelo; por lo que los miedos, y la necesidad de sobrecontrol/sobreprotección van a estar presentes en los descendientes. Eso genera una gran capacidad para percibir estímulos, una desconexión entre cuerpo, emociones y mente y una agudización de los sentidos, en consecuencia: hipersensibilidad y alerta constante (reactividad o huida). Como hemos visto, Anna ha relacionado esa hipersensibilidad auditiva con el temor a las desgracias/catástrofes.

Respecto al miedo a la oscuridad, le he enseñado unos recursos para gestionarlo, puesto que es algo muy habitual en los niños hipersensibles, ya que pueden percibir la energía sutil.

Uno de los trabajos más importantes con los niños es el "empoderamiento", que recuerden recursos para su autogestión (y digo "recuerden" porque ellos tienen la sabiduría en su interior y acceden fácilmente a ella).

Seguimiento del Caso

Un año después de la terapia, recibo a Anna en mi consulta de nuevo. Hablamos sobre su hipersensibilidad auditiva y le enseño que eso que a veces vive como problema es un maravilloso don. Le muestro que tener su oído tan desarrollado le sirve para escuchar lo que los demás no pueden oír, lo cual es una ventaja. Inmediatamente, ella lo asocia con su destreza para saber en todo momento qué necesitan sus gatos, algo que le enorgullece porque quiere ser "cuidadora de animales" de mayor. También le recuerdo la relación de la sensibilidad auditiva con su gran capacidad para la guitarra, instrumento que toca, y le animo a poner a prueba su aptitud en otros ámbitos musicales.

Hemos de potenciar las destrezas de los niños y que pongan su atención en los aspectos positivos de las cosas. Así ayudamos a su autoestima y al empoderamiento.

Testimonio de Anna

Anna: *"Me fue muy bien. Fue divertido y a la vez me ayudó mucho a controlar mis emociones con los ruiditos. Me ha ayudado bastante. Además, cuando estaba en la regresión me sentía bien, me sentía cómoda. Y a la vez fue intenso, me fue más como al corazón que al cerebro la historia esa. Sentí calma, no sólo estaba pensando, también estaba sintiendo la historia como si estuviese allí metida"*

Rubí, 14 de diciembre de 2024

Adopción: La importancia de las "raíces"

Sobre el caso

El consultante es un niño de 12 años que fue adoptado de pequeño. Sus padres adoptivos están preocupados por las dificultades que tiene para sentirse perteneciente. Tiene una vida cómoda, con unos padres que lo arropan y le procuran todas las necesidades físicas, emocionales y afectivas. Es un niño cariñoso, inteligente, inquieto y alegre, cuyo mayor disfrute es compartir con los demás. Sin embargo, no se siente arraigado, le cuesta mucho fluir y permitirse disfrutar de su día a día.

Partimos de la base de que todo individuo necesita recibir la energía masculina y la energía femenina de sus padres biológicos. Aunque haya otros padres de crianza, la base energética la dan los biológicos. Como la separación fue muy temprana, el consultante no pudo recibir esa energía.

Además, tendremos en cuenta que la separación materna temprana se vive como si te separasen de tu cuerpo, porque el niño aún no tiene desarrollado el Cerebro Racional, el Neocórtex y el Control Ejecutivo, es meramente visceral y emocional.

Todos necesitamos raíces, somos como los árboles y no podremos crecer sanamente sin conciliarnos con ellas. Es muy importante energéticamente conocer nuestras raíces y nuestro árbol transgeneracional, porque nuestra energía y ADN están condicionados por ellos. La sensación cuando no estamos arraigados es como de estar en el aire, en la mente constante, no tener donde apoyarse, algo que comporta muchas secuelas físicas, emocionales, mentales y energéticas. Sobre todo, comporta secuelas mentales y conductuales, porque falta "anclaje", falta "tierra".

Todos estos factores hacen imprescindible el trabajo terapéutico con todo niño adoptado. Son múltiples los casos de niños adoptados o niños acogidos con inadaptación y problemas vinculares. Teniendo en cuenta esto podemos entender el por qué.

Transcripción de la Sesión
Rubí, 13 de julio del 2023

TERAPEUTA (T): Te voy a volver a preguntar sobre esto que hemos hablado tú y yo de conseguir estar lo máximo satisfecho contigo mismo y con tu vida. ¿Qué es para ti el estar satisfecho?

CONSULTANTE (C): Pues estar contento con lo que has hecho, feliz.

T: ¿Y qué te hace a ti estar contento con lo que haces?
C: Pues... ¿me puedes repetir por favor?
T: Sí, ¿Qué cosas te hacen estar contento?
C: Pues cuando las cosas las hago bien, cosas así por el estilo.
T: ¿Qué pasa cuando no haces bien las cosas?

C: Algunas veces me enfado...pero tampoco muchas.
T: ¿Y cuando te enfadas, cariño, en qué parte de tu cuerpo sientes el enfado?
C: En la cabeza.
T: ¿Hay alguna parte más de tu cuerpo que sientas ese enfado?
C: No.
T: ¿Cómo lo sientes en la cabeza? Como un dolor, como un pinchazo...
C: Pues lo siento como un dolor.
T: ¿Sientes algo más cuando fallas o cuando no haces las cosas bien? ¿Algo más que enfado? ¿Alguna emoción más?
C: No.

En este primer diálogo vemos su tendencia a gestionar emociones a través del pensamiento, de la mente. Esto trae problemas porque es un intento de racionalizar las emociones que nos lleva a no dejarlas fluir, ponerles juicio e incluso hacer "tabú" de algunas por no considerarlas "correctas". También nos dice que hay dolor tras el enfado, algo típico: si no nos dejamos aflorar el dolor, nos va a causar irritabilidad y enfado. Vemos cómo nos habla de hacer las cosas bien o mal, refleja de nuevo la tendencia al juicio de lo correcto o incorrecto, propia de un perfil de inseguridad y pobre amor propio junto a una alta autoexigencia (suele estar presente cuando hay heridas de abandono, rechazo y memorias de duelo y pérdida). Ese perfil también dificulta el fluir emocionalmente: todo se pasa por el raciocinio y por el juicio. Esto daña el niño interior intensamente, que se siente abandonado, señalado, abusado, rechazado y sin poder "dejarse ser".

T: Vale. Muy bien. Pues ahora ya sí. Vas a cerrar los ojos y voy a empezar con las instrucciones... (Le doy unas breves instrucciones, entre ellas que me ha de hablar en presente y que vamos a tener un diálogo con su consciencia superior, o lo que yo llamo alma, que sabe perfectamente cuál es el origen de todo lo que le pasa).

Y ahora sí, a la cuenta de tres, me vas a decir lo que te ha ido viniendo, mientras yo te he empezado a hablar, o lo que te viene ahora mismo, respecto a esto de conseguir estar lo máximamente satisfecho contigo mismo y con tu vida, esto de estar contento con lo que haces, porque cuando las cosas no te salen bien, algunas veces te enfadas y sientes ese enfado en la cabeza, así como si fuera un dolor. ¿Cuál es el origen de todo esto? Uno, dos y tres.

C: La exigencia.

T: Muy bien, la exigencia. ¿Qué pasa con esa exigencia? Explícame.

C: Que cuando no estás satisfecho con lo que has hecho, pues te enfadas, te frustras.

T: Muy bien. Y si supieras, ¿esta exigencia es tuya o es algo que tú has aprendido?

C: Es mío.

T: Y fíjate, ¿cuál es el origen de esta exigencia? ¿Cuál es la primera vez que tú has sido exigente contigo mismo?

C: La primera vez fue cuando era más pequeño. Estaba en primero de primaria.

T: Estás en primero, acuérdate que me vas a hablar en presente, ¿vale? Ahora mismo estás en primero de primaria. ¿Qué está pasando?

C: Que suspendí un examen y me enfadé mucho porque estudié mucho. Y después hice otro examen que lo aprobé con un 6 y fui exigente conmigo mismo.

T: O sea, que dijéramos que cada vez que tienes una nota y no estas satisfecho, tú mismo te reprochas, ¿no?

C: Exactamente.

T: Muy bien, pues fíjate, vuelve de nuevo a esa situación, estás en primero de primaria, ¿cuántos años tienes?
C: 6 añitos.
T: Vale, tienes 6 años, estás en primero de primaria y aún no tienes esa nota de ese examen, te la van a dar. Y me vas a decir todo lo que sientes en el momento que te están dando esa nota de ese examen, fíjate.
C: Nerviosismo.
T: ¿Dónde sientes ese nerviosismo?
C: Lo siento muchas veces en el estómago.

Es muy habitual somatizar la ansiedad en el estómago, es nuestro segundo cerebro que nos alerta de estrés y de no estar digiriendo emocionalmente los sucesos.

T: Muy bien, en el estómago. Fíjate en ese nerviosismo que sientes en el estómago, ¿como si fuera qué cosa? ¿Desde dónde a dónde de tu estómago va?
C: Desde la... es que no sé cómo se dice.
T: Bueno, tú me lo puedes señalar, cariño.
C: A ver, desde aquí, que va por aquí (señala desde su bajo ombligo hasta su pecho). Va subiendo para arriba.
T: O sea que viene de abajo, desde donde está tu ombligo y va subiendo para arriba.
C: No, aquí empieza y empieza a dar vueltas (me señala que no es de arriba abajo sino haciendo círculos).
T: Vale, entonces empieza ahí y da como vueltas.

Estos datos le sirven para que se centre en la sensación física a partir de la cual va a conectar con la herida emocional o huella energética, pero, además, nos sirve para ver el chakra o centro energético bloqueado. En este caso es el plexo solar, donde reside nuestra voluntad y poder personal (coincide con la sintomatología de exigencia, inseguridad, necesidad de control, miedo a fallar, etc.).

T: Muy bien, concéntrate en ese dolor de estómago que empieza ahí en tu plexo y empieza a dar vueltas. Y dime, ¿te es familiar ese dolor de estómago? ¿Es algo que te ha sucedido muchas veces?

C: Sí, bastante.

T: Bueno, pues vamos a pedirle a tu consciencia superior que te muestre la primera vez en la que tú sientes ese nerviosismo en el estómago. Que vaya mucho antes de estos seis años, a la primera vez, al origen en el que tú sientes este nerviosismo en el estómago. Y me vas a decir cualquier cosa cariño, lo que tu consciencia te esté indicando, aunque parezca muy raro, aunque parezca inventado. ¿Qué es lo que te muestra tu consciencia?

C: El nacimiento.

T: Muy bien. Dime, ¿cómo está siendo eso?

C: Pues que cuando tuve mi primer nerviosismo, mis padres no pudieron cuidarme y entonces me pusieron en adopción. Y cuando estaba en adopción tuve los nervios de conocer mi nueva familia, cómo serían.

T: Muy bien. Estás trabajando muy bien, cariño. Pues fíjate, vamos a pedir a tu consciencia superior que te lleve a un poquito antes de tu nacimiento. Fíjate en el momento en que tú, como una lucecita, entras en la barriga de tu mamá. Y vas a sentir perfectamente cómo estás dentro de la barriga de mamá. Eres muy chiquitito todavía, tienes días de gestación. Me vas a decir qué es lo que sientes cuando estás en esa barriguita.

C: ¿Lo que siento?

T: Sí. ¿Qué sientes en la barriguita de mamá? ¿Cómo se está ahí?

C: Pues la verdad, sinceramente, contento porque saldrás a ver tu nueva vida, pero nervioso por conocer a tu padre.

(Habla en segunda persona, ya hay disociación ahí, le da el poder director a su mente por encima de sus emociones. Y a la par, al nombrar a papá, nos habla inconscientemente de su necesidad de aprobación externa y de las figuras de autoridad).

T: Muy bien. O sea que estás un poco contento, pero por otro lado nervioso.

C: Sí. Es como lo del corazón, que no sé qué es.

T: Ah, como eso que hemos hablado antes, de elección del corazón.

C: Sí.

Con anterioridad a la terapia me explica que le cuesta elegir y tomar decisiones desde su corazón. Esto es muy habitual cuando se está excesivamente en la mente, en el juicio, en el control en lo correcto/incorrecto, cuando se tiene miedo a fallar, etc. Es un claro ejemplo de desconexión y desequilibrio de la energía masculina y femenina (En este caso exceso de masculino: mente y acción). Curiosamente se acuerda ahora de esa información al vivenciar la vida intrauterina, en la que se suelen fraguar las desconexiones corazón/mente al sincronizar el corazón del bebé con el de una mamá con mucho conflicto sensorial, emocional, mental y energético propio o transgeneracional.

T: ¿Y qué le pasa a tu corazón? A ver, ¿por qué tiene ese problema para elegir? ¿Qué le está sucediendo a tu corazón?

C: No sé explicarlo.

T: No importa, cariño. Simplemente déjate vivir esta experiencia, ¿vale? No tienes por qué dar explicaciones, porque ya hemos dicho que tu alma lo sabe todo. Entonces solo quiero que experimentes. A ver, cuando tú estás ahí en la barriguita, fíjate, ¿cómo va avanzando eso? En la barriga de mamá podemos ver qué es lo que nos pasa, y qué le pasa a mamá, qué le pasa a papá. ¿Qué está pasando mientras tú estás en esa barriguita? ¿Cómo está tu mamá y cómo está tu papá?

C: Pues con muchas ganas. Mamá está con muchas ganas.

T: Muy bien. ¿Sientes esas ganas de mamá? ¿Cómo es esa energía de las ganas de mamá? ¿De qué color es?

C: Naranja o amarilla.

T: ¡Olé! Eso es que está muy contenta. Muy bien. (Los colores naranja y amarillo corresponden respectivamente al chakra sacro y al chakra plexo solar). Y ahora, fíjate, siente, ¿cómo está la energía de papá? ¿Cómo está papá? ¿Está también con ganas o ves una energía diferente a la de mamá?

C: Eh... lo mismo, pero también con... Tiene muchas ganas, pero con muchas... pero con... Tiene muchas ganas, pero no muchas de tener responsabilidades. (Titubea y le cambia el gesto).

T: Ah, papá no quiere responsabilidades. ¿O sea que papá le está suponiendo un poquito de carga el que tú estés ahí?

C: Eh... sí.

T: Muy bien. ¿Y cómo vive mamá eso de que papá lo vea como una responsabilidad? ¿Qué opina mamá de eso?

C: Creo que no lo sabía.

T: Mamá no se da cuenta, ella vive feliz con eso de que te está sintiendo ahí, ¿no?

C: (Asiente con la cabeza).

T: Y fíjate, ahora, concéntrate en ti. Tú que eres un bebé y estás ahí adentro y estás sintiendo que mamá está con muchas ganas, pero que papá... bueno, está contento, pero está como "madre mía la responsabilidad que se viene". ¿Qué sientes tú?

C: Eh... mucho amor por mis padres, pero tristeza por mi padre, que me siente de carga, pero muy contento por hacer feliz a mi madre.

T: Muy bien. O sea que tú quieres hacer feliz a mamá, ¿verdad?

C: Sí.

Fijémonos en dos detalles importantes. Ya aquí hay una diferencia entre mamá y papá que puede favorecer más dificultad a la hora de tomar decisiones, porque mamá (corazón) y papá (mente) no se están comunicando entre ellos sus emociones y pensamientos. Otro detalle importante es el de "hacer feliz a mamá", nos está mostrando un sentimiento de deuda con mamá. Inconscientemente, sentirse una "carga" para papá lo llevará a querer compensar a mamá por su lealtad. Eso va a convertirse en un buscar el reconocimiento externo, no querer fallar, dar en exceso, autoexigirse, no sentirse suficiente... signos que ya estamos viendo en su perfil y que condicionan su amor propio/autoestima.

T: Muy bien. Pues venga, vamos avanzando en ese embarazo. Te vas haciendo un poco grandote, un mes, dos meses, tres meses. Ve revisando cómo te vas sintiendo. Y me vas a decir el siguiente hecho en el que notas que la energía de tu alrededor cambia, la de papá o la de mamá. O que sucede algo que hace que la energía cambie.

C: Pues antes de nacer.

T: ¿Qué pasa antes de nacer?

C: Que mis padres se ponen muy nerviosos.

T: ¿Por qué están nerviosos los papás?

C: Porque no saben cómo seré en el futuro.

T: Y eso de que papá y mamá se pongan nerviosos cuando tú estás ahí a punto de nacer...Fíjate, ¿qué te hace sentir a ti?

C: Me hace sentir como que puedo fallar la felicidad de mis padres.

T: Y cuando sientes que puedes fallar a la felicidad de ellos, fíjate, ¿qué te hace sentir eso?

C: Pues me hace sentir triste y un poco inútil.

T: Muy bien, cariño. Pues cielo, fíjate cómo te está afectando todo esto de "me hace sentir que puedo fallar la felicidad, me hace sentir triste e inútil" ¿Cómo te está afectando ahora, en tu vida, ya con tus doce años? ¿Qué te hace hacer todo esto?

C: Pues recordar mucho a ellos.

T: Cariño, ¿y eso qué te impide, eso de estar recordándolos tanto?

C: Pues, siempre he pensado en mi familia (Gesto de tristeza).

T: Pero cuando tú lo recuerdas mucho... ¿eso te impide disfrutar? Porque te pones un poco triste...

C: Sí.

T: ¿Y te impide disfrutar de lo que tienes ahora, cielo?

C: Sí.

T: Eso es lo que me comentabas, de que tenías el corazón dividido, ¿verdad cielo?

C: Sí.

Hay un claro sentimiento de deuda, de poder fallar, que está vinculado con una herida de abandono. Eso de "fallar a la felicidad de mis padres" le está sometiendo a un continuo autojuicio, no poder fluir, no poder ser natural y espontaneo (de ahí la represión emocional y el estar constantemente en la mente también).

T: Muy bien. Bueno, pues vamos a ver cómo naces, ¿cómo se da tu nacimiento? Vas a sentir que mamá empieza ya a tener dolores, que se le empieza a remover la tripa, y que todo lo que le está pasando a mamá te está afectando a ti porque te está moviendo a que tú salgas ahí por el canal de parto. Fíjate... ¿Cómo sientes tú eso? ¿Cómo sientes tú las contracciones de mamá?

C: Dolorosas.

T: Muy bien. ¿Y cómo está mamá cuando tiene estas contracciones?

C: Pues, con mucho dolor, pero resistente.

T: Es una mamá fuerte, ¿eh?

C: Sí.

T: ¿Y papá? ¿Cómo está cuando ve que ya estás ahí, que ya casi sales?

C: Pues, con ganas, pero también nervioso.

T: Muy bien. ¿Y tú? ¿Cómo estás sintiendo esos empujones que te están dando?

C: Pues, doloroso y también con muchas ganas de ya ver la luz.

T: O sea, que estás viniendo con muchas ganas, ¿verdad?

C: Sí.

T: Muy bien. Y dime, ¿qué ves que sale primero? ¿Sale tu cabeza? ¿Sale tus pies? ¿Qué es lo que sale primero?

C: Pues, como la mano y después mi cabeza.

T: ¡Ay! ¿Has sacado una manita primero?

C: Sí.

T: Y fíjate, ¿te están ayudando los médicos o puedes salir solo?

C: Los médicos me están ayudando.

T: ¿Y cómo lo estás viviendo eso? ¿Lo estás viviendo bien o estás viviendo como si te forzasen, como si tirasen de ti?

C: Las dos cosas.

T: O sea, que tiran un poco de ti, ¿no?

C: Sí, para sacarme.

T: Y cuándo tiran de ti, cariño, ¿qué estás sintiendo?

C: Pues, dolor y también confianza.

T: Confianza. O sea, que te duele, pero ¿confías en esos médicos que te están tirando de ti? C: Sí.

T: Muy bien, cariño. Entonces, esto está yendo bien. Muy bien. Y fíjate, ¿has conseguido salir o hay alguna complicación?

C: He conseguido salir... salgo.

T: Y cuando sales, ¿qué es lo que hacen contigo?

C: Pues, primero me cogen los médicos. Después, me dan a mi madre para que me coja y después a mi padre.

T: Muy bien, cariño. Fíjate, ¿y cuando te dan a mamá? Fíjate en la carita de mamá. ¿Cómo es la carita de mamá cuando te tienen brazos?

C: Pues, con mucha alegría y ganas de llorar.
T: Está muy emocionada, ¿verdad?
C: Sí.
T: ¿Y papá? ¿Qué cara pone?
C: Igual, emocionado.
T: ¿Y tú? ¿Cómo estás cuando ves esas caras de tu papá y de mamá por primera vez?
C: Feliz.
T: Muy bien cariño, siente intensamente esa felicidad de mamá, de papá y la tuya propia, siéntelo en tu corazón.

Es muy significativo para el desarrollo afectivo de todo individuo experimentar este momento de amor incondicional, en el que siente y abre consciencia de que, haya pasado lo que haya pasado, ha sido amado simplemente por ser y su vida celebrada, aunque sólo sea unos instantes, como el milagro que es.

T: Y ahora fíjate, cariño, ¿cuál ha sido el momento más duro de todo ese embarazo y todo ese parto?
C: Pues, el momento más duro...pues, cuando empiezo a sentir cosas.
T: ¿En qué momento empiezas a sentir cosas?
C: Pues, cuando ya tengo los sentimientos.
T: ¡Ajá, ajá! Vale. ¿Por qué es eso duro para ti, cielo?
C: Porque cuando salgo, empiezo a llorar. Es cuando descubro los sentimientos.
T: Pero ya los has descubierto antes, porque eras capaz de decirme si mamá estaba feliz, si papá estaba feliz... ¿verdad?
C: Sí. Lo notaba en su cuerpo.
T: Muy bien. ¿Y qué pasa con los sentimientos? ¿Te dan un poquito de miedo los sentimientos?
C: Seguramente, no mucho...pero depende de qué sentimiento.
T: ¿Qué sentimientos no te gustan?
C: Los de estresado, asustado y triste.

T: Los de malestar, ¿verdad, cariño?
C: Sí.

Aquí vemos ese miedo al dolor, al malestar, al sufrimiento, que le está llevando a reprimir emociones y a estar en la mente para huir. Es habitual en niños altamente sensibles, acaban desarrollando este mecanismo de defensa.

T: Pero tú sabes que todas las emociones son necesarias. Porque si no tuviéramos esos malestares, no haríamos nada por solucionar las cosas, y a veces es importante solucionar las cosas.
C: Si...
T: Muy bien, cielo. Bueno, después de tenerte, papá y mamá, ¿en qué momento te dan en adopción? ¿Qué sucede para que te tengan que dar en adopción?
C: No me acuerdo (se pone tenso).
T: Mira, relájate y vamos a pedirle a tu consciencia superior que te muestre, como en una pantalla, en una proyección, en qué momento sucede la adopción. ¿Qué está pasando? ¿Qué situación están viviendo papá y mamá para tener que darte en adopción? Y, de verdad, lo que te venga, no importa, aunque creas que lo estás inventando e imaginando.
C: Que no pueden cuidarme.
T: ¿Y a qué es debido que no pueden cuidarte?
C: Parece ser que ya tenía hermanos.
T: ¿O sea, tienen más niños?
C: Sí.
T: ¿Y no pueden cuidaros a todos?
C: No.
T: ¿Cuál es el motivo?
C: Por un tema económico y dinero.

T: Vale, cielo. Y fíjate, ¿cómo estás viviendo tú eso? ¿Puedes escuchar ese diálogo que tienen papá y mamá para decidir en el momento que te van a dar en adopción?

C: Triste.

T: ¿Qué se están diciendo papá y mamá?

C: Que no podemos cuidar a los niños.

T: ¿Eso quién lo dice? ¿Lo dice papá o lo dice mamá?

C: Lo dice papá... y mamá. Porque papá dijo que hace falta mucho dinero para cuidar a los hijos que tenemos.

T: ¿Cuántos hermanos más hay? ¿Lo sabes cielo? ¿Puedes ver cuántos hermanos más hay? C: El mayor que tenía 20 años, otro que tenía 13, 9, 5 y otro que tenía 2 años.

T: Claro, y ya, tú eres el quinto, ¿no?

C: Sí, yo era el quinto.

T: Eres el quinto hermano... ¿Al final mamá cómo se convence? ¿Logra papá convencerla?

C: Sí, la convence "por pensar en mí".

T: ¿Qué dice mamá?

C: Dice que no quiere, que no quiere.

T: Mamá no quiere, ¿pero al final qué pasa?

C: Y el papá dijo: "lo tenemos que hacer por el dinero".

T: ¿Y al final accede mamá, cariño?

C: Y al final lo hace.

T: ¿Pero mamá lo hace voluntariamente o lo hace obligada?

C: Voluntariamente.

T: ¿Y cómo estás viviendo tú todo ese diálogo entre papá y mamá? ¿Qué sientes tú?

C: Triste, enfado.

T: Fíjate cariño, en ese momento que papá y mamá están diciendo "no podemos cuidar", mamá dice "¿por qué?", "es que hace falta dinero", mamá no quiere, pero papá le convence, le dice "lo tenemos que hacer por su bien", fíjate, cariño, ¿Cuáles son tus reacciones físicas? ¿Qué le está pasando a tu cuerpito cuando tú eres un bebé y tus padres están teniendo toda esa conversación?

C: Tengo como sentimiento de tristeza, enfado.

T: Sí, esos son sus sentimientos cariño, pero fíjate tu cuerpo, ¿qué le pasa a tu cuerpo cuando tú estás escuchando todo eso? ¿Qué le está pasando a tu cuerpo?

C: Reacciona.

T: ¿Cómo reacciona?

C: Reacciona con escalofríos.

T: Muy bien, cielo. Y cuando tienes esos escalofríos, ¿qué es lo que logras sentir aparte de tristeza y enfado? ¿Logras sentir algo más?

C: No.

T: Y fíjate, cuando tienes esos escalofríos, esa tristeza, ese enfado, ¿cuáles son tus reacciones mentales? ¿Qué logras pensar?

C: Ojalá nunca me separasen, pero lo hacen por mi bien...

T: ¿Te sientes también un poquito obligado a esa situación, cielo?

C: Sí.

T: Muy bien. Y, fíjate, cariño, ¿cómo te está afectando toda esa tristeza, ese enfado, esto de "ojalá nunca me separasen, pero lo hacen por mi bien"? ¿Esto cómo te afecta ahora que ya eres mayor? ¿Qué te hace hacer?

C: Pensar en ellos.

T: Eso te hace estar pensando mucho en ellos, ¿verdad cielo?

C: Sí.

Intenta racionalizar la situación para no sufrir, desearía no "separarse" pero justifica "lo hacen por mi bien". Esto lleva a invalidarse emocionalmente, no dejar aflorar el enfado y la frustración por verse "obligado" a vivir una situación así. Además, el sentir que ha sido por una cuestión económica va a determinarle vivir en carencia y no merecimiento, lo que provoca autojuicio, autoexigencia, autocastigo interno y búsqueda constante de validación externa (Es un estigma de: "valgo por lo que hago, no por lo que soy").

T: ¿Te gustaría hablar con ellos?
C: Sí.
T: Pues mira, vamos a hacer una cosita. Cuando uno entra en consciencia expandida, ya te he dicho que esto era como cuando uno medita, puede hablar con el alma que desee. Obviamente no vas a hablar con la persona, pero sí vas a hablar con su alma, con su consciencia superior. Y esto va a llegar a esa persona. Porque es importante que tú puedas decirles a tus padres todo lo que necesites decirles. Así que fíjate, tu alma va a entrar en una sala. Vas a imaginar una sala blanca, que es la sala de la reconciliación de las almas. Y en esta sala vas a pedir que entre el alma de tu mamá y el alma de tu papá. ¿Las ves entrar?
C: Sí.
T: Muy bien. Pues cariño, ¿con quién quieres hablar primero?
C: Papá.
T: Pues venga, habla con papá y dile todo lo que necesites decirle. Y dile en voz alta, cariño, porque las palabras son energía también, y así les llegará.
C: Gracias por hacerlo por mi bien, pero querría haberme enterado para estar muchas más veces con vosotros. Y nunca separarme...y haber buscado otra solución que no sea el abandono. (Se sincera e incluso usa la palabra "abandono" en vez de adopción).
T: Díselo todo, cariño, y suelta ese enfado, esa tristeza. Suéltalo porque estás en tu derecho. Es normal que lo sientas y lo tienes que sacar, lo que estás sacando es dolor, cielo. Así que dile que te has sentido abandonado, y que hubieras querido que hubiera sido de otra manera. (Le animo a que exprese todo lo reprimido, sin tabúes).
C: Hubiera sido de otra manera. Y hubiera sabido cuidarme. Yo soy responsable. Sólo con que me hubierais cuidado yo ya estaría feliz.

T: Fíjate, ¿qué te dice papá, cariño?
C: Que tuvieron que hacerlo. Que no querían, pero que tuvimos que hacerlo por el dinero. Porque no teníamos mucho... para cuidar a muchos...para cuidar a otro hijo.
T: Fíjate, cariño, ¿lo entiendes tú eso de que "por dinero"?
C: Sí.
T: ¿Lo entiendes? ¿O todavía te queda ahí un poquito de enfado, reproche, sensación de abandono? (Me aseguro de que se quede conforme emocionalmente).
C: No... entiendo.
T: Muy bien. ¿Tú te has quedado en paz con papá? ¿O quieres decirle algo más?
C: Ya está.
T: ¿Tú perdonas a papá por lo que ha hecho, cielo?
C: Sí.
T: Pues díselo, porque papá lo necesita. Papá necesita que le perdones y tú también necesitas perdonarle, cielo.
C: Perdón papá por quejarme.

Este es un estigma que queda en los heridos de abandono: culpa y deuda que les hace sentir que deben aguantar y no tienen derecho a quejarse ni a mostrar vulnerabilidad. De ahí que reprima y huya de las emociones de malestar.

T: No, cariño, tú no le tienes que pedir perdón por quejarte, tú eras un bebé. Tú no pudiste elegir. El que te ha de pedir perdón es papá. ¿Tú crees que papá te pide perdón?
C: Sí.
T: ¿Y tú le puedes perdonar a él?
C: Sí.
T: Pues di "papá, te perdono".
C: Te perdono, papá.
T: ¿Cómo ves su cara cuando tú le dices te perdono?
C: De tristeza.

T: Cariño, tú sabes que papá y mamá, aunque no estén contigo, van a ser siempre tu papá y tu mamá. Y sabes que algún día os vais a reunir, ¿verdad?
C: Sí.
T: Porque nosotros somos almas, ¿verdad?
C: Sí.
T: ¿Y dónde vamos las almas?
C: Al cielo.
T: Y cuando tú llegues allí al cielo estarán papá y mamá.
C: Sí.
T: Así que esto no es una despedida, esto es un "hasta luego". ¿Vale? Ahora, quiero que hables con mamá y le digas lo que necesites decirle, cielo.
C: Te he echado mucho de menos. Y gracias por hacer todo por mí, por cuidarme ese tiempo que tuvimos juntos. Te lo digo de corazón. Entiendo por qué me diste en adopción y he hablado de eso con papá. A ti también te perdono.
T: ¿Qué te dice mamá, cielo?
C: Lo siento por darte en adopción, no teníamos demasiado dinero. Y de nada, cuando hay un hijo siempre hay que cuidarlo. Igual, como sea.
T: O sea, mamá lo ha pasado mal también con esa decisión, ¿verdad, cariño?
C: Parece ser que sí.
T: Fue más una decisión de papá por el tema de lo económico, pero mamá te hubiera tenido siempre con ella, ¿verdad, cielo?
C: Si.
T: Pues cielo, ¿necesitas hacer algo más con papá y con mamá?
C: No.
T: Pues vamos a hacer algo más, porque sí es importante, cariño. ¿A qué edad te separaste de ellos?
C: No me acuerdo.
T: ¿Fue antes de los dos añitos?

C: Sí.

T: Pues es importante que recuperes la energía que te tienen que dar. Porque las mamás nos dan una energía que se llama energía femenina y los papás nos dan una energía que se llama energía masculina. Y es súper importante que nos den esa energía, porque si no siempre vamos a estar con problemas de seguridad en nosotros mismos, problemas de confianza. Así que podría estar relacionado con esa exigencia que tú tienes contigo mismo.

Ya que tenemos aquí a papá y a mamá, vamos a pedirles que te den esa energía y ellos seguro que están encantadísimos de poder hacerlo. Pero papá, también tiene un papá y una mamá, que son tus abuelos. Y tus abuelos también tienen su padre y su madre, que son tus bisabuelos, y tus bisabuelos también tienen sus padres que son tus tatarabuelos, y todas las generaciones que vienen antes de ellos. Vamos a pedir que pasen a esa sala blanca todas las almas de ese clan masculino, es decir, por parte de papá. Y vas a ver como un triángulo de gente que va viniendo, y se va posicionando por detrás de papá.

Y ahora, ¿ves ya a todas esas almas?

El Consultante asiente con la cabeza.

T: Muy bien. Pues a todas esas almas, les voy a ayudar a que limpien su energía, para que te la puedan pasar lo más pura posible. Así que le voy a pedir al universo que aspire toda la energía masculina y femenina de ese clan de tu papá. Y el universo presentará como una cascada gigante, porque el agua purifica, y va a limpiar toda esa energía femenina y masculina de cualquier situación de culpa, cualquier crimen, cualquier castigo, cualquier situación de trauma, de todos los malestares y todo el dolor que han vivido durante sus vidas. Y ahora ya, una vez limpia, va a volver hacia ellos, van a ir completándose todos automáticamente de energía pura y limpia, tanto masculina como femenina, hasta llegar esa energía a papá. Y papá, con su energía completa, te la va a entregar a ti. Vas a estirar los brazos hacia papá, y le vas a decir: "papá, dame mi energía masculina".

C: Papá, dame la energía masculina. (Estira sus brazos)

T: Y siente como papá te está pasando toda esa energía. ¿De qué color es esa energía?

C: Azul.

T: ¡Olé! Energía de la valentía, y la energía de caminar por la vida cumpliendo tus objetivos y pisando con seguridad. Muy bien, cielo. Pues ahora, si ya la tienes toda dentro de ti, séllala cruzando tus brazos. Fíjate, ¿hacia dónde ha entrado esa energía?

C: (Señala su barriga y pecho y cruza los brazos encima).

T: ¿Dónde te hacía falta? ¿Dónde te faltaba? Ahí en ese pechito, ¿verdad, cariño?

C: Si.

T: Muy bien, y ahora vamos a hacer lo mismo con los papás de tu mamá, sus abuelos, sus bisabuelos, tatarabuelos y todo el clan de tu mamá, todos los ancestros. Van a ir pasando, y lo mismo, vas a ver como un triángulo inmenso que no tiene límite, es como infinito, vas a ver ahí todos tus antepasados por parte de mamá. ¿Están ya todos?

C: Sí.

T: Muy bien, pues vamos a hacer lo mismo, vamos a limpiar su energía masculina y femenina, la va a absorber el universo y va a pasar por una cascada purificadora que va a limpiar esa energía de todos los dolores, sufrimientos, crímenes, ya no va a haber más víctimas ni victimarios, todo, todo, todo queda limpiado, perdonado y zanjado. Y una vez esté limpia esa energía, vuelve a pasar por cada uno de ellos hasta llegar a mamá. Y ahora que mamá ya tiene su energía femenina y su energía masculina íntegras, estira los brazos y le vas a decir, "mamá, dame tu energía femenina".

C: Mamá dame tu energía femenina. (Alzando sus brazos).

T: Muy bien, cielo, y siente cómo va llegando. ¿De qué color es esa energía?

C: Rojo, amarillo y de rosa.

T: Ole, esa energía roja de tus raíces, amarilla de la alegría y rosa del amor. Muy bien, cielo.

¿Dónde te falta esa energía?

C: El corazón.

T: Ahí, al corazón llega. Muy bien, cielo... Cuando ya la tengas contigo, séllala bien dentro, dentro de tu corazón.

C: (Cruza sus brazos en el pecho).

Fijémonos como le faltaba esa energía del amor de mamá ahí en el corazón, donde alberga el dolor de las historias transgeneracionales y propias. En las personas con alta sensibilidad el corazón suele estar colapsado de dolor propio y transgeneracional.

T: Muy bien. Pues ahora, cielo, que ya tienes esa energía masculina y femenina, vas a notar que tu autoestima va a estar muchísimo mejor, con toda esta energía que has recuperado. Y ahora vas a hacer lo siguiente: fíjate, te vas a ver en esa pantalla de proyección mágica de chiquitito y vas a hacer un repaso de todas las vivencias que fueron duras para ti y la energía que te dejaste en ellas. Y les vas a pedir a esas partes de tu energía que vengan hacia ti. Pídeles que vengan hacia ti, di: "Venid hacia mí".

C: Venid.

T: Muy bien, llámalas, llámalas, que al igual están un poco rezagadas. Diles "venid hacia mí" y alza tus brazos para recogerla.

C: Venid hacia mí. (Alza sus brazos).

T: Muy bien, ¿de qué colores son todas esas energías?

C: Rojo, verde, amarillo, rosa, morada.

T: Olé. Muy bien, cariño, pues intégralas dentro de ti. Porque son muy importantes para que tú te sientas completo, para que puedas disfrutar del aquí y del ahora, y puedas cerrar ya página de esas experiencias que fueron hace mucho tiempo. ¿Vale, cariño?

C: Vale.

T: Ahora, vas a volver un poquito antes del nacimiento, cuando sentías esa carga de papá, fíjate. Vas a ver si también hay alguna energía que se quedó ahí, porque cuando nos sentimos así, tristes, "inútiles", como me has dicho antes que te sentías, a veces hay energía que sale de nosotros. Ves a ese momento en el que te sentías un poco triste, inútil, y recoge la energía que se salió. La puedes llamar también, puedes decirle, "ven a mí".

C: Ven a mí, ven. (Alza sus brazos).

T: Muy bien. Y ahora ya vas a recoger la del nacimiento. Y para recogerla vamos a hacer una cosa: te voy a ayudar a nacer de nuevo hoy con toda tu energía reintegrada. Vas a volver a nacer hoy de nuevo, un día 13 del 7 del 2023. Me voy a acercar a ti, no te asustes. Voy con un cojín porque voy a simular como pasas por el canal de parto, ¿de acuerdo? (Voy pasando el cojín haciendo un poco de presión para que él se vaya moviendo y escenificando la salida por el canal de parto). Entonces vas a sentir cómo vas pasando, poco a poco, vas pasando. Consigue sacar esa manita, consigue sacar esa cabeza. Muy bien. Ya estás fuera. Y ahora vamos a cortar el cordón umbilical. Tú sabes que los bebés nacen con un cordón umbilical...

C: No.

T: ¿No lo sabías?

C: No.

T: Pues nacen con un cordón que está unido a mamá, pero también nacen con un cordón que está unido a papá que es energético. Entonces lo que vamos a hacer es que vamos a cortar esos cordones, cariño, las fibras insanas. Las fibras sanas se van a mantener siempre. Pero es importante que cortemos ese cordón para que tú ya te puedas desprender de papá y de mamá y vivir aquí y ahora con los nuevos papá y mamá que tienes. ¿De acuerdo?

C: Vale.

T: Entonces, antes de hacerlo, ¿necesitas despedirte de alguna otra manera de papá y de mamá?

C: No.

T: Quiero que sepas que cuando tú necesites, esto que estamos haciendo hoy lo puedes hacer también. Y que cuando tú hablas con las almas de papá y de mamá, esa información les llega a ellos. Por tanto, todo lo que necesites, se lo puedes decir. ¿Vale? Mira, antes de cortar el cordón, vamos a hacer una cosita más.

Vas a volver a entrar a esa sala blanca con papá y mamá, ¿vale? Y fíjate, vas a ver en la proyección, en esa pantalla, la causa de por qué has tenido que ser tú adoptado. Fíjate, si supieras: ¿para qué te ha tocado a ti ser adoptado? ¿Qué tienes que aprender tú, cariño? ¿Qué tiene que aprender tu alma de ser un niño adoptado?

C: Que eso no importa.

T: Muy bien, ¿por qué? ¿Qué es lo importante en la vida, cielo?

C: La familia, los amigos.

T: Exacto. Y fíjate, cariño, tu familia, aunque no esté a tu lado, tus padres y tus hermanos también son tu familia. Pero ahora te tienes que centrar en los que tienes aquí físicamente contigo, ¿verdad?

C: Sí.

T: Mira, como tenemos a las almas de papá y de mamá ahí contigo, quiero que les preguntes si te pueden decir si os vais a volver a ver. Pregúntales, pregúntales. ¿Qué te dicen ellos?

C: En el futuro.

T: ¿Sí? ¿Te dicen que en el futuro os vais a ver? Cariño, vuestras almas están conectadas siempre, ¿vale? Y las puedes ver como has hecho ahora. Sé que no es lo mismo que ver físicamente a una persona, porque físicamente el abrazo es más intenso. Pero con las almas también nos podemos comunicar y tenemos abrazos energéticos. Entonces, quiero que les des un fuerte abrazo energético porque vamos a cortar ese cordón. Dales un abrazo con toda tu alma y vas a notar cómo tocan tu corazón. Tu corazón y sus corazones se van a tocar, ya verás. Y ahora sí, a la cuenta de tres, cariño, vamos a cortar ese cordón umbilical, ¿de acuerdo? Con una espada energética que nos presta el arcángel Miguel, con la que cortamos los cordones energéticos. Y cuando yo cuente tres, vas a notar un pellizquito ahí en tu ombligo, porque es el corte del cordón. Y dirás: "me libero y os libero". ¿Para qué? Para que cada uno pueda hacer su vida. Como almas vais a ser familia siempre, pero ahora cada uno tiene que seguir su vida. Venga, uno, dos y tres.

C: Me libero y os libero.

T: ¿Otra vez?

C: Me libero y os libero.

T: ¿Y una última vez?

C: Me libero y os libero.

T: Muy bien. Pregúntale a tu alma, ¿está satisfecha ya o hay algo más que trabajar?

C: Dice que sí. Sí, está satisfecha.

T: Muy bien, pues venga, que vamos a armonizar para que acabe de integrarse dentro de ti toda esa energía que has recuperado hoy. Vas a pensar en un color. Dime qué color te viene.

C: Platino.

T: El color plata. Muy bien. Pues vas a sentir como ese color plata entra por tu cabeza, va bajando por tu cara, por tu cuello, por tus hombros, por tu espalda y por tu pecho, por tus brazos, por tus manos, va bajando por tu tronco, más

abajo, tus piernas, tus pies... y va inundando los millones y trillones de células de tu cuerpo como si fuera un mar de plata que va integrando toda la energía que has recuperado hoy aquí. Para que a partir de ahora puedas estar completo y sentirte capaz de recorrer tu propia vida sin sentir que has de complacer o que todavía tienes algo pendiente con papá y con mamá. Porque ya todo está perdonado y cada uno tenéis que hacer vuestra vida. Y, sobre todo, esta energía te va a ayudar a recuperar esa confianza en ti y que no te tomes tan a mal cuando algo no sale bien. Porque cuando algo no sale bien, pues nos sirve para aprender (...).
Y ahora sí, poquito a poquito, vas abriendo los ojos y volviendo aquí a Rubí el 13 del 7 del 2023.

Sobre la terapia y el Seguimiento del caso

Este trabajo es una muestra de lo que siente una persona con herida de abandono. Siempre hay un vivir desde la carencia, desde el no merecimiento, desde el no ser suficiente... Reprimen cualquier signo de vulnerabilidad e intentan estar en lo externo, controlando desde la mente y la acción para sentirse pertenecientes, valorados y apreciados. Eso lleva a una sobreexigencia muy tóxica que daña mucho emocionalmente, castigando constantemente al niño interior y nutriéndolo con amor insano. Se sienten validados por lo que hacen, no por lo que son, lo que les sumerge en un bucle constante de hacer y no permitirse ser. Viven en el extremo de reprimir y esconder todo aquello que pueda sugerir vulnerabilidad, o bien en el otro extremo de "ahogarse" en el victimismo y la queja.

El trabajo de recuperación de la energía masculina y femenina es primordial para el reequilibrio físico, emocional, mental y energético. En el caso del consultante, ha sido muy importante la reconexión con sus raíces y poder quedarse en paz con ellas. Si no sanamos las relaciones con papá y con mamá no podemos vivir la vida saludablemente.

El consultante continuó con un trabajo de desarrollo emocional para permitirle seguir conectando cuerpo, emociones y mente. La desconexión y el vivir a través de la mente y el razonamiento lo tenían encerrado en la autoexigencia y el no permitirse ser. Vivía en un escaparate continuo y en el poner máscaras a su dolor y sus emociones.

Testimonio del consultante y sus padres adoptivos

Consultante: *"Me he sentido cambiado después de la regresión. Ha sido bastante impresionante porque antes me preocupaba del por qué, pero ahora lo sé. Sabiendo todo eso, sé que ahora me tendría que dar igual lo que me dijeran sobre ese tema y relajarme, y en ese sentido he cambiado"*

El consultante ha sufrido bullying por ser adoptado y eso ha dificultado su aceptación. El tema del acoso y el abuso en la infancia es una de las razones que convierte en primordial el trabajo con los niños.

Padres adoptivos: *"Está más tranquilo al haber obtenido respuestas sobre su familia biológica".*

Rubí, 19 de diciembre del 2024

Andrea: Competir versus compartir entre hermanos mellizos

Sobre la consultante

Andrea tiene 10 años en el momento de la terapia. Es una niña cariñosa, sociable, muy noble y sensible, con un alto potencial artístico y una gran conexión con los animales. Pero por otra parte es insegura, le cuesta expresar sus emociones y poner límite a las situaciones de injusticia. Trabajo con ella a nivel psicológico para procurar y potenciar el correcto desarrollo personal, social y emocional desde aproximadamente un año antes a la fecha de la terapia regresiva. En concreto en esta sesión me dispongo a trabajar la relación con su hermano mellizo, con el que entra en conflicto fácilmente y a Andrea le cuesta gestionarlo.

Transcripción de la Sesión
Rubí, 14 de marzo del 2024.

Andrea se tumba y cierra los ojos, y tras proceder con unas breves instrucciones en las que le explico el procedimiento empezamos con la terapia.

TERAPEUTA (T): (...) Así que cualquier cosa que te venga, una palabra, una sensación, lo que sea, tú me lo dices, ¿vale? A la cuenta de tres, uno, dos y tres.
CONSULTANTE (C): Me está viniendo yo de pequeña jugando con un carrito.
T: Muy bien, ¿cuántos años tienes ahí?
C: No lo sé, por mi altura creo que cinco.
T: Muy bien, ¿y dónde estás?
C: En la otra casa.
T: ¿Con quién estás en la otra casa?
C: Con papá y con Aitor.
T: Vale, la casa anterior que teníais a esta, ¿no?
C: Sí.
T: Muy bien. Y fíjate, ¿cómo estás tú?
C: Estoy como contenta.
T: Estás contenta y jugando con tu carrito, ¿no?
C: Sí.
T: ¿Y qué está pasando alrededor?
C: Aitor me quiere quitar la muñeca del carrito.
T: ¿Y tú qué haces cuando él te quiere quitar la muñeca?
C: Me voy.
T: ¿Cómo sigue esta historia? ¿Cómo sigue este recuerdo?
C: Ahora estoy triste.
T: A ver, ¿y por qué estás triste ahora? ¿Qué es lo que te está pasando?
C: Porque Aitor me la quiere romper.
T: Muy bien. ¿Y dónde estás sintiendo esa tristeza? ¿En qué parte de tu cuerpo sientes esa tristeza?
C: En el brazo.
T: ¿En qué brazo, izquierdo o derecho?

C: En el brazo izquierdo.
T: ¿Cómo qué? ¿Como si fuera qué cosa? ¿Como una energía? ¿Como un dolor? ¿Cómo sientes esa tristeza ahí en el brazo izquierdo?
C: Como un dolor, pero no fuerte.

El brazo izquierdo es el relacionado con las emociones y con "el recibir", entiendo que la "invasión/abuso" de su hermano afecta a su energía femenina.

T: Y fíjate, cuando sientes esta tristeza, ¿cuáles son tus reacciones físicas? ¿Cómo reacciona tu cuerpo además de tener este dolor no fuerte?
C: Está como tranquilo, pero a la vez enfadado.
T: Está tranquilo el cuerpo, pero estás enfadada también, ¿no?
C: Sí.
T: Y fíjate, cuando tienes ese "dolor no fuerte en el brazo, el cuerpo está un poco tranquilo, pero te sientes enfadada", ¿qué es lo que piensas?
C: No, ya no... Papá se la ha quitado y me la ha dado.
T: Muy bien, cariño. Vamos a retroceder un poquito, ¿vale? ¿Cuál es el momento de toda esta historia en que peor lo pasas?
C: Cuando Aitor me quiere romper la muñeca.
T: Vale, pues vas a visualizar a Aitor queriéndote romper la muñeca. Y vas a sentir qué te pasa en el cuerpo, en ese momento que tú estás viendo cómo te quiere romper la muñeca.

Insisto en que sienta porque Andrea suele reprimir sus emociones.

C: Pues enfado.
T: ¿Y cómo reacciona tu cuerpo cuando está enfadado? Fíjate, estás viendo ahí a tu hermano que está cogiendo tu muñe-

ca y estás sintiendo esa amenaza de que te la quiere romper. ¿Qué le está pasando a tu cuerpito?

C: Que tiene mucho enfado y que quiere gritar.

T: ¿Y consigues gritar o no puedes?

C: No, porque en ese momento que quiero gritar, papá le quita la muñeca.

T: O sea, que te quedas con ese grito dentro.

C: Sí.

T: Bueno, pues vamos a ver. Quieres gritar, estás muy enfadada y dime qué te pasa por la cabeza, ¿qué estás pensando?

C: Irme a la habitación y coger otra muñeca... y darle esa muñeca que voy a coger y yo quedarme con la otra.

T: O sea, quieres reponer la muñeca para que no te rompa la tuya, ¿no?

C: Sí.

T: ¿Entonces, estás pensando: "voy a buscar una solución"?

C: Sí.

T: Y fíjate, cariño, en ese momento que tu cabecita está intentando buscar una solución, ¿dónde se ha quedado ese grito que no has podido dar? ¿En qué parte de tu cuerpo se ha quedado ese grito? Búscalo como si fuera con un radar. Vas a hacer como si fuera un escáner por todo tu cuerpo y me vas a decir dónde está ese grito, porque ese grito se ha quedado en algún sitio de tu cuerpo.

C: En el brazo izquierdo.

Fijémonos en que el brazo izquierdo es el mismo donde nos dijo anteriormente que sentía un dolor por la tristeza y ahora verbaliza tener allí atrapada la energía del grito reprimido. La energía femenina se bloquea con la expresión emocional reprimida y callada.

T: Pues, cariño, "vas a coger ese grito y lo vas a lanzar", ¿vale? Vas a gritar ahora mismo y lo vas a sacar de tu brazo. Gritarás lo que tendrías que haber gritado en ese momento en que no pudiste porque te quedaste pensando en la solución.

C: ¡Ahhhhh! (Grita).

T: Muy bien, ¿necesitas gritar más? ¿Te has quedado bien?

C: Sí.

T: Pues ahora, con ese grito ya fuera, vas a hablar con Aitor. Te lo vas a imaginar enfrente tuyo y le vas a decir todo lo que necesites decirle acerca de eso que estaba haciendo con tu muñeca. Háblale.

C: Aitor, déjame mi muñeca o se lo digo a papá. Aitor, no la rompas. ¡Aitor!

T: Cariño, dile a Aitor cómo te estás sintiendo cuando coge tus cosas sin permiso. Él no tiene derecho a cogerte tus cosas si tú no le das permiso. Dile cómo te sientes.

C: Aitor, estoy súper enfadada. ¿Me lo quieres dar ya, por favor?

T: Vale, y ahora le vas a decir a Aitor que no tiene derecho a cogerte tus cosas sin permiso. Díselo.

C: Aitor, no tienes derecho a coger mis cosas sin mi permiso.

T: ¿Y qué te dice Aitor?

C: Que le da igual. Dice que le da igual.

T: Pues le vamos a explicar a Aitor que él no tiene derecho a coger las cosas que no son suyas sin permiso. Es decir, él tiene que cumplir las normas. Porque cada vez que Aitor te ha cogido algo que es tuyo sin tu permiso te ha robado parte de tu energía, cariño. ¿Y dónde crees que está esa falta de energía? ¿De dónde te la ha robado? Haz un escáner en tu cuerpo y dime dónde sientes tú que te falta energía. ¿En qué parte de tu cuerpo sientes vacío?

C: En la barriga.

T: Muy bien, cariño. Pues vas a ponerte frente a Aitor. Vas a estirar tus brazos y le vas a decir: "Aitor, devuélveme mi energía". Y vas a sentir como esa energía va directamente a tu barriguita.

C: Aitor, devuélveme mi energía. (Estira los brazos).

T: Otra vez más.
C: Aitor, devuélveme mi energía.
T: Y otra vez más.
C: Aitor, devuélveme mi energía.
T: Bien. ¿Y sientes cómo esa energía va entrando dentro de ti? ¿Hacia dónde va esa energía, cariño? ¿Hacia la barriguita?
C: Sí.
T: ¿De qué color es?
C: Azul.

Nueva sincronía: azul es el color del chakra garganta, el de la expresión, que se bloquea con lo callado y con las injusticias. Recordemos ese "grito reprimido" de Andrea unido a las dificultades para expresar sus emociones y poner límite a su hermano. Y la barriga es donde se encuentra el chakra del plexo solar, centro energético donde reside nuestro poder personal que se ve resentido con los robos energéticos (cuando nos vemos sometidos a injusticias).

T: Pues siente toda esa energía azul. Porque esa energía, cariño, es tu energía. Que la tenía Aitor y es tuya. Así que cógela y séllala dentro de tu barriguita. "Séllala" quiere decir que cruces los brazos sobre la barriguita para que se quede bien metida dentro.
C: (Pone sus brazos en su barriga).
T: Vale. Muy bien. Ahora siente si Aitor está un poquito más relajado y te quiere decir algo. C: No, sigue igual, pero sin decirme nada. Bueno, está un poco más relajado, pero sin decirme nada.
T: ¿No quiere pedirte perdón, Aitor?
C: No.
T: Bueno, pues si no está preparado, lo dejamos. Yo quiero preguntarte algo. ¿Tú sientes si alguna vez le has robado algo de energía a Aitor?

C: Sí.
T: ¿Se la quieres devolver? ¿Para quedarte solo con tu energía y que él tenga la suya?
C: Vale.
T: Pues venga, ahora que estáis ahí, uno enfrente del otro, vas a hacer lo mismo. Cariño, ¿dónde está esa energía que tú tienes de Aitor?
C: En la pierna.
T: ¿En qué pierna? ¿En la derecha o la izquierda?
C: (Señala la pierna derecha)
T: Pues vas a coger esa energía de tu pierna derecha que no es tuya, vas a hacer una bolita con ella y se la vas a entregar a Aitor. Y le vas a decir: "Aitor te devuelvo tu energía".
C: Yo te devuelvo tu energía.
T: ¿La coge, Aitor?
C: Sí.
T: Dile otra vez más "Aitor, te devuelvo tu energía".
C: Aitor, te devuelvo tu energía.
T: Y ahora otra vez.
C: Aitor, te devuelvo tu energía.
T: Muy bien. Ahora ya estamos en paz, ya cada uno tiene su energía. ¿Y dónde se la ha puesto Aitor? ¿En qué parte de su cuerpo se la ha puesto?
C: En la cabeza.
T: ¿Y de qué color era esa energía de Aitor?
C: Amarilla.

Observemos cómo la energía que Andrea siente que "robó" a Aitor está en su pierna derecha, la relativa a la energía masculina y a la relación con la autoridad. Cuando aplicamos "el ojo por ojo" o límite agresivo estamos obrando desde una energía masculina desequilibrada, desde el abuso de poder. Por otra parte, la energía amarilla (chakra plexo solar, la voluntad, el poder personal) vuelve hacia la cabeza de Aitor, completamente en sincronía con el perfil de éste. (Aitor es un niño que está constantemente en la mente y en la acción al tener su energía masculina en desequilibrio, lo que le provoca inseguridad, necesidad de control y reactividad entre otras cosas).

T: Vale, pues ahora le vas a preguntar a Aitor cómo está, si está más relajado. ¿Cómo lo ves?
C: Lo veo mucho más tranquilo.
T: Muy bien, cariño. ¿Y te quiere decir algo? Pregúntale.
C: Aitor, ¿me quieres decir algo?
T: ¿Qué dice?
C: Perdón.
T: ¡Muy bien! ¿Y cómo recibes tú ese perdón, cariño?
C: Me da mis muñecas y me voy tan tranquila.
T: ¿Qué te hace sentir a ti ese perdón?
C: Estar mejor.
T: Bien, cariño. Pues ya estamos en paz, ¿ves? Esto es lo que pasa cuando nos peleamos, cuando tenemos algún conflicto, que cada uno se lleva energía del otro. Entonces, nos tenemos que devolver la energía y así, de esa manera, ya estamos preparados para pedir un perdón. ¿Vale? De todas maneras, ¿tú quieres saber por qué Aitor te hace estas cosas? ¿Tienes curiosidad?
C: Yo lo sé.
T: ¿Tú lo sabes? A ver, ¿por qué Aitor te hace estas cosas?
C: Para molestarme cuando está aburrido.
T: Vamos a ver por qué Aitor te quiere molestar cuando está aburrido. Vamos a iniciar "otro viajecito para atrás", un poquito más atrás, a cuando sois más pequeñitos. Tu alma nos va a explicar el origen de esto, de por qué Aitor te quiere molestar cuando está aburrido. ¿Sí? Venga, a la cuenta de tres vas a retroceder al momento en el que Aitor decide que te quiere molestar. Uno, dos y tres.
¿Qué está pasando? ¿Dónde estáis?

C: Estamos en la habitación.
T: ¿Y qué está pasando en la habitación?
C: Estamos durmiendo y yo me levanto porque ya es de día.
T: ¿Sí?
C: Y Aitor me quiere hacer una broma que es deshacerme la cama más de lo que ya estaba.
T: ¿Cuántos años tenéis ahí?
C: No lo sé.
T: ¿Sois más chiquitines?
C: Sí.
T: Muy bien. Y fíjate, cuando Aitor está haciendo esto, ¿tú qué estás sintiendo?
C: Tristeza porque yo la he intentado hacer lo mejor que pude.
T: Claro. ¿Y se lo dices a Aitor?
C: Sí.
T: ¿Y qué te dice él?
C: Me dice, "no, yo no he sido".
T: Ay... ¿Y cómo te sientes tú cuando Aitor te está haciendo esto?
C: Muy enfadada porque yo ya sabía que había sido él, era el único en la habitación.
T: Muy bien, cariño, pues vamos a hacer lo mismo que antes: Vas a sacar ese enfado, esa injusticia, y se lo vas a decir a tu hermano. Dile lo que opinas, y ahora lo va a tener que recibir porque no tiene la manera de engañarte, porque tú ya lo estás viendo que ha sido él.
C: Aitor, te he visto, ahora me la haces tú.
T: ¿Qué dice Aitor?
C: Que no, porque él no ha sido.
T: Bueno, pues le vamos a decir a Aitor que no tiene más remedio que aceptar la verdad, porque ahora lo has visto. Cuando se desregula la energía, hay que regularla. Entonces, vamos a regular esa energía. ¿Qué tienes que decirle a Aitor?
C: Aitor, ¿sabes qué? Te he estado viendo todo el rato y te he visto que tú la has deshecho. T: Muy bien, entonces, como

parece que te está engañando, coge esa energía del engaño y dásela a él. Saca de tu cuerpo esa energía del engaño, ¿dónde está? ¿En qué parte de tu cuerpo está?
C: En la mano derecha.

La mano derecha es referente al DAR, a la energía masculina dadora. El engaño genera deuda con "el dar", lo que dificulta el límite asertivo, provoca defensiva o miedo a lo que nos hagan los demás (a la deslealtad, a la traición, etc.) y retracción o reactividad.

T: Pues cógela y dásela a él porque es suya.
C: Aitor, para ti, que yo no la quiero.
T: Exacto, dile: "no es mía, no me pertenece". Díselo y se la das a él.
C: No es mía, no me pertenece. (Gesto de entregar).
T: Y ahora vas a recuperar la energía que él te ha quitado haciéndote esto. ¿Dónde la tiene, Aitor, esa energía?
C: En la mano izquierda.

La mano izquierda hace referencia al RECIBIR, a la energía femenina receptora. He aquí un ejemplo de desequilibrio de la balanza del dar y el recibir: las injusticias, engaños, traiciones, abusos, etc., generan desequilibrio.

T: Pues pídesela.
C: Aitor, dame mi energía.
T: Cógela, cariño, y métela dentro de ti, que es tuya.
C: (Gesto de coger).
T: Y ahora que ya estáis equilibrados, cada uno con su energía, ¿qué te quiere decir, Aitor? Pregúntale si te quiere decir algo.
C: Aitor, ¿me quieres decir algo? Dice "lo siento".
T: Ahora sí, ahora ya está preparado para decir "lo siento". Muy bien. ¿Y tú lo perdonas, cariño?

C: Sí.

T: Muy bien. Pues eso es muy importante porque el perdón, el "lo siento" y el perdón, son energía de amor. Entonces vais a sentir los dos una energía de amor. Él lo va a sentir, aunque no esté aquí presente, su alma lo va a sentir. ¿En qué parte de tu cuerpo estás sintiendo esta energía de amor?

C: En la cabeza.

Observemos, la energía de amor va a la cabeza. Puede parecer incongruente dado que aparentemente lo más lógico es que fuera al corazón. En este caso, el perdón le permite a ella "entender de manera razonada" a su hermano. De una manera gráfica: necesita entender por qué su hermano hace esas cosas injustas con ella.

T: Muy bien, cariño. Pues vamos a ir un poquito más atrás. Y ahora quiero que a través de tu imaginación sientas que estás con Aitor en la barriguita de mamá. Sois dos bebés muy chiquititos. Y estáis compartiendo casita en la barriga de mamá. A ver, explícame cómo sientes esto. ¿Qué está pasando ahí?

C: Estamos como un rato peleando, otro rato tranquilos, así todo el rato.

T: ¡Ay, madre mía! Y escúchame, ¿qué está pasando alrededor vuestro? ¿Por qué os estáis peleando?, ¿cuál es el problema?

C: Porque Aitor quiere estar delante y yo también.

T: O sea, estáis peleando por la posición.

C: Sí.

T: Muy bien. ¿Y a qué se debe que queráis estar delante? ¿Qué pasa delante?

C: Porque mamá se había tumbado y por ahí atrás se sentía incómodo.

T: Ah, vale, vale. Escúchame, ¿cómo os sentís ahí en la barriga de mamá? ¿Aparte de esa pelea que tenéis entre vosotros, te sientes tranquila o te sientes un poco agitada?

C: Incómoda.

T: Te sientes incómoda, ¿verdad, cariño? ¿Y qué está pasando, qué le está pasando a mamá? ¿Cómo se encuentra mamá?

C: Mal.

T: ¿Qué le pasa a mamá?

C: Que está mareada porque nos estamos moviendo mucho.

T: Mmm, hay mucho movimiento y entonces mamá siente un poquito de mareo ¿Y cómo te sientes tú cuando mamá está mareada?

C: También, porque estamos pegados en su barriga y también porque se va girando.

T: O sea, que te mareas también.

C: Sí.

T: Muy bien, cariño. ¿Y cuando estás mareada, qué siente tu cuerpo?

C: Pues ganas de no hacer nada.

T: Y cuando tienes ganas de no hacer nada, ¿cómo te sientes emocionalmente? ¿Cuál es tu emoción?

C: Tranquila.

T: ¿Sí?

C: Es triste y tranquila.

T: Es como triste y tranquila... pero dices tranquila así de "pachorrona", como con poca energía, ¿no? ¿Sería así?

C: (Asiente).

T: Muy bien. ¿Y cuando estás triste y con poca energía, qué es lo que está pensando tu cabeza? ¿Qué piensa tu mente?

C: Tengo que moverme porque si no voy a estar aquí todo el día y no quiero.

T: ¿Y cuando tú piensas tengo que moverme porque si no voy a estar aquí todo el día y no quiero? Fíjate, ¿cómo te afecta eso? ¿Qué te hace hacer?

C: Pues levantarme, pero a la vez como que no tener ganas.
T: Y eso de no tener ganas, cariño, ¿qué te impide?
C: Pues hacer cosas divertidas.

Andrea tiende a la procrastinación, ahora vemos de donde viene esa tendencia: del vientre de mamá. Recordemos que la procrastinación no es pereza, pero se vive como tal. Es una evasión, una huida para esconderse de la culpa y a la vez es un autocastigo.

T: Mmm, claro, cariño. Pues vamos a solucionar esto. Y como esto viene de ahí, de la barriguita de mamá, pues vamos a hacer una cosa. Primero vas a repasar cómo son los siguientes meses en la barriguita de mamá. Un mes, dos meses, tres meses, cuatro meses... hasta que llega vuestro nacimiento. ¿Hay algún momento más en que lo pasas mal? ¿Algún momento que sientes que es incómodo? ¿O todo más o menos como lo que me has explicado?
C: Todo más o menos, pero peor porque nos vamos haciendo grandes.
T: Claro, a peor porque hay menos espacio, ¿verdad?
C: Sí.
T: ¿Y cómo reacciona Aitor? Tú estás viendo lo tuyo, pero ¿cómo reacciona Aitor a esto? C: Pues cada uno tiene su espacio, pero alguna vez nos empujamos.
T: Os empujáis, ¿no? Porque claro, es muy difícil estar ahí los dos juntos, ¿verdad? Con tan poco espacio, una mamá que se marea...madre mía...con poquitas ganas, que no puede hacer nada... Entonces os está contagiando todo esto, ¿verdad cariño?
C: Sí.
T: Vale, bueno, pues vas a nacer. Vas a ver cómo nacéis, vas a ver cómo es vuestro nacimiento. Explícame cómo está siendo.
C: No lo sé explicar.

T: Bueno, cariño, no importa... lo que te venga. Tú ves diciendo, a ver, ¿quién sale primero?

C: Yo.

T: Sales tú primero. A ver, ¿cómo estás saliendo por el canal de parto? Tienes que salir por un sitio muy estrechito ¿Cómo estás viendo eso de salir por ese sitio estrechito? ¿Qué estás sintiendo? Tu cuerpo te lo va a decir. Nota tu cuerpo, ya verás que te va a decir cómo se siente eso.

C: Estás muy apretada.

T: Sí. ¿Y qué sientes cuando estás así apretada cariño?

C: Que me aprietan todas las extremidades.

T: Vale cariño, pues sientes las extremidades así apretaditas y cuando están esas extremidades apretaditas, ¿cuál es tu sentimiento?

C: Agobio.

T: Estás agobiada y ¿sientes un poquito de miedo también? (añado "miedo" por el gesto y la expresión corporal que está teniendo).

C: Sí.

T: Y cuando estás incómoda y apretada, sientes ese miedo, ese agobio, ¿qué piensa tu cabecita?

C: Pues que se me van a caer las extremidades de tanta fuerza.

T: Piensas que puede pasar algo malo, ¿verdad?

C: Sí.

T: Y cariño, eso de pensar que puede pasar algo malo, ¿cómo te está afectando?

C: Pues en no creer en cosas buenas.

T: Y cuando no crees en cosas buenas, ¿eso qué te impide cielo?

C: Salir más porque piensas que va a pasar una tragedia y cosas así.

Esto es muy habitual tras partos en los que el bebé ha experimentado miedo, se activa una herida de miedo al duelo, a la pérdida, a la desgracia. En el caso de Andrea le está afectando en su infancia con una tendencia a quedarse en zona de confort y no permitirse experimentar lo que realmente le gustaría. Esto está afectando a su amor propio y a la seguridad en sí misma, con lo que reprime su expresión y su verdadera esencia.

T: Claro cariño. Pues venga, vamos allá: vas a acabar de salir y te vas a ver cuándo ya has nacido. ¿Quién te saca, quién te ayuda a salir? ¿Un médico, una doctora, una enfermera?
C: Una doctora.
T: Muy bien, ¿y cómo te saca? ¿Te saca bien o notas tirón?
C: Bien.
T: ¿Te saca bien? ¿Te sientes bien recogida, cariño?
C: Sí.
T: ¿Sí? ¿Sientes a esa doctora con su energía bonita? (Hago esta pregunta para asegurar que no ha sentido malestar en la forma en que le ayudan a salir, ya que cuando se siente forcejeo hay desequilibrio energético y energía que recuperar de ese momento).
C: Sí.
T: Muy bien, ¿y cómo te sientes cuando ya estás fuera? ¿Te sientes más aliviada?
C: Sí, también.
T: Genial, cariño. Pues ahora vas a experimentar el momento en el que ves mamá. ¿Qué sientes cuando ves a mamá?
C: Estoy contenta porque ella lo está.
T: Ah, a la vez contentas. ¿Y ves papá?
C: Sí.
T: ¿Y cómo está papá?
C: También muy contento.
T: Muy bien, cariño. Quiero que sientas muy dentro de ti lo que están sintiendo papá y mamá cuando te ven. ¿Qué están sintiendo ellos?
C: Alegría.

T: Sí, ¿y qué más?
C: Están tranquilos.
T: Ah, están tranquilos porque ya os están viendo, ¿eh? ¿Y sienten amor también, cariño?
C: Sí.
T: Pues siente todo ese amor que papá y mamá tienen por ti. Quiero que veas que eres una niña, un bebé muy, muy, muy deseado, muy, muy, muy querido. ¿Qué te hace sentir eso?
C: Estar alegre.

Es muy importante trabajar este momento en los niños con dificultades de amor propio, es un gran impulso el sentir cómo se ha celebrado su nacimiento y el amor que han venido a recibir.

T: Perfecto, cariño. Pues ahora vamos a hacer lo siguiente: como has nacido un poco incómoda, con agobio, con miedo a que pase una tragedia y eso se ha quedado dentro de ti... vas a volver a nacer, ¿vale? Pero primero, has de comprender qué pasaba ahí adentro y por qué tienes esta rivalidad con tu hermano. Has visto que tenéis poco espacio y competís por la posición. ¿Sí?
C: Sí.
T: Bueno, pues entonces vas a volver a la barriguita de mamá y vas a hablar con Aitor, le vas a decir: "Aitor, ¿no te das cuenta de que estamos peleando porque tenemos poco espacio?" Explícale a Aitor qué está pasando.
C: Aitor, ¿qué no ves que hay poco espacio? Si seguimos así, vamos a salir muy incómodos. T: Vale, entonces, llega a un "acuerdo de no invasión" con Aitor.
C: Aitor, este es tu espacio, este es el mío.
T: Muy bien, y vas a separar tú misma su espacio del tuyo con tu energía, como si fuera una barrera, ¿vale? Y Aitor tiene que estar de acuerdo, ¿está de acuerdo?
C: No. No está de acuerdo Aitor. Quiere ir delante.

T: ¿Y si hacemos un ratito cada uno? ¿Qué tal?

C: Sí.

T: ¿Sí? ¿Mejor esa decisión?

C: Sí.

T: Pues venga, quiero que sientas como ahí de bebés, os abrazáis y hacéis un acuerdo. Acuerdo de respetar cada uno su espacio y poder turnaros por estar delante o atrás.
¿Sí? ¿Lo hacéis? ¿Notas ese abrazo de tu hermano? ¿Hay conformidad?

C: Sí.

T: Ahora vais a hacer también otra cosa. Y es que como os habéis estado robando espacio, pues otra vez tenéis energía el uno del otro. Así que le vas a dar a Aitor de una vez por todas, toda, toda, toda su energía, la que no es tuya. Dásela. Sácala de ti, de tu cuerpito y dásela a Aitor.

C: Toma Aitor tu energía, esta no es la mía. (Gesto de entrega).

T: Muy bien. Y ahora pídele la tuya.

C: Aitor, ¿me puedes dar mi energía? "Sí" (responde por su hermano).

T: Fantástico. Y, cariño, asegúrate de que ya cada uno tiene la suya. Con esto estás siendo súper generosa porque estás ayudando también a tu hermano. Estás recuperando tu energía, pero también le estás ayudando a él a que recupere la suya. Y que cada uno se quede con la que le pertenece. ¿Estás segura ya de que cada uno tiene la suya?

C: Sí.

T: Perfecto. Y ahora, vais a nacer de nuevo, cariño. Tú vas a sentir tu nacimiento de nuevo. ¿Vale? Vas a sentir cómo vas pasando por el canal de parto. Y va a ser la última vez que pases por ahí. Siente toda esa apretura, cariño. Puedes gritar, puedes llorar, puedes hacer lo que quieras y sientas. Siente cómo vas pasando por el canal de parto. Te voy a tocar con un cojín, soy yo, ¿eh? Es para que vayas sintiendo cómo vas saliendo de ahí, de ese canal de parto. (Le aviso y me acerco con un cojín apretando suavemente y simulando la estrechez del canal de parto).

C: (Se encoge y hace ademán de ir sacando el cuerpo).

T: Ya estás fuera. ¡Ya estás fuera! Ya ha nacido esta campeona. Y ahora que ya has nacido, cariño, que ya estás fuera, tienes que sentir que toda tu energía está contigo. Porque en ese momento que pasaste tanto miedo, probablemente te dejaste energía. Entonces, vas a recuperarla. Alza tus brazos y recoge toda la energía que se te quedó por ahí esparcida en esa sala de hospital. Recógela toda, esa energía que salió por el miedo, porque pensabas que ibas a perder las extremidades...cógela.

C: (Mueve sus brazos).

T: Muy bien. Ya la tienes dentro de ti, cariño. Y ahora, vas a mirar a mamá y le vas a decir: "mamá, dame toda la energía femenina". Porque mamá nos da la energía femenina. Estira los brazos y pídele a mamá toda la energía femenina que te pertenece.

C: Mamá, dame toda la energía femenina (con sus brazos en alto).

T: Y siente toda esa energía del amor que te pasa mamá. Porque mamá es la que te da la vida, te da la energía del amor, de cuidarte a ti misma, de tu autoestima... de amarte y amar, de cuidarte y cuidar a los demás, y además la de tu hermosa sensibilidad y capacidad creativa.

Y ahora vas a hacer lo mismo con papá. Le vas a mirar a la cara y le vas a decir: "papá, dame mi energía masculina". Porque la energía que te da papá es la masculina. Estira tus brazos y pídele a papá.

C: Papá, dame toda mi energía masculina. (Estira sus brazos).

T: Muy bien, y vas a sentir como papá te da la energía masculina de la protección, de esa confianza y seguridad en ti misma para que logres tus metas, tomes tus decisiones y camines por el mundo con confianza y sin miedo. ¿Sientes dentro de ti toda esa energía?

C: Sí.

T: Maravilloso. Y ahora vas a hacer una cosa más. Porque ya cada uno, Aitor y tú, tenéis vuestra energía. Entonces, vas a hacer un acuerdo con Aitor de que cada uno tenga su espacio, ninguno invada la energía del otro ni tengáis que competir por la posición. Sois hermanos, obviamente, y venís a compartir, pero eso no quiere decir que él tenga que "pagar contigo" cuando está enfadado o tú lo hagas con él. Llega un acuerdo con Aitor de que cada uno, como hemos hecho en la barriguita, tiene su espacio.

C: Aitor, ¿quieres tener cada uno un espacio para sí mismo?

T: ¿Qué te dice Aitor?

C: Que vale.

T: Muy bien, muy bien. Pues ahora, cariño, vamos a hacer una cosa. ¿Qué se hace cuando nace un bebé?

C: No sé.

T: Muchas cosas (risas), pero sobre todo cortar un cordón umbilical, ¿verdad? ¿Sabes que nacemos con ese cordón umbilical conectado a mamá?

C: Si.

T: Pues también nacemos con un cordón energético hacia mamá, hacia papá y si tú has nacido con otro bebé, pues hacia ese bebé. Entonces, ahora vamos a cortar ese cordón de las fibras que no son sanas. Es decir, las que hacen que nos contagiemos de energía que no es nuestra, que alteremos el orden, los derechos y queramos ponernos unos por encima de otros, etc. Siempre quedará el cordón energético que sí es sano, el que nos une a los familiares y es un cordón amoroso y equilibrado. A la cuenta de tres, vamos a cortar el cordón y nos va a ayudar "nuestro Arcangelito Miguel" que es el que corta los cordones energéticos, ¿vale, estás de acuerdo?

C: Sí.

T: A la cuenta de tres vas a notar aquí en el ombligo un pellizquito, ¿vale? Y tú vas a decir "me libero y os libero". Uno, dos y tres.

C: Me libero y os libero.
T: Y otra vez más.
C: Me libero y os libero.
T: Y otra vez más.
C: Me libero y os libero.
T: Muy bien. Y ahora siente como ha nacido una nueva Andrea con toda su energía recuperadísima, pero vas a hacer una cosa más. Y es que tú has visto a una Andrea chiquitita, más chiquitita que tú, ¿verdad?
C: Sí.
T: ¿Y qué le pasaba a esa Andrea chiquitita? ¿Cómo se sentía a veces?
C: A veces enfadada y triste. Y con miedo.
T: Muy bien. Pues quiero que tú, ya que eres Andrea grande, cojas a esa Andrea chiquitita y la ayudes, la abraces y le hables. ¿Qué le has de decir a la Andrea chiquitita?
C: Que no tengas miedo, que si tienes miedo y estás triste es mucho peor.
T: ¿Qué puede hacer cuando tenga miedo? ¿Qué puede hacer? Díselo.
C: No pienses en cosas malas.
T: Pero tú vas a estar siempre con esa Andrea, ¿verdad? Porque esa Andrea forma parte de ti, ¿verdad?
C: Sí.
T: Entonces, ¿qué puedes hacer cuando tú sientas que tu Andrea chiquitita tiene miedo?
C: Pensar en ella y que no tenga miedo.
T: Puedes "hacerle como de mamá", ¿verdad?
C: Sí.
T: ¿Y qué haría una mamá con una niña que tiene miedo?
C: Protegerla.
T: Ajá. Pues, ¿qué le vas a decir a esa Andrea? Que la vas a proteger y cuidar, ¿no?
C: Sí.

T: Que cada vez que se sienta mal, ¿qué vas a hacer?

C: Que la voy a proteger.

T: Muy bien. Muy bien. Pues ¿qué te parece si llegáis a ese acuerdo también? De que ella, cada vez que se sienta mal, confíe en ti. Y tú, cada vez que ella se sienta mal, la vas a proteger como una mamá protectora. ¿Vale?

C: Vale (Asiente).

T: Y ahora, dale un abrazo bien fuerte. Y siéntela dentro de ti porque está contigo, cariño.

Cuando tú te sientes mal, la que se siente mal es ella. Cuando tú lo pasas bien, la que se siente bien es ella. ¿Vale? Entonces, siéntela ahí, dentro, dentro, dentro de ti.

C: (Se abraza).

T: Y ahora vamos a hacer una armonización. Dime un color. El que tú quieras.

C: Turquesa.

T: Me encanta el color turquesa. Uno de mis preferidos. Pues vas a sentir esa energía, porque el color es una energía, esa energía turquesa que entra por tu cabeza y va bajando por tu cara, por tu cuello, por tus hombros, por tu pecho, por tu barriga, por tus brazos, por tus manos, por tus piernas, por tus pies... Y va a hacer que toda la energía que tú has recuperado hoy brille con toda intensidad. Fluya como si fuera un río turquesa precioso. Y toda esa energía va a hacer que a partir de ahora ya no tengas miedo ni a moverte, ni a hacer cosas, porque eso no es de ahora, eso ya pasó, ya hemos cerrado ese capítulo de tu nacimiento. Ya has nacido de nuevo y has roto con esa energía del miedo y de la incomodidad. Eso ya no forma parte de ti. A partir de ahora vas a tener ganas de hacer muchas cosas, de moverte sin miedo, porque no hay ninguna catástrofe, simplemente te resonaba un nacimiento que fue muy incómodo...pero eso ya se quedó ahí. Así que como si fuera un libro, vas a cerrar ese capítulo de tu nacimiento, vas a hacer "pam" y cierro el libro, para que ya eso no te afecte, porque ya tienes toda tu energía recuperada.

Sobre la terapia

Hemos podido observar cosas muy interesantes con la terapia de Andrea.

La primera de ellas es la relación entre dos hermanos mellizos que presentan un desequilibrio en su energía femenina y masculina. Los padres de Andrea están separados, y esto es una secuela presente en cualquier caso de separación parental. Y digo "en cualquier caso" porque es independiente de cómo se gestione la separación, pasa siempre, y se puede agravar más con una gestión desequilibrada.

En el caso de estos dos mellizos, ambos presentan inseguridad, desequilibrio de amor propio, miedo a la pérdida y al imprevisto...sin embargo cada uno está en una polaridad distinta: Andrea se retrae, reprime, tiene dificultades para expresar su mundo interno, se evade y se esconde, huye de todo lo que signifique afrontar conflicto interno y externo. Aitor, por su parte, está reactivo, es impulsivo, se enreda en bucles mentales, pasa a la acción sin filtro y expresa desajustadamente. Ambos viven en modo supervivencia, estando a la defensiva y manejados por el miedo a la falta de control externo. Andrea tiene dificultad para expresar y defender sus límites asertivamente, se queda en modo pasivo y reprimido. Aitor tiene dificultad para respetar los límites, invade y está en modo reactivo y competitivo.

La relación entre ellos les permite aprender ya desde el vientre materno a través de la dualidad, algo que venimos a hacer todos los seres humanos. Es la dualidad y sus tránsitos en ella lo que nos permite aprender el equilibrio, como en una relación entre un excesivamente empático y un narcisista. Ambos deben aprender a equilibrarse a través de la relación con la polaridad extrema.

Así, Andrea ha aprendido con ayuda de esta terapia que ha de poner límite asertivo siempre, porque si no lo hace es como si se abandonara a sí misma y da permiso para que le roben su valiosa y necesaria energía.

El desequilibrio del límite genera a su vez un desequilibrio en la balanza del DAR y RECIBIR. Si no se trabaja, desarrolla en el adulto un desequilibrio interno y externo: relaciones desajustadas consigo mismos y con el prójimo. Entonces las relaciones se van a regir por una falta de reciprocidad que genera toxicidad física, emocional, mental y energética. Por ejemplo, el que DA y no recibe, va a generar una DEUDA consigo y con el otro que le hará sentirse no merecedor, culpable, avergonzado, no valorado, etc. El que RECIBE y no da, va a generar también una DEUDA en la que se va a sentir dependiente, con necesidad de que le salven, puede que demasiado "egoico", exigente, competidor, celoso, etc.

Cuando hay desequilibrio nunca se está completamente en un rol u en otro, dependiendo de la circunstancia y la relación irán transitando extremos hasta aprender el equilibrio. Y, de hecho, si se aprende: misión cumplida... El problema es que no se aprenda y así vemos a muchos adolescentes y adultos cuya insatisfacción vital lleva a desenlaces insanos extremos. Sin olvidar, que la toxicidad de la relación empieza por uno mismo y nuestro cuerpo físico responde a los automaltratos y autolesiones tanto emocionales como mentales que nos hacemos con sintomatología clínica. Si nos nutrimos mal nuestro cuerpo enferma, pero si nos damos amor insano a través de autoexigencias, represiones, sentimiento de poca valía o no merecimiento, nos obligamos al estrés emocional/mental que comportan pasar situaciones insanas, etc., nuestros sistemas orgánicos también empiezan a fallar. De ahí la importancia vital del trabajo en la infancia.

Así pues, ha sido muy importante recuperar la energía de Andrea, tanto la de los robos y pérdidas, como su energía masculina y femenina que proviene de papá y de mamá.

El acuerdo con Aitor es fundamental para que entienda que no deben luchar por posición, estatus y autoridad (aquí observamos que hay información propia y transgeneracional en el ADN de lucha y abusos de autoridad), sino que cada uno ha de respetar el espacio del otro.

A través del encuentro con la Andrea bebé/pequeña, le hemos hecho consciente de su niña interior, y de que debe "maternarla", cuidarla, protegerla y darle amor en toda circunstancia. Es sumamente habitual en los adultos que hayan abandonado a sus niños interiores, con las múltiples secuelas físicas, emocionales, mentales y energéticas que ello comporta. Por eso, el trabajo desde niños abriendo consciencia de que el cuidado y amor más importante es el propio, es muy preventivo.

Por último, queremos mostrar este dibujo de Andrea realizado el 14 de junio del 2023, meses antes de la terapia. En él observamos cómo Andrea siente literalmente a Aitor su otra mitad. Esto es propio en mellizos, pero también en algunos hermanos. Parece un gesto muy hermoso...pero la realidad es que hay que enseñarles a diferenciarse emocional, mental y energéticamente para que no se sientan responsables los unos de los otros y se permitan su sana individualidad sin desequilibrios, secuelas y perjuicios.

Testimonio de la consultante

Andrea: *"Las peleas con Aitor se han reducido y es como que ahora nos entendemos más. Ahora sé gestionar mejor las emociones y nos entendemos mejor".*

Rubí, 15 de diciembre del 2024

Biel: Percepción extrasensorial y Miedo

Sobre el consultante

Biel tiene 11 años en el momento de la terapia. Es un niño altamente sensible que lleva ya un tiempo trabajando la gestión emocional. Sin embargo, el miedo lo tiene muy bloqueado, así que procedemos a una terapia regresiva como ayuda a la terapia psico-emocional que ya está llevando a cabo.

Transcripción de la Sesión

Rubí, 12 de julio del 2023

TERAPEUTA (T): ¿Me vas a repetir qué es lo que quieres trabajar?
CONSULTANTE (C): El miedo.

T: Tu miedo, muy bien. A ver, explícame. ¿Dónde sientes ese miedo? ¿Qué es lo que sientes cuando sientes miedo?

C: Cuando siento miedo, pues, no sé, es como una sensación, no sé, como una cosa rara por el cerebro. Es como que...por la barriga siento una cosa rara.

T: Muy bien, sientes en la barriga, pero también en el cerebro, ¿no?

C: En el cerebro es cuando me dan el primer susto.
T: ¿El primer susto?
C: La primera vez que siento el miedo, luego baja y "se pone por la barriga". Y ahí se queda hasta que se me va.
T: Bien, ¿y cómo lo sientes? ¿Cómo sientes eso ahí en el cerebro y en la barriga, como si fuera qué cosa?
C: Como cosquillas.
T: Como unas cosquillas, ¿pero son cosquillas agradables o desagradables?
C: Desagradables. Es como un repelús.
T: Muy bien. ¿Y ese repelús? Fíjate, ¿qué te hace hacer ese repelús?
C: Pues me hace...automáticamente cojo lo primero que tengo y me lo pongo por encima.
T: O sea, te hace como protegerte.
C: Sí, me hace protegerme de algo.
T: ¿Qué es lo que coges? Dices: "coger lo primero que tenga", ¿y qué es lo que sueles coger?
C: Pues si tengo una bata, una bata. Si tengo un peluche, pues me pongo el peluche encima o lo abrazo.
T: O sea, que lo haces como para taparte y abrazar, ¿no?
C: Sí, me siento más seguro.
T: Ah, muy bien, muy bien. Haces eso porque te hace sentirte seguro. Pues ahora sí, vamos a empezar. Vas a cerrar los ojos y yo te voy a explicar en qué consiste esta actividad que vamos a hacer hoy... (Le doy unas breves instrucciones sobre la terapia, mientras él se estira y se relaja).

Y ahora, a la cuenta de tres, me vas a ir diciendo qué es lo que te ha venido mientras yo te he estado hablando, o qué te viene ahora sobre el origen de este miedo que sientes, que te hace notar una cosa rara en el cerebro en el primer susto, pero que luego se baja a la barriga... y sientes como unas cosquillas desagradables, como un repelús, que te hace coger lo primero que tienes y te lo pones encima para taparte o lo abrazas, porque eso te hace sentir seguro. Uno, dos y tres.

C: Me viene lo que me ha pasado hoy, que he estado durmiendo y he cogido "el Totoro" y me lo he puesto encima por la pesadilla. ("Totoro" es un peluche).

T: A ver, ¿qué estaba pasando en tu pesadilla?

C: Pues que estábamos en la calle, de noche... estábamos caminando tranquilos y yo estaba muy por detrás y mi hermana más por detrás aún. Entonces ella se acerca a mí, saca una cosa rara de su tablet, aparece un payaso y me mata. Y ahí me despierto y me pasa lo del cerebro. Cojo "el Totoro", lo abrazo con todas mis fuerzas y me quedo ahí en la esquinita. Y luego pues me duermo y cuando me despierto ya estoy bien.

T: Muy bien. Fíjate, vas a volver un poquito atrás, a ese momento en el que tú estás teniendo la pesadilla. Y quiero que te veas, ¿vale? Esto lo podemos hacer, nuestro cerebro es mágico. Vas a volver a ese momento en el que estás en tu cama y con los ojos del alma vas a ver le escena como si estuvieras mirando desde arriba. Te vas a ver durmiendo en tu cama unos segundos antes de que empieces a tener la pesadilla. Aún no tienes la pesadilla, dime qué estás viendo.

C: Me veo a mí durmiendo.

T: Muy bien, y fíjate, ¿qué ves alrededor? ¿Aprecias algo alrededor? ¿En la cama? ¿En la habitación?

C: Eh...no.

T: ¿Está todo en su sitio? ¿Ves algo raro o ves todo tal y como está tu habitación?

C: No, veo algo.

T: ¿Qué ves?

C: Que tengo un peluche encima de mi pie.

T: Bien, bien.

C: También veo como algo negro moviéndose. Subiendo a mi cama, me araña y se va.

T: Fíjate, pues vamos a mirar mejor qué es eso negro que ves.

C: Creo que sé qué es.
T: ¿Qué es?
C: Mi gata.
T: Ah, es tu gata.
C: Porque antes de la pesadilla sentí un arañazo y creo que lo estoy viendo.
T: Pues mira, esto es muy interesante. Retrocede un poquito más, retrocede un poquito más a ver qué está viendo la gata encima de tu pie y por qué viene a arañarte.
C: Me araña porque quiere. Está jugando.
T: ¿Te está buscando para jugar?
C: Sí.
T: Fíjate si ves algo más alrededor tuyo. ¿Qué puedes ver alrededor tuyo? ¿Está todo bien? C: Veo como una sombra, una sombra arriba.
T: Muy bien ¿Y cómo es esta sombra? A ver, ¿de qué color es?
C: Es que esto es una sombra un poco rara porque la he visto en otros sueños.
T: Dime, dime cómo es.
C: Es como una bola blanca, literal.
T: ¿Una bola blanca?
C: Una luz blanca.
T: ¿Una luz?
C: Una bola de luz blanca, un "mini sol", pero blanco.
T: Y fíjate, ¿qué hace esta luz? ¿Está encima tuyo o dónde está?
C: Sí, está encima mío en el techo y no hace nada más que mirar.
T: Y mira... Vale, ¿y entonces tu gata qué hace cuando ve esta luz?
C: Va por mí y me araña para intentar jugar, pero cuando ve que estoy durmiendo se va.
T: ¿Porque tu gata se piensa que estás despierto? ¿O es porque te quiere avisar de que está esa luz ahí?
C: No sé.

T: Si supieras, ¿tú qué crees?

C: Yo creo que es para jugar porque a Manchitas le da un poco igual lo que le pasa alrededor. ("Manchitas" es su gata).

T: Sí, bueno, pues quiere jugar. (Intento indagar si la gata está percibiendo algo, puesto que los animales son muy sensibles a las energías, pero si él no lo tiene seguro no puedo sugestionar).

C: Porque normalmente Manchitas se va por los techos, le gritamos y da igual que pase un perro, que le da igual.

T: Vamos, que es un poquito inquieta, ¿no?

C: Sí.

T: Muy bien. Bueno, pues quizás quiere jugar la gata. Vamos a ver esa bola blanca que dices que ves. Acércate, acércate a ella. A ver qué puedes ver.

C: No veo nada, veo todo blanco.

T: ¿Todo blanco? Bueno, vamos a ver a continuación qué pasa. Avanza. Cuando está esa bola blanca ahí, ¿es justo cuando empieza la pesadilla?

C: No, porque la bola blanca creo que está justamente dos segundos antes de que Manchitas me arañe.

T: Muy bien. Pues vamos viendo cómo va transcurriendo. Van pasando los minutos y entonces...

C: Ay, ya estoy en la pesadilla.

T: Vamos a ver, venga. Mientras estás en la pesadilla, ¿qué está pasando con esa luz blanca?

C: Sigue observando.

T: Y fíjate en ti, ¿qué estás sintiendo en tu cuerpo cuando tú estás teniendo esa pesadilla?

C: Pues al principio nada, pero ya cuando veo que me va a hacer algo, que es una pesadilla, pues ya me asusto.

T: Entonces empieza ese repelús, ¿no?

C: Sí.

T: ¿Dónde sientes el repelús?

C: Primero en el cerebro, el primer susto, la primera vez que noto la pesadilla. Y luego ya me despierto y lo noto en la barriga todo el rato.

T: Muy bien, fíjate cuando estás teniendo ahí ese repelús y ese dolor de barriga ¿cuáles son tus reacciones físicas? Es decir, ¿qué le pasa a tu cuerpo aparte de ese repelús y del dolor de barriga? ¿Le pasa algo más a tu cuerpo?

C: Bueno, dolor de barriga no es...es como en las alturas que entra como una... como ahí...

T: ¿Como un vértigo?

C: Sí.

T: Y cuando sientes el repelús y el vértigo, ¿cuáles son tus reacciones emocionales, ¿qué sientes?

C: Se siente con miedo.

T: Muy bien, siente el miedo. Y fíjate, cuando tu cuerpo siente ese repelús, ese vértigo y ese miedo, ¿cuáles son tus reacciones mentales? ¿Qué logras pensar en ese momento?

C: Que estoy muerto.

T: ¿En ese momento piensas, "estoy muerto"?

C: Pienso que estoy muerto, pero luego me doy cuenta de que no estoy muerto y pienso que va a venir el monstruo y ahí es cuando automáticamente cojo un peluche, lo abrazo y si es una manta pues me la pongo por encima.

T: Claro, pero tú fíjate, cariño: repelús, vértigo, miedo, y piensas "estoy muerto" ... ¿Cómo te está afectando todo esto? ¿Qué es lo que te hace hacer?

C: Miedo. Me da miedo.

T: Más miedo todavía... Porque tú piensas que te vas a morir, ¿no?

C: Sí, porque, claro, veo un payaso asesino, viene a por mí, me ataca, pues yo pienso que me va a matar.

T: Claro, cariño, ¿y entonces esto qué te impide?

C: Pues me impide seguir soñando porque me despierta automáticamente. No me deja dormir tranquilo.

T: Entonces, fíjate lo que es, es un miedo a la muerte. Porque si tú piensas "estoy muerto", es como miedo a la muerte, ¿verdad?

C: Sí.

T: Entonces, esas pesadillas lo que te hacen sentir es miedo a la muerte. Bueno, vamos a ver qué es lo que está pasando. Retrocede otra vez a cuando tú estás teniendo esta pesadilla, cuando tu cuerpo está con el repelús, con el vértigo, con el miedo y cuando tu cabeza está pensando "estoy muerto". Y fíjate qué pasa con esa bola blanca. ¿Sigue ahí?

C: No, veo que se acerca a mí.

T: ¿Y qué hace la bola blanca?

C: Un segundo antes de que me despierte, creo... o poco antes de que me despierte, entra en mi cabeza y me despierta ahí.

T: Ahm, te está despertando entonces.

C: Sí, porque creo que esta luz la vi hace mucho tiempo en un sueño que se repetía cada día. Cada día que dormía se repetía ese mismo sueño hasta que un día lo dejé de soñar.

T: ¿Y qué hacía esa bola blanca en tu sueño? A ver, explícame.

C: Me perseguía y antes de que se acercara me despertaba, porque algunas veces logré intentar no despertarme y vi que me decía...no sé... que venía "algo por mí", así que me protegería.

T: O sea, ¿que venía a protegerte?

C: Sí.

T: Entonces, si tú supieras, ¿qué crees que es esa bola blanca?

C: Ni idea... Siempre lo he pensado.

T: ¿Tú sientes que es algo malo o algo bueno?

C: Algo bueno.

T: Ajá...es algo bueno

C: Y, aparte, no es la primera vez que la veo ahora mismo. Porque la vi en un sueño cuando tenía tres años. Y se repetía muchas veces.

T: Pues fíjate, cariño. Me parece súper interesante esto de la luz. Entonces, vas a retroceder de nuevo a esa situación en la que la bola se te mete en la cabeza para que tú te despiertes, pero vas a ver un poquito antes ¿vale?

C: Vale.

T: Lo que quiero es que veas qué le pasa a tu energía cuando tú tienes la pesadilla. Pero primero, en ese momento que tú estás tumbado en tu cama, que estás durmiendo plácidamente, fíjate en cómo está tu energía. Vas a ver tu energía por dentro, ¿cómo está la energía de tu cuerpo?

C: Al cien por cien.

T: Bien, ¿de qué color es esa energía?

C: La veo como entre blanco, tirando un poco a gris, pero blanca. La veo blanca.

T: Muy bien. Y ahora, avanza poco a poco, cuando empiezas a tener la pesadilla, qué es lo que le está pasando a esa energía.

C: Espera, espera. La veo blanca y un… tirando…blanco tirando a azul muy flojito.

T: Ay, qué bonita.

C: Azul brillante.

T: Mira, ¿sabes cuál es el color azul? El de la fuerza. Estás viéndote ahí con toda tu energía blanca pura y con fuerza. ¿Qué es lo que le pasa en ese momento cuando empieza tu pesadilla y notas ese repelús, ese vértigo y ese miedo?

C: Noto… como que… veo que se empieza a encoger. Se encoge.

T: ¿Y cómo se queda?

C: Pues se queda pequeñita.

T: Vale. Quiero que te concentres ahí, en cuando está pequeñita. ¿La ves cambiar de color?

C: La veo igual, pero la veo como más pequeñita. Yo antes la veía más larga, pero ahora la veo más cortita. Pequeñita y cortita.

T: Y fíjate, entonces no recubre bien todo tu cuerpo, ¿verdad?

C: No.

T: ¿Y en qué zonas de tu cuerpo no hay energía?

C: En el lado arriba, donde noto el repelús.

T: ¿Sí?... donde notas el repelús. Me habías dicho en la barriga y también en el cerebro.

C: Sí, pero en el cerebro dura como un segundo, uno o dos.

T: Vale, pues entonces, ¿te has dado cuenta de qué es lo que le pasa a tu cuerpo cuando viene la pesadilla?

C: Que pierdo energía.

T: Exacto, que pierdes la energía, cariño. Se va tu energía... y si se va tu energía, lo que pasa es que te sientes...

C: Indefenso.

T: Indefenso, sí señor. Estás trabajando muy bien cariño. Te sientes indefenso. Y claro, eso de sentirte indefenso, ¿cómo te afecta?

C: Me afecta y me da más miedo aún.

T: Y eso de "más miedo aún" ¿qué te impide?

C: No sé.

T: ¿Afrontar los miedos? ¿te supera un poco, verdad cariño?

C: Claro, sí.

T: Bueno, pues vamos a resolver todo esto, ¿vale? Luego quiero que hablemos con esa bola blanca, que me parece súper interesante. Pero fíjate, primero vamos a resolver todo esto para que sepas qué tienes que hacer cuando vuelvas a tener otra pesadilla, ¿de acuerdo?

C: Ah, por cierto, una cosa de la bola blanca.

T: Dime.

C: Esto de los sueños anteriores que tenía, cuando tenía tres años y de ahora. Cada vez que la bola blanca me tocaba, me despertaba.

T: Porque esa bola parece amiga, vamos a hablar con ella después.

C: Y también cada vez que hay una pesadilla, siempre al final de la pesadilla veo una cosa blanca y me despierto automáticamente.

T: Ajá... Bueno, luego hablamos con ella, pero me parece muy interesante.

C: Sí, creo que es la bola blanca la que me ayuda a despertarme.

T: Ahora vas a hacer lo siguiente, vas a volver a esa habitación en la has tenido tantas pesadillas. Probablemente, como has tenido tantas, tu energía se ha hecho chiquitita muchas veces. Entonces te vas a encontrar que hay muchos trocitos de tu energía que están esparcidos por ahí.

C: Ya.

T: Tu cuerpo va a hacer como si fuera un imán, vas a llamar a todos esos trozos de energía, porque son tu fuerza, y tu cuerpo los va a atraer. Les vas a decir: "Venid a mí". Díselo, díselo, verbalízalo.

C: Venid a mí.

T: Muy bien, alza tus brazos y siente como todos esos trocitos de energía están llegando a ti.

C: Sí, lo siento, lo siento (alza sus brazos y pone gesto de bienestar).

T: Muy bien, ya estás recuperando toda tu energía.

C: Sobre todo, siento que vienen muchos a la barriga.

T: ¡Muy bien, muy bien! Donde te faltaban. Genial, cariño, pues séllalos bien fuerte ahí en tu barriga, porque esa energía es tuya. Y nada, ni nadie puede hacer que esa energía salga de ti.

Observemos como el miedo afecta al chakra plexo solar, centro energético de la voluntad y del poder personal, por eso está recuperando la energía en su barriga. Y sincrónicamente, la barriga es donde siente el vértigo también, con lo que nos clarifica que es un síntoma de pérdida energética.

T: Y ahora, cuando ya tengas esa energía al completo, te vas a ver de nuevo teniendo la pesadilla. Pero, como tú mismo ya tienes toda tu energía, ¿qué vas a hacer con esa pesadilla?

C: Quitarla.

T: Ajá, ajá, muy bien, muy bien.

C: Pensando al final de la pesadilla que salgo corriendo, cojo una escopeta y disparo al payaso, o algo así.

T: Bueno, tú puedes utilizar la táctica que tú quieras, ¿vale?

Pero lo que tienes que saber es que, como ya has recuperado tu fuerza, tú vas a dominar tu miedo. Y como la causa del miedo es esa pesadilla, pues tienes que coger y cambiar esa pesadilla, transformarla...

C: En un sueño normal, ¿no? (Biel ya sabe esta técnica porque la hemos trabajado con él en sesiones de psicología anteriores).

T: Exacto, en un sueño normal, para que de esa manera no salga tu energía de ti, ¿de acuerdo?

C: Vale.

Podemos apreciar lo fácil que es "empoderar" a los niños y enseñarles a que dominen sus pesadillas.

T: Y fíjate qué fácil lo tienes, porque tienes ahí un ayudante, ¿verdad?

C: Sí.

T: Pues acércate a esa bolita blanca, como si te despertases ahora mismo y la encontrases ahí, le vas a hablar. Pregúntale quién es.

C: ¿Quién eres?

T: A ver qué te dice.

C: No sé, pero me la imagino hablando como en un cómic.

T: ¿Y qué te está diciendo?

C: A ver. Dice... que no sé, no sé, no me dice nada.

T: Pregúntale su nombre y a ver qué nombre te viene a la mente. Si te viene un nombre a la mente es que te lo está diciendo ella.

C: Vale, a ver... ¿Cuál es tu nombre? Me ha venido "José".

T: Muy bien, José. Y pregúntale si es alguien de tu familia.

C: ¿Eres alguien de mi familia? No sé...me acaba de venir que sí.

T: Sí, es alguien de tu familia.

C: Bueno, José es mi abuelo, pero está vivo.

T: Ah, tu abuelo está vivo, pero... ¿puede ser algún otro José que sea de la familia? Un bisabuelo, un tatarabuelo, ...Pregúntale si te puede decir quién es.

C: Vale, creo que sé quién es.

T: ¿Quién?

C: Dice que su nombre es real, súper raro. Comienza por "T".

T: Vale, por T. Pues que te diga más cositas, a ver, ¿qué más? Empieza por "T" y ¿cómo sigue?

C: "O".

T: ¿Sí?

C: Vale, ya me ha venido a la mente el nombre completo. El nombre de mi gato muerto.

T: ¿Y cómo es ese nombre?

C: Totoro.

T: Ah, es Totoro. (El peluche que nombraba al principio tenía el mismo nombre en honor a su gato).

C: Pero es que el problema es que la bola esa blanca...cuando yo tenía tres años, Totoro estaba vivo. (Se refiere a que no le encaja el que veía "la bola blanca" en sueños cuando tenía 3 años y sin embargo su gato aún estaba vivo)

T: ¿Puede que haya varias bolas blancas y no siempre sean las mismas?

C: Sí.

T: Entonces, viendo que puede ser algún José de tu familia o que también a veces puede ser Totoro, ¿qué es lo que te está transmitiendo todo esto? ¿Qué te hace sentir o qué te hace pensar?

C: La bola me hace sentir seguro.

T: Muy bien. El que te acompañen estas luces te hace sentir seguro, ¿no?

C: Sí, porque me hace despertar y al hacerme despertar me siento más seguro porque no hay más pesadilla.

T: Muy bien, cariño. Pues vais a entrar en una sala blanca. Es la sala de la Luz donde se habla con todas las energías o almas con las que queramos hablar. Entonces, vas a pedir a estas bolas de luz que te expliquen ¿por qué te acompañan?, ¿por qué están contigo? ¿Las ves ahí en la sala blanca?

C: Sí. Veo todo blanco.

T: Tú mismo. Elige con cuál quieres hablar.

C: Con Totoro. ¿Por qué me acompañas? Por qué me quiere... Dice "porque me quiere".

Biel habla con emoción, está entendiendo que el alma de su mascota le acompaña amorosamente.

T: ¡Oh!

C: Y ya está. No ha dicho nada más.

T: ¿Y tú qué le querías decir?

C: Gracias.

T: Porque hace mucho tiempo que no hablas con Totoro, ¿verdad?

C: Bueno...

T: ¿O hablas con él?

C: No, bueno...Ayer por la noche intenté decirle que le quería.

T: ¡Ah! ¡Mira qué curioso! O sea, que te acuerdas mucho de Totoro, ¿no?

C: Hombre, tengo dos peluches de él en mi cama... a uno es el que más abrazos doy y al que intento coger primero para abrazarlo.

T: Muy bien, cariño, porque ¿cuándo murió Totoro?

C: Murió en 2019, justamente pocos días antes del cumple de mi padre y justamente el mismo día que hice la "cantata" de Navidad. (recital de canto).

T: Vaya, o sea que fue en Navidad. ¿No te pudiste despedir de él?

C: Sí, por suerte sí, porque no murió allí. Lo sacrificamos.

T: Vale, estaba enfermito, ¿no?

C: Estaba mal... Estaba vomitando sangre.

T: Ay, pobrecito. Vas a ir a ese momento en el que te estás despidiendo de Totoro.

C: Vale, veo a Totoro en la jaula.

T: Dime, ¿cómo está transcurriendo todo eso?

C: Yo estoy llorando.

T: ¿Sí?

C: Intento abrazarle, no puedo, pero le toco por la rejilla y le digo "gracias por haberme cuidado" y le digo "adiós".

T: Muy bien, cariño. Y fíjate, cuando tú estás ahí ¿qué estás sintiendo Totoro? Porque tú lo puedes sentir también desde tu alma.

C: Sí, estoy sintiendo que está sintiendo un poco de tristeza, porque está a punto de morir. Tristeza y felicidad de al menos poder despedirse de mí.

T: ¡Oh...!

C: Y aparte murió, murió, justamente murió con mi madre, es decir...

T: Para él es como su madre también, ¿verdad?

C: Sí...cuando murió mi madre estaba en la sala.

T: Claro, mamá pudo estar con él, no se fue solito, ¿verdad? Mira, vas a ver la energía de Totoro cuando se está yendo, cuando él se está muriendo. ¿Cómo es esa energía de Totoro?

C: Blanca.

T: Muy bien, y fíjate, ¿qué le pasa a su energía en el momento que se está muriendo?

C: Que sube, sube.

T: Mira, vas a ir un poquito atrás para ayudar a Totoro. Justo en el momento que su mente ya va a dejar de funcionar, pero todavía no ha dejado de funcionar. Fíjate cuál es el último pensamiento que tiene Totoro.

C: En el "adiós" mío, el de mi hermana, de mi padre y de mi madre.

T: Muy bien.

C: Y en los bonitos momentos que hemos vivido.

T: Ohhh, ¿qué te hace sentir ver ese pensamiento de Totoro?

C: Tristeza.

T: ¿Te pone triste, cariño?

C: Sí.

T: Pues es importante que sueltes esa tristeza, ¿vale?, porque la tristeza que se te queda dentro te hace todavía estar más inseguro. Suelta la tristeza. (Le animo a llorar, está emocionado, pero le cuesta soltarse).

C: Y, por cierto, la tristeza yo la noto aquí.

T: ¿Dónde la notas?

C: Aquí, como dolor aquí, cada vez que me pongo triste. (Se señala el cuello, coincidiendo perfectamente con el chakra garganta que se bloquea cuando no expresamos).

T: ¿Dónde es?

C: En el cuello.

T: ¿Sí? Esa tristeza lo que te está diciendo es que te han quedado cosas por decirle a Totoro. Así que dile a Totoro todo lo que necesites decirle.

C: Gracias, Totoro, por haberme cuidado cuando era pequeñito, por quererme tanto y por abrazarme. Y te digo adiós...Ya está.

T: Muy bien, cariño.

C: Ya me siento mejor.

T: Mira, ahora vamos a hacer una cosa, porque a nosotros nos gustaría que nuestros seres queridos se quedasen siempre con nosotros y nuestros animalitos también son seres queridos. Pero ya sabes que cuando uno muere tiene que ir a otro lugar, ¿no?

C: (Asiente con la cabeza).

T: Entonces, ¿dónde tiene que ir, Totoro? ¿Dónde se tiene que marchar?

C: Arriba. Se tiene que marchar para arriba.

T: ¿Cómo te imaginas ese lugar?

C: El espacio.

T: ¿Te imaginas que es como el espacio?

C: Siempre de pequeñito me he imaginado que cada estrella era para alguien que moría.

T: Mira, vamos a hacer una cosa. Vas a acompañar un poquito

a Totoro, ¿vale? Basta con imaginar que se abre un portal, un portal de luz. Y vas a ir avanzando hacia él, hacia esa luz cegadora que es el lugar que está al otro lado, el lugar de las energías, de las almas cuando ya no tienen cuerpo. Porque me has dicho que el alma de Totoro iba subiendo para arriba. Yo llamo siempre a un guardián, que se llama el Arcángel Miguel. Que, además, fíjate, nos va a venir muy bien para esta terapia porque es el Arcángel de la valentía y de la fuerza, es el que nos ayuda cuando tenemos miedo. Luego le pediremos también que te ayude cuando tienes miedo. Pero de momento, él nos abre la puerta del otro lado, y ahora quiero que me digas qué vas viendo conforme vas llegando a esa puerta.

C: Voy viendo algo gris, y la silueta de Totoro, y sus ojos brillantes, porque brillan en la oscuridad.

T: Muy bien, ¿y qué más ves? ¿Qué estás sintiendo conforme te vas aproximando? ¿Qué sientes en tu cuerpo?

C: Siento... ganas de abrazarlo.

T: Entonces, ves avanzando con él, y vas a pasar justo ahora a esa puerta, ese umbral, ese portal. Vale. Y dime, todo lo que estás viendo, ¿cómo es ese mundo donde se tiene que quedar Totoro?

C: Veo mil almas, muchas almas, de las personas, claro. Y a gatos, a perros, a personas…

T: Muy bien. Y fíjate, ¿cómo te sientes allí? ¿Se siente un sitio agradable o desagradable? ¿Qué estás sintiendo en tu cuerpo cuando estás allí?

C: Siento un sitio agradable, un sitio relajado, que no gritan. Bien, un sitio "guay".

T: Es un sitio "guay", ¿verdad? Sí. Y fíjate, ¿a qué se dedican todas esas almas que hay allí, esos gatos, esos perros? ¿Qué es lo que hacen?

C: No hacen casi nada. Se mueven y hablan.

T: ¿Pero tú los ves felices o los ves mal?

C: Felices.
T: Están felices, ¿verdad?
C: Sí.
T: Fíjate, ¿y cómo ves a Totoro? ¿Lo ves animado por quedarse allí o no?
C: Sí.
T: Muy bien. ¿Y viene alguien a buscar a Totoro?
C: Si, veo a Totora, una gata que tenían mis padres.
T: ¡Anda! O sea, que no va a estar solo allí, ¿verdad?
C: Y también veo a mi bisabuela, que fue la única que vi, porque la otra está viva y tiene 99 años.
T: ¿Está tu bisabuela? Pues habla con ella, dile lo que quieras decirle. ¿Cómo se llama tu bisabuela?
C: No me acuerdo ya.
T: Bueno, pues dile lo que quieras. Habla con ella.
C: A ver, la vi con dos años, por ahí, o con tres. Cuando yo tenía tres murió.
T: ¿Quieres decirle algo? ¿Le quieres preguntar algo? Aprovecha, ya que estás ahí.
C: Le quiero decir que ¿qué van a hacer con Totoro?
T: Vale, ¿y qué te dice la bisabuela?
C: Tranquilizarlo.
T: Pregúntale qué va a hacer Totoro allí a partir de ahora.
C: ¿Qué va a hacer Totoro? Dice que nos observan a nosotros y que nos cuidan también.
T: Muy bien. O sea, que la bisabuela lo que te está diciendo es que no te preocupes porque Totoro te va a acompañar. Él va a estar allí, pero existe un trato entre las almas familiares y Totoro es de tu familia. Y ese trato es que ellos pueden bajar a visitarnos cuando ellos quieran o nosotros lo necesitemos.
C: Sí, esto lo sé. Siempre lo he pensado.
T: Muy bien, cariño. Pues entonces, él ya se tiene que quedar allí, pero puede venir a ayudarte cuando necesites, ¿de acuerdo?
C: Vale.

T: No es un adiós, es "un hasta luego". Y dale un abrazo muy, muy, muy fuerte. Siéntelo ese abrazo.

C: (Gesto de abrazar y cara de ternura).

T: ¿Cómo lo ves? ¿Se queda feliz?

C: Sí. Muy bien.

T: Pues ahora ya tienes que salir de ahí, porque nosotros no estamos en ese sitio. Nosotros tenemos que estar en nuestro plano. Así que vamos a pedirle al arcángel Miguel que te muestre otra vez el camino de vuelta. Y bueno, que no cierre todavía porque a lo mejor hay algún alma más que tenga que ir para allí. Vamos a hablar con esa otra bola blanca que me has dicho que se llama José.

C: Es que no le conozco.

T: Bueno, vamos a ver quién es José. Entrad a la sala blanca, la sala de la reconciliación de las almas.

C: Vale.

T: Y le vas a hablar a José. Le vas a decir: José, ¿quién eres?

C: ¿Quién eres? No sabe ni quién es. Es como... es como un interrogante.

T: ¿No se quiere mostrar, José?

C: No.

T: Pregúntale a José por qué te protege.

C: ¿Por qué me proteges? Me dice porque sí.

T: ¿José te ayuda?

C: ¿Me ayudas? Sí, me dice que sí. Y me dice que le puedo llamar como yo quiera.

T: Le vas a preguntar a José si siempre está contigo.

C: ¿Siempre estás conmigo? Dice "Sí".

T: Dile a José si él sabe que no puede estar permanentemente aquí.

C: Me ha dicho que sí, que lo sabe.

T: ¿Entonces él va y viene o está permanentemente aquí?

C: Va y viene, me dice.

T: Bueno, José, pues nada, no tengo entonces nada más que

decirte. No sé si tú le quieres dar las gracias o le quieres decir algo.

C: Gracias. Le voy a llamar "Luz Blanca" para distinguirlo de Totoro.

T: Perfecto. Muy bien, José, pues ya nos despedimos de ti para que puedas ir a tu lugar de pertenencia, el Arcángel Miguel te acompaña y procede a cerrar el portal.

C: Adiós, José.

T: Bueno, ahora vas a recuperar toda la energía. Ya la has recuperado de tu habitación, pero vas a recuperarla de todas las situaciones en las que has pasado miedo en tu vida.

C: Vale.

T: Vas a ver una película de todas las situaciones en las que has pasado miedo en tu vida. Y vas a decir a tu energía que venga a ti.

C: (Estira los brazos). Ya, ya está todo.

T: ¿Ya la tienes toda contigo?

C: Sí.

T: Muy bien, cariño. Pues ahora que tienes toda tu energía contigo, dime, ¿cuál ha sido la primera experiencia que has visto en la que pasaste miedo?

C: La primera fue la que más, creo que más miedo me dio. Que fue justamente tirarme por primera vez en la montaña rusa.

T: Bueno, pues vas a ir a ese mismo momento en el que estás a punto de subir a la montaña rusa. Estás subiendo. Y dime, ¿qué está pasando por tu cuerpo? ¿Cuáles son tus reacciones físicas cuando te tienes que tirar por la montaña rusa?

C: Nerviosismo. Me siento nervioso.

T: ¿Y qué le pasa a tu cuerpo cuando se pone nervioso? ¿Qué sientes en el cuerpo?

C: Cosquillas en la barriga. Y automáticamente me cojo de la barra lo más fuerte que pueda. T: Muy bien. Y fíjate, cuando sientes esas cosquillas en la barriga y ese nerviosismo, ¿cuáles son tus reacciones emocionales además del miedo?

¿Qué más logras sentir?
C: Nervioso y contento de haberme montado. Y orgulloso de mí.
T: Ohh, contento por superarte, ¿no?
C: Sí, orgulloso. Y también noto que cuando subía, noto que no puedo agarrarme del respaldo del asiento porque si no se va a caer la montaña rusa para abajo.
T: Pero eso es su mente ¿no? Que está pensando que la montaña se cae.
C: Sí, la montaña rusa. Pero cuando "la bajada", noto felicidad. Noto felicidad y me río todo el rato.
T: O sea, que es como una ambivalencia. Por un lado te divierte, pero por otro lado, ¿qué te está diciendo la mente?
C: Que se va a caer la montaña rusa de lo rápido que va y me voy a salir del asiento volando.
T: Y eso que te está diciendo la mente, ¿cómo te afecta?
C: A no querer montarme.

Esto es lo que pasa cuando el miedo se apodera de nuestra mente, que proyectamos escenarios de peligro y nuestro cerebro no distingue entre real o imaginado. Así que se despliega nuestro mecanismo de defensa y vivimos en modo supervivencia, con lo que eso implica para nuestra salud (hiperactivación del cuerpo/Cerebro Reptiliano, del Sistema Límbico y desconexión del Control Ejecutivo).

T: Pero fíjate, vas a volver a esa situación y le vas a quitar ese pensamiento de "la montaña se cae". Simplemente vas a disfrutar. Siente que estás allí y que esa montaña rusa empieza a bajar.
C: Sí, me siento bien.
T: Y fíjate, ¿qué sientes cuando estás ahí disfrutando?
C: Felicidad. Y orgulloso de montarme. De haberme atrevido.

Porque siempre mi madre me decía: "Venga Biel, nos montamos". Y yo decía: "No, no, no quiero, no quiero, no quiero".

T: Mira, vas a volver atrás, cariño, a ese momento en el que te has sentado en la montaña.

C: Vale.

T: Quiero que seas consciente de cómo está tu energía en ese momento que estás contento por tu superación. Y quiero que veas qué le pasa a esa energía cuando la mente empieza a pensar que la montaña se cae.

C: Se va apagando. Se apaga.

T: Muy bien, cariño. Se apaga con ese pensamiento que tú estás teniendo. Y ese pensamiento de "la montaña se va a caer" ... ¿es tuyo o no es tuyo?

C: Es mío, es mío.

T: Y si supieras, ¿a qué se debe que tú tengas ese pensamiento? ¿Te has montado alguna vez en alguna montaña rusa que se haya caído?

C: No, es por la subida, porque es muy empinada. Y luego se cae para abajo.

T: Muy bien. Y si supieras, ¿de dónde te viene ese miedo a la subida?

C: De la mente.

Vemos como la mente se convierte en una cárcel que nos atrapa y no nos permite disfrutar.

T: Ahora vas a sentir ese vértigo, porque lo que sientes en una subida es como vértigo.
Siente ese vértigo en la barriga. Me has dicho que lo sentías en la barriga, ¿verdad?

C: Sí, sí.

T: ¿Cuál es el origen de ese vértigo?

C: De mi miedo a las alturas, constantemente... Y eso es el miedo que me da caer para atrás.

T: Claro, pero ¿tú alguna vez has caído para atrás?

C: No.

T: Entonces...deja tu imaginación que trabaje. Si tú supieras, ¿cuál es el origen de ese miedo a caer atrás?

C: Las alturas. Las alturas sobre todo y pegarme un cabezazo en la cabeza.

T: Ajá.

C: Porque eso a mí sí que me ha pasado, pegarme un cabezazo a la cabeza y luego "flipas".

T: ¿Por qué? ¿Qué es lo peor que puede pasar?

C: Abrirme la cabeza.

T: ¿Y qué pasaría si te "abres la cabeza"?

C: Pues que me estaría desangrando y si se llega un poco tarde al hospital, pues se ve que no acaba bien.

T: O sea que lo que te da miedo es de nuevo: la muerte. Las alturas te hacen resonar el miedo a la muerte. ¿Y cómo te afecta cuando tú piensas en la muerte?

C: Que me puedo morir...

T: Pero... ¿cómo te afecta ese pensamiento?

C: Pues miedo. Miedo y nerviosismo.

T: ¿Y eso qué te impide?

C: Me impide pensar en la diversión.

T: Exactamente, cariño. Te impide divertirte. Así que vas a hacer lo siguiente: vas a volver a visualizarte en la montaña rusa, y vas a llamar esa energía que te dejaste ahí. Vas a decirle que vuelva contigo y prepara tus brazos para recibirla.

C: Vuelve. (Estira los brazos).

T: ¿De qué color es esa energía que se te ha quedado ahí?

C: Negra, porque hay mucho miedo en esa energía.

T: Pues mira, antes de cogerla vamos a limpiar el miedo.

C: Vale, ¿cómo la limpio?

T: Fíjate, tú has visto a Totoro y a esas almas familiares ahí

arriba, ¿verdad?
C: Sí.
T: Y ahí arriba, ¿cómo se está? ¿Se está bien o se está mal?
C: Bien. Está bien.
T: Entonces, ¿Por qué hemos de tener miedo a la muerte, si se está bien ahí arriba?
C: Porque si hay un familiar no lo vas a ver...
T: Ajá, porque lo que nos cuesta más es desapegarnos de los familiares, ¿verdad, cariño?
C: Si, porque los vamos a poder ver, pero ellos a nosotros.
T: Pero fíjate, te voy a decir una cosa. Aquí existe el tiempo, ¿verdad?
C: Sí.
T: Allí, en esa otra dimensión, no existe el tiempo. Entonces, lo que a nosotros aquí nos parecen muchos años, allí es como de un día para otro. Tú has visto que todos esos familiares estaban juntos, ¿verdad?
C: Sí.
T: O sea, que has visto que todos se acaban reuniendo, ¿verdad?
C: Sí.
T: Y entonces, los familiares que mueran y cuando mueras tú mismo, has visto que os vais a reencontrar todos, ¿verdad?
C: Sí.
T: Entonces, ¿tiene algún sentido que tú te estés privando de divertirte?
C: No, mucho no.
T: No, porque si vivimos una vida y no la disfrutamos, ¿de qué nos sirve? Eso es como estar "muerto en vida", ¿verdad?
C: Ya. Es cierto.
T: Entonces, para que no hagamos como "muertos en vida", lo que tenemos que hacer es limpiar nuestra energía del miedo. Y fíjate, ¿sabes cómo la limpiamos?
C: ¿Cómo?
T: Con nuestra fuerza, con nuestra confianza.

C: Vale.

T: ¿Y sabes dónde tú tienes esa fuerza?

C: ¿Dónde?

T: En tu barriga, justamente de donde se va la energía cuando tienes miedo. Vas a sentir que tu barriga se infla como un sol. Y se llena de una luz, de una energía amarilla.

C: Lo veo.

T: Y ese sol va a limpiar toda esa energía negra que hay por allí alrededor.

C: Ya, estoy viendo cómo se limpia.

T: Muy bien, limpia toda esa energía.

C: Ya está limpia.

T: ¿De qué color ha quedado cuando la has limpiado?

C: Blanca.

T: Perfecto, pues ahora que ya esa energía es blanca dile que se integre dentro de ti.

C: Ya está, ya está.

T: Y ahora, vas a bajar esa montaña rusa disfrutando, sin que la mente te haga pensar en el miedo. ¡Disfruta!

C: Me siento relajado, confiado en mí y feliz de tirarme (sonríe con gesto de felicidad).

T: Muy bien. Pues, cariño, eso es lo que tú vas a hacer cada vez que quieras hacer algo, pero te dé un poco de miedo. Ya sabes que el miedo lo tenemos que combatir con esa energía amarilla preciosa que tú tienes en tu barriga, que es como un sol. Y con ello vamos a limpiar la energía del miedo, que como tú bien has dicho, es de color oscurito, como negra. Entonces, limpiarás todo ese miedo y te atreverás a montarte en los sitios. No pasa nada si alguna vez no quieres montarte. Tampoco es obligatorio, cielo. Pero si tú quieres disfrutar, es importante que la mente no te boicotee. Debes tener en cuenta siempre que ese miedo que tenemos a la muerte al final se convierte en un "miedo a la vida", porque no nos deja divertirnos. Y no hay necesidad de tener miedo a la muerte porque sabemos que nos vamos a un lugar donde nos reencontramos todos. ¿Vale, mi amor?

C: Vale.

T: Bueno, vamos a acabar reintegrando o armonizando toda la energía que has recuperado hoy aquí. (...).
Y recuerda que si necesitas ayuda cuando vuelvas a tener miedo o una pesadilla, ¿a quién puedes llamar?

C: A la luz blanca y a Totoro.

T: Y si ves que necesitas más ayuda, llama al arcángel Miguel, ¿Vale? Lo vas a ver venir con una energía azul de protección que es muy fuerte y que te envuelve.

C: Ah, por cierto, ¿te acuerdas de que no me acordaba el nombre de mi bisabuela? Pues ya lo sé.

T: Ah, ya te ha venido. ¿Cómo se llama tu bisabuela?

C: Milagros.

T: Es que seguro que tu bisabuela Milagros también te ayuda. Así que también la puedes llamar cuando la necesites para sentirte mejor.

C: Vale.

T: Y ahora sí Biel, poco a poco, vas abriendo los ojos los ojos y volviendo aquí, a Rubí. Al día 12 del 7 de 2023 a las 12 de la mañana.

Sobre la Terapia

Con el caso de Biel vemos lo primordial que es trabajar con los niños el miedo a la muerte. Todos los miedos esconden el miedo a la muerte, por ello no podemos obviar este tema con los niños ni hacer tabú, porque será imprescindible para el correcto desarrollo socioemocional. Sin olvidar, además, cómo repercute el miedo en la salud general, obligando a vivir en estrés y en "modo supervivencia" o defensiva constante, con el desgaste que ello comporta para cuerpo, el

Cerebro Reptiliano, el Sistema Límbico y la desconexión del Cerebro Racional/Control Ejecutivo.

Energéticamente el miedo es uno de los mayores fragmentadores del alma. Enseñar a los niños a recuperar su energía y empoderarlos frente al miedo es un potente recurso terapéutico y de autosanación. Además, les previene de obsesores, parásitos, entidades, robos e intervenciones energéticas.

Testimonio del consultante y su madre

Biel: *"He mejorado mucho el tema de dormir. Ya duermo como un tronco y no tengo pesadillas. Por la noche ya no tengo miedo".*

Madre de Biel: *"Biel me ha dicho que le fue muy bien hablar con su bisabuela y con Totoro. Eso a él le tranquilizó mucho, fue como cerrar un ciclo, poderse despedir y saber de ellos. Lo que yo he notado es que duerme super bien, duerme toda la noche entera, no se despierta, no tiene pesadillas y cuando lo mando al piso de arriba a buscar algo me lo baja. Antes era imposible".*

Rubí, 22 de diciembre del 2024

PARTE 2

Por Carlos González Delgado

Introducción

Cuando estoy a punto de "jubilearme", si Dios lo permite, me encuentro viviendo este intenso 2025. Nadie imaginaba hace 6 años, cuando nació la Asociación Española de Terapia Regresiva (AETR), que estaríamos presentando de golpe ni más ni menos que cuatro nuevos libros.

Quiero añadir que "jubilearme" significa para mí jubilarme de modo oficial en el próximo año y seguir plenamente activo a disposición de las personas, de AETR y de la Comunidad en general. Es con mi edad cuando realmente un psicólogo ha aprendido ya a ser realmente eficaz y sería una pena perder la oportunidad de seguir colaborando para el Bien General. Así que, si Dios quiere y me da la suficiente salud, -de momento así es- seguiré en la brecha y siendo cada día más productivo y eficaz. El entusiasmo me invade por todo mi cuerpo y mientras siga conmigo, continuaré comprometido con la Existencia.

El tercer libro de AETR de este año es precisamente esta obra a la que le he tomado un cariño especial porque se trata de lo más sagrado: los niños. Después de proponerle a nuestra compañera Sonia Tapiador, experta psicóloga infantil, hacer esta obra y tras recibir sus primeras aportaciones al libro, me dije a mí mismo: *"Carlos, este es el libro de Sonia, no el tuyo"* y le propuse que fuera ella sola, en calidad de experta psicóloga infantil, quien finalmente publicara el libro.

Sonia se negó en rotundo y he aquí la razón por lo que la Vida ha querido que yo esté también presente en este manual práctico. El lector se preguntará qué tiene esto que ver con este apartado. La realidad es que tiene mucho que ver y por eso lo menciono. Al ver el trabajo tan profesional que realiza Sonia con los niños, tomé aún más consciencia de que yo no soy psicólogo infantil. Ella insistió y valoró mi experiencia con la Terapia Regresiva, del mismo modo que yo valoraba la suya con los críos. Así que la cosa quedó en empate técnico y este libro es el fruto del encuentro de nuestras dos almas.

Me resitué en la escena y me recordé a mí mismo que, del mismo modo en que trabajo con los adultos, podría trabajar también con los niños con la debida adaptación mental y emocional. Realmente, no hacemos "psicoterapia académica" los profesionales de la Psicoterapia Regresiva, sino "psicoterapia del alma", que es algo bien distinto. Me animé y acepté mi responsabilidad en este proyecto.

Esta obra tiene claramente dos partes. Su primera parte recoge el trabajo de Sonia con los niños y lo antecede toda una exposición técnico-profesional que muestra su experticia en la materia. La segunda parte del libro es la mía y muestra sencillamente mi experiencia personal con el trabajo con niños, si bien es cierto que añado algunos aspectos genéricos que tienen que ver con el trabajo desde la psicología del alma.

Aspectos genéricos

Psicoterapia del Alma con Niños

En los últimos tres años, al carecer de una profunda experiencia profesional con niños, me he dedicado a realizar un estudio de investigación por mi cuenta y he estado trabajando con esta población de forma gratuita a cambio de obtener el permiso de sus padres para grabar todas estas experiencias y poder utilizar ese material para la docencia y para reuniones clínicas y siempre en el plano de la más absoluta privacidad. Esto me ha permitido obtener una experiencia que antes no tenía.

La enseñanza ha sido profunda y altamente productiva. El aprendizaje ha sido mayor y la eficacia en cuanto a los resultados ha sido exitosa, con la correspondientes excepciones, ya que no siempre es posible ayudar como nos gustaría a todos los niños del mundo. En honor a la verdad, diría que la eficacia ha sido en torno a un 90% y que diversas causas han impedido obtener mejores resultados.

Aspectos Generales Prácticos

La realidad me demuestra que el *entorno familiar* es clave para que un niño tenga éxito en nuestra terapia. Han existido circunstancias que no permitían que algunos niños se vieran más beneficiados por mis terapias. Espero que, al menos, se hayan plantado las semillas para que sus padres si se atreven a sanar sus sombras y que eso haga posible una vida de menos sufrimiento en esos niños. Los hijos son el perfecto reflejo de sus padres y éstos no siempre están capacitados para ser conscientes de ello.

Lo primero que tengo que mostrar es que es *el Amor y la verdad del alma*, y no las técnicas psicológicas, lo que obra el gran milagro de la sanación. Eso no significa que las técnicas no sean importantes, de hecho, sí lo son.

La *sinceridad* es otro factor fundamental. Es imposible engañar a un niño en lo más profundo de su Alma. Captan hasta el más mínimo detalle y si el adulto no ha sabido resolver sus propias cuestiones personales no podrán obtener la confianza plena de los peques. En todo momento tuve claro que debía ser tremendamente sincero y auténtico en mi trato con ellos y ello ha contribuido altamente a ganarme su confianza y, por tanto, al éxito de la sesión.

La *presencia de su madre* en consulta ha contribuido en gran medida a que el niño se entregue a la experiencia. En ciertos momentos el niño o la niña han tenido la necesidad de tener la aprobación de su madre para atreverse a contestar ciertas cosas, sobre todo en la parte de la entrevista previa, y también necesitan de su protección en momentos puntuales. Por mi parte, aconsejo durante una terapia regresiva, según mi propia experiencia, la presencia de la madre de nuestro pequeño cliente.

La *familiaridad previa* establecida entre el terapeuta y el niño también es un factor para mí fundamental antes de realizar una regresión infantil. Antes de recibir al niño en la consulta he tenido algunos contactos por vía zoom con el niño y su mamá. Incluso, a veces, hemos tenido la posibilidad de conocernos personalmente. El niño debe confiar absolutamente en el terapeuta para poder entregarse durante la sesión a lo que su Alma le va a mostrar y para eso le tiene que ver como alguien cercano y de confianza.

Situarme a la *misma altura física* que el niño es otro factor que me ha ayudado mucho a conseguir su confianza. Afortunadamente, me encuentro muy bien de salud y mi cuerpo me permite estar sentado durante toda la sesión sobre un zafu (cojín-asiento de meditación), lo que facilita la aproximación física con el niño dentro de un mismo margen o banda física horizontal. Es decir, el terapeuta no debe situarse físicamente por encima del niño. Debe existir una horizontalidad física en el encuentro, del mismo modo que existe cuando dos niños juegan juntos.

Un factor también importante es la existencia de *interferencias del mobiliario*. La mesa del terapeuta nunca debe estar situada entre éste y el niño. Supondría un factor físico de separación y dificultaría el acercamiento que debe producirse entre ambos. Sugiero al terapeuta que cuando hable con el niño se sitúa a su lado o frente a él y siempre en presencia de su madre.

La *duración de la sesión* dependerá de muchos factores: edad del niño, miedo que padezca ante el hecho de tener los ojos cerrados, información previa adecuada adaptada a la mentalidad infantil, presencia de su madre y otros muchos factores, algunos de los cuales no se pueden prever hasta el momento de la sesión. He tenido niños que no podían estar más de media hora en regresión y otros que actuaban como auténticos adultos y que podían soportar una sesión de más de una hora o de casi hora y media.

En mi experiencia personal, el hecho de *tener los ojos cerrados* facilita la terapia, pero no todos los niños son capaces de tenerlos durante demasiado tiempo. El niño tiene una alta capacidad imaginativa y eso facilita su entrada en regresión. Recordemos que la imaginación es el puente que une el cuerpo con el alma, el mundo físicamente materializado con los mundos sutiles no físicos. En general, los niños gozan de una alta capacidad imaginativa y eso facilita la regresión. Cuando he sido capaz de explicar muy bien al niño, en su propia lenguaje infantil, la importancia de mantener sus ojos cerrados he sido muy bien correspondido.

Un aspecto fundamental también es *la atmósfera o ambiente de la consulta*. A los niños no les agrada verse envueltos en una típica consulta psicológica de las de toda la vida. A ser posible, cuando trabajemos con niños es ideal disponer de un lugar informal y acogedor, donde ellos puedan sentirse cómodos. Es importante una decoración acorde con la edad del cliente. Si por alguna causa, nuestro lugar de consulta no reúne algunos de estos requisitos, puede compensarse con algo que le guste al niño. La madre siempre nos puede orientar. Recuerdo que le compré un oso de peluche a una niña en una de las consultas y eso le conquistó el Alma. Me dio un gran abrazo y estuvo encantada de hacer la sesión.

El *humor y el desparpajo* del terapeuta a la hora de tratar al niño ayuda mucho a la buena marcha del trabajo. A mí, personalmente, me gusta decir alguna tontería impropia de una persona madura de mi edad. Hablo de tonterías y de cosas que sé que le van a sorprender y a gustar. Improviso en base a lo que el niño me va contando y le cuento alguna anécdota -a veces inventada- de cuando yo era niño y me pasaban las mismas cosas que ahora le está pasando a él.

Algo que también les sorprende mucho es la *disponibilidad posterior* del terapeuta. Me gusta insistir varias veces en decirle al niño delante de su madre que cuando él se vea envuelto en algún tipo de conflicto, tiene la opción de llamarme y hablar conmigo. Por supuesto, que siempre implico a su madre y es a través de ella como se establece el contacto cuando es necesario. No suele ser frecuente que me llamen, pero les tranquiliza mucho y les hace sentir que son importantes para el terapeuta. A la madre también le suele agradar esta disponibilidad.

Otros Aspectos de Interés

Cuando ofrezco charlas y también en mis clases o en algunos congresos en muchas ocasiones me han preguntado qué es lo que realmente sana en la psicoterapia del alma. Creo estar convencido de que no es el terapeuta ni la técnica en sí misma, sino la relación, el *encuentro* que se produce entre las almas. Como persona comprometida con la realidad más profunda del ser, soy consciente de que cuando somos capaces de crear un clima en el que las personas se permiten a sí mismas ser naturales y comunicar lo que de verdad piensan y sienten, se produce la sanación. Es la verdad del alma de la persona y la inmensa sabiduría que guarda en su interior la que permite la sanación. Es contemplar al otro como si fuera uno mismo y mostrarle el mismo respeto que tenemos hacia nosotros mismos.

Para mí es evidente la *diferencia* que existe *entre curación y sanación*. La primera de ellas hace mención al hecho de la desaparición de un síntoma molesto y que suele ser más que suficiente para muchas personas. En cambio, la sanación está relacionada con la experiencia personal de sentir paz interior de una manera clara y evidente. A veces, cuando el cliente obtiene sanación la curación va paralela a ésta, pero no siempre es así. He vivido experiencias con personas que estaban en la etapa final de su vida y que sanaron sin curar su cuerpo. Murieron en paz y con total consciencia. Eso es pura sanación.

Quiero citar aquí algunas ideas que vienen de Carl Rogers y otros autores que siempre tengo presentes. La *auten-*

ticidad del terapeuta es clave en la sanación. Si soy capaz de ser auténticamente auténtico estaré dando pasos de gigante favoreciendo enormemente la sanación de mi cliente. Por tanto, si estás dedicado a esta sagrada y noble profesión, trata de ser lo más auténtico que puedas, aunque eso suponga decir o hacer cosas que ningún otro terapeuta del mundo se atrevería a hacer. Sé auténtico en las cosas simples y también en las mayores. De ello dependerá en gran parte el éxito de tu terapia.

En el ejercicio de nuestro trabajo, soy muchísimo más eficaz cuando soy capaz de ser tolerante conmigo mismo y con los demás. La *tolerancia* bien entendida facilita enormemente el encuentro entre las personas beneficiando claramente el resultado de la sesión. Jamás emitimos juicios por muy graves que le puedan parecer a la mente lógica y racional los comportamiento que el cliente pueda tener en su vida privada. Estamos para liberar a las personas, no para condenarlas.

Otro factor clave es la *comprensión* del otro. Solo cuando me atrevo a comprender, sin juicio alguno, a mi cliente estoy realmente al servicio de su propia auto trascendencia. Cuando comprendo al otro, me modifico a mí mismo y eso resulta doblemente enriquecedor para ambas partes.

En el encuentro tenemos que procurar *abrir canales* para la libre expresión de los sentimientos y pensamientos. Si los consigo abrir, el cliente se sentirá acogido y comprendido y se atreverá finalmente a darse permiso para ser él mismo. El juicio y la condena están exentos en este contexto terapéutico y eso hará más auténtica a la persona que hay en el cliente.

La *aceptación incondicional* de la otra persona es fundamental. Solo cuando se produce de verdad, no solo en palabras, sino también de forma sentida. La *exquisita neutralidad del ser* debe ser vivida personalmente por el terapeuta antes de poder ofrecerla al cliente. Un terapeuta no trabajado espiritualmente nunca estará en condiciones de ofrecerla. Solo la experiencia personal profunda nos prepara para ser capaces de llegar a este espacio sagrado en el cual se produce el encuentro para la sanación de las almas.

Otro factor fundamental que ayudará al éxito de la sesión es la *meta-paciencia* del terapeuta; utilizo esa palabra y no sencillamente paciencia porque a veces obra el milagro. Ante situaciones difíciles donde por diversos factores estamos viendo que no somos capaces de ayudar lo que nos gustaría, salta la chispa del Espíritu y bingo: se resolvió el atasco. Sin esa enorme paciencia del profesional estas cosas no sucederían.

El *trabajo personal del terapeuta* es imprescindible para poder orientar y ayudar a los demás. ¿Puedo permitirme permitir? La respuesta no es sencilla. Si soy capaz de permitir que ni cliente sienta hostilidad hacia mí, estaré en mejores condiciones de ofrecerle una ayuda realmente sanadora. Si como terapeuta no soy capaz de permitirme que el otro piense, sienta, diga y haga todo lo que tenga que hacer, entonces quizá sería mejor dedicarme a otra profesión. Solo cuando este aspecto está trabajado en mí como persona, lo podré ofrecer a mi cliente como terapeuta.

Es fundamental tener claro que no debo *desear arreglar las cosas*, ya que si lo hago no podré evitar poner mis propios valores en la mente de mi cliente. No debo vender mi moto a nadie. Debo permitir que la persona vaya siendo como realmente va siendo: un proyecto inacabado cuya responsabilidad final de acabado es de la propia persona. En mis clases de formación los estudiantes se forman muy bien y realizan un gran número de prácticas para conseguir el nivel mínimo necesario como para permitirse no intervenir en la sanación de nadie. Es la sabiduría infinita del cliente la que aportará la solución al problema.

En Psicoterapia del Alma (regresiva) *el problema no es el problema* sino su solución. Esto debemos tenerlo claro los que nos dedicamos a estos menesteres. El problema es lo que el Alma ofrece a la persona para la toma adecuada de consciencia de algo a lo que debe prestar atención. El problema persiste siempre en la conciencia del cliente cuando evita o huye del mismo. Son los dos mecanismos fundamentales que mantendrán el miedo en su interior y que le impedirán salir triunfante del envite que la Vida le está ofreciendo en este momento. Profundizando en el núcleo del problema, tal como los hacemos los terapeutas formados en regresión, es como se accede a la auténtica salida o solución del mismo. Por lo tanto, jamás evitemos el problema y jamás evitemos profundizar en él hasta lo más terrible o doloroso del mismo.

Conforme los terapeutas vamos adquiriendo una mayor y más profunda experiencia terapéutica más vamos confiando en nuestra propia experiencia. Es fundamental tener esto en cuenta. Conforme el terapeuta se compromete más y más con su trabajo, el Universo le hace llegar a personas con situaciones cada vez más difíciles: justo aquellas para las que ya está preparado. Confiar *en mi experiencia como terapeuta* ha sido un factor fundamental que me ha hecho ser un mejor profesional con el paso de los años. Sin esta experiencia, el avance real del terapeuta no es posible.

El complemento del punto anterior, evidentemente, es *la experiencia del propio cliente*. Mi objetivo es hacer más consciente al cliente para que este, de mutuo acuerdo conmigo, y basándose en las experiencias que su propia Alma desvela durante las regresiones. Los mejores recursos terapéuticos ya existen en la infinita experiencia del Alma del cliente. Es infinita y si logro que confíe en sí mismo, en su propio ser y en su biografía de Alma, él mismo sacará las mejores soluciones posibles para todo cuanto le acontece. Esta confianza no es alcanzable sin comprender que el terapeuta no debe sanar nada, sino favorecer la auto sanación del Alma del cliente.

Cuando mis estudiantes se están formando, en sus primeros meses, observo que les importa muchísimo lo que puedan pensar los demás y, sobre todo, el profesor. Esto es algo que se va valorando y dejando atrás conforme aparecen las experiencias más profundas de sus propias Almas cuando se someten a regresión. La *evaluación de los demás* no debe ser nunca una guía para el buen estudiante y futuro terapeuta. Eso no quiere decir que no se escuchen los puntos de vista de todos los observadores durante una práctica formativa: el profesor, los supervisores de prácticas y los propios compañeros. Así que, tanto del punto de vista del terapeuta como del cliente, hay algo fundamental y clave: *mi experiencia es mi máxima autoridad.*

Aprecio claramente la diferencia, aprendida de mis clientes y estudiantes, entre el dolor legítimo que nos corresponde a los humanos cuando vivimos situaciones difíciles y el sufrimiento inútil que a veces acompaña a tales circunstancias. *El dolor nos dignifica* como personas. Es natural, sano y necesario sentir un profundo dolor ante determinadas circunstancias: muertes, rupturas emocionales, pérdidas económicas y similares. Por muy terrible que nos parezca, ese dolor irá disminuyendo conforme el correspondiente duelo va agotándose. En cambio, *el sufrimiento* es siempre una elección inconsciente la mayor parte de las veces. Sufrimos por multitud de razones y todas respetables. El asunto es que detrás de ellas se encuentra con mucha frecuencia la no aceptación de la realidad. Sufrimos realmente no por lo que ha pasado, sino por la impotencia de aceptarlo.

La identificación con la mente lógica y racional nos va matando lentamente en vida. Veo en consulta mucho sufrimiento porque las personas están prácticamente identificadas 100% con lo que su mente les dice. Creen que piensan y en realidad están pensando sus mentes. Creen que sienten cosas auténticas y, en realidad, las sienten de verdad, pero muchas de ellas están basadas en hechos no reales o en imposiciones absolutistas de sus mentes racionales. Una de las principales misiones del terapeuta es hacerle ver al cliente que su mente programada es muy válida, pero que solo debe ser una sirviente. Muchas personas no tienen sus mentes, son éstas las que las tienen a ellas, las poseen y las hacen percibir la realidad de un modo que realmente no es tan real. Viven en una especie de auto hipnosis social comúnmente aceptada, compartida y reforzada.

Como complemente de lo anterior, conforme vamos trabajando en nuestros asuntos del Alma, descubrimos que somos también una mente de tipo muy superior y espiritual. La nueva identidad va apareciendo, tímidamente al principio, pero cada vez de manera más clara. A través de la capacidad de expandir nuestras consciencias -algo ya habitual para los terapeutas formados en regresión- alcanzamos mayores cuotas expansivas de consciencia. *Somos mente superior*. Aceptar esta circunstancia nos hace valorar y contemplar la vida de un modo totalmente distinto. Sin despreciar al personaje -personalidad y cuerpo- nos descubrimos siendo algo más imperecedero. Algo que tiene un sentido de existencia en sí mismo y que no depende de las circunstancias, reacciones y respuestas de los demás.

En este desarrollo consciencial de nuestro propio ser nos damos cuenta de que *los hechos nunca son hostiles,* por muy trágicos que puedan parecerle a la mente lógica y racional y por mucho dolor o sufrimiento que nos pueda causar. En estos meses ha llovido en Andalucía y en España mucho más que en años anteriores. Los embalses agotados se han recuperado y el campo -vivo en una montaña- está más bello de lo que ha estado en los últimos 16 años. Jamás había visto la Sierra de los Espartales (Cártama, Málaga) tan florida y bella; sin embargo, hemos tenido la desgracia de la DANA (gota fría en cristiano, depresión aislada en niveles altos) en Valencia. Pareciera que los dioses se cobran sus víctimas a cambio de la abundancia de la vida. No se me malinterprete. No estoy alegrándome de la desgracia ajena. La existencia es creación-destrucción en un mismo nivel. Donde se crea algo, otro algo se destruye en otro lugar. Lo que ocurre es que ese otro lugar a veces no pertenece al mundo manifestado que podemos fácilmente captar a través de los órganos de percepción de nuestro cuerpo físico. La energía no se crea ni se destruye, sino que se transforme. Las almas cuando abandonan el cuerpo siguen vivas y se manifiestan en otro plano de realidad no físico. La muerte no existe.

Otro factor a tener en cuenta en nuestra vida profesional como terapeuta es que aquello que es más personal y que en muchas ocasiones permanece en secreto, acaba por resultar lo más universal. Acuden a consulta personas asustadas y sintiéndose culpables por pensar, sentir o hacer ciertas cosas de las que se avergüenzan. Cuando les mostramos que eso es realmente muy universal y que nos ha ocurrido a todos en alguna ocasión -en esta o en anteriores vidas-, el cliente comienza a respirar y descansar. Este principio sana mucho: *lo personal es lo más general.* Tal como nos recuerda Viktor E. Frankl, la reacción anormal es lo más normal ante una situación anormal. Tener esto claro, respetarlo, aceptarlo y compartirlo con nuestro cliente le beneficiará altamente.

Un factor, por tanto, clave también es *la insoportable levedad del ser*. Recordando a Milan Kundera, autor de dicha obra, debemos tener en cuenta que todo en la existencia es dinámico y cambiante. Nada permanece eternamente fijo. Todos nosotros debemos marcharnos del mismo modo en que hemos llegado. El Universo es un lugar maravilloso en el cual realizamos viajes evanescentes. Aparecemos y desaparecemos de ciertos planos. Ayudar al cliente a comprender y aceptar la constante cambiante realidad que le incluye totalmente es otro de los grandes objetivos que cualquier buen terapeuta debe tener presente en su trabajo diario.

También el Terapeuta debe practicar lo que me gusta denominar *la exquisita neutralidad del ser*. Esto va referido al hecho de que debemos ser absolutamente neutros cuando trabajamos con otra persona. No debemos poner en nuestra boca palabras que previamente no han salido de la boca del paciente. Debemos siempre preguntar por lo que significan algunas determinadas frases -o la expresión de un sentir- si realmente no está claro para nosotros. El paciente debe sentir claramente que todo lo que brota durante su regresión -difícilmente asumible para la mente lógica y racional- ha surgido de verdad desde su propio interior sin el condicionamiento del Terapeuta.

Si realmente deseas ser eficaz y no tienes miedo a ningún tipo de juicio, dado que respetas todos estos principios que estamos resumiendo en este capítulo, no tendrás inconveniente alguno en realizar *la grabación de la sesión*. Es fundamental hacerlo, ya que ayudará al consultante a depender de forma mínima del Terapeuta y se fomentará al máximo su autonomía e independencia. Todos mis pacientes reciben dicha grabación después de su sesión y les pido que la oigan todas las veces que sea necesario para sacarle el mayor provecho posible a la misma. Solo después de haber hecho ese trabajo les permito solicitar una nueva cita. Sé que hay Terapeutas que no graban sus sesiones y es totalmente respetable. Desde una Psicología Académica podría ser hasta aconsejable o necesario, pero no es el caso con la Psicología del Alma -con la Psicoterapia Regresiva vista desde esta óptica- dado que es la Sabiduría Superior del Alma del Consultante la que aporta la solución y no el propio Terapeuta.

En estos momentos de gran avance en el aspecto tecnológico se ha facilitado todavía más la asimilación de las revelaciones del Alma durante las regresiones. Adquirí una aplicación que me permite ofrecer un nuevo servicio a mis clientes: *la transcripción de la sesión* en documento escrito. Es un complemente valiosísimo de gran valor y eficacia. El Consultante tiene la posibilidad de recibir unas transcripción literal de todo cuanto ha acontecido durante la sesión. Tiene la posibilidad de leer un capítulo auténtico de la trayectoria de su Alma. Estoy solicitando a mis Consultantes que ordenen dicha transcripción (está en prosa) y que separen en los diálogos la parte que corresponde al Terapeuta y la Suya. El feedback que estoy recibiendo es muy positivo. Asimilan mucho mejor la sesión y se fomenta aún más su autonomía e independencia del Terapeuta.

Alma - Miedo a la Muerte

Sobre la Consultante

Alma es una niña de 8 años de edad. Su madre se está formando como Terapeuta Regresiva y acude a consulta porque tiene algunos miedos que desea superar, entre ellos el miedo a la muerte.

Transcripción de la Sesión

Sesión On-Line, 11 de mayo de 2023

TERAPEUTA (T): Hola Alma, ¿has tenido tres sueños malos?
ALMA, CONSULTANTE (C): Sí, yo estaba en un barco y tenía miedo a los tiburones y de repente, vino un megalodón (tiburón gigante ya extinguido) y se comió el barco y a toda la gente que estaba en él.
T: ¿Algún sueño más?
C: En otro, tenía miedo a los volcanes y de repente un volcán explotó, pero al final fue bueno.
T: ¿Cómo es bueno para ti?

C: Cuando explotó el volcán yo intentaba huir y me fui a un bar cuando aparece un duende de la lava y me dice: "tranquila, a ti no te puede pasar nada porque estás en un sueño" y le dije a mi padre que estaba acercándose la lava.

T: ¿Y el tercer sueño?

C: Estábamos en una clase en el colegio y me cogió una bruja y me llevó a la clase de las brujas. De repente, viene mi madre y me dice que está con otra familia y aquí se acabó el sueño porque sonó el despertador.

T: ¿Tienes algún otro problema que no sea los del sueño?

C: No (a continuación, interviene su madre).

MADRE (M): Tiene miedo.

C: Algunas series me dan miedo. Por ejemplo, ahora estamos viendo "Alice" y cuando está con los ojos de color lila, me tapo con la manta (obsérvese que aquí habla en plural).

M: Ella tiene miedo a estar sola.

C: ¿A estar sola?, ¿ya no?

T: ¿Algún otro miedo?

M: Le tiene miedo a la muerte.

T: Entonces, ¿lo del miedo a la lava y a que te coma un megadolón es porque tienes miedo a la muerte?

C: Es que, si llega la lava, te mueres. También tuve una cosa que estaba yendo en dirección a mi cuarto y vi como una cosa, una sombra negra que pasaba de pared a pared. Y por mi cabeza pienso, voy a mirar a ver si está otra vez en el lavabo. Miro y se está yendo. Estaba en el lavabo.

T: ¿Qué forma tenía esa sombra?

C: Era muy delgado con las piernas muy largas, el pelo muy raro, las manos muy largas y muy delgadas y tenía gafas.

T: ¿Cuándo viste esa sombra, Alma?

C: Hace poquito.

T: ¿Alguna otra cosita que te preocupe y que no me hayas dicho?

C: No.

Ahora con un lenguaje asequible a su edad le ofrezco una serie de explicaciones para que Alma se preste más a realizar la sesión. Ella está familiarizada con la Terapia Regresiva gracias a su madre. Ella acepta hacerlo con sus ojos cerrados.

T: Ahora, gracias a tener los ojos cerrados, te van a comenzar a venir algunas cosas de tu alma. Pueden ser pensamientos, sentimientos o imágenes. Permítele imaginar todo lo que quieras y cuando te venga algo, dímelo. Incluso, si quieres puedes hacerlo de forma divertida, ¿vale?

C: Sí.

T: Si te sale algo que te de miedo no pasará nada malo para ti porque estoy aquí con tu mamá y podremos trabajar ese miedo para que lo superes y así ya no tengas que sentirlo más, ¿de acuerdo?

C: Sí.

T: Cualquier cosa que te venga a tu cabecita me lo dices, aunque parezca una tontería o una locura, ¿vale?

C: Sí.

En este momento, utilizamos unos minutos para que Alma se acomode en la cama y aprovéchanos para ajustar todo lo relativo a la imagen y el sonido. Alma decide que desea hacer la sesión ella sola y prefiere que su mamá se ausente de la habitación en la que se encuentra. Esto no suele ser habitual con los niños.

T: Muy bien, ahora cierra tus ojos preciosa. Vas a empezar a imaginar algunas cosas que tienen que ver con los miedos que deseas superar. Retrocede en el tiempo a una experiencia anterior y dime lo primero que te venga a la conciencia.

C: Lo que me pasó es que se fue y lo primero que me ha venido a la cabeza es que no sé.

T: No importa, imagina lo que quieras libremente y dime, ¿cuáles son tus primeras sensaciones?
C: Estoy volando.
T: Uno, dos, tres. Eso es. Dime lo primero que venga a tu cabecita, las primeras sensaciones.
C: Estoy volando.
T: Muy bien, ¿y qué pasa mientras estás volando?
C: Estoy libre y siento cosas en los pies.
T: ¿Qué sienten tus pies?
C: Madera.
T: Muy bien, siente la madera y dime, ¿qué más ocurre ahora?
C: Que de repente me llega un unicornio.
T: ¿Qué aspecto tiene?
C: El cuerno lo tiene dorado, su piel es rosa y sus alas amarillas.
T: Permite la experiencia, ¿qué más ocurre con el unicornio?
C: Que le tiran una flecha.
T: ¿Quiénes le tiran la flecha?
C: Humanos a los que no les gusta la magia.
T: ¿Qué más está pasando?
C: Que yo me enfado con los humanos.
T: Muy bien, siéntelo profundamente y avanza en esta experiencia, ¿qué ocurre?
C: Se dan cuenta, tengo mucho miedo y me matan.
T: Muy bien, ahora con tu imaginación, vas a retroceder al instante previo a cuando te van a matar, ¿qué está pasando antes de que te maten?
C: Reaccionan como cuando los humanos tienen magia.
T: Avanzan lentamente, ¿qué más?
C: Los miro con los ojos de colorines.
T: ¿Cómo es eso para ti?
C: Con mis ojos de colorines tenía magia y en cada uno de su color tenía algo.
T: ¿Tus ojos son de colorines y tienes magia en ellos?
C: Sí.

T: Muy bien. ¿Y cómo son los ojos de los humanos?
C: Negros.
T: ¿Y qué te transmiten esos ojos?
C: Maldad.
T: Avanza, ¿qué más está pasando?
C: Les digo que no me maten, pero uno coge la flecha de un bolso que tiene detrás de la espalda y la prepara y me la tira.
T: ¿Qué más está ocurriendo?
C: Es cuando matan al unicornio.
T: Muy bien, permítete vivir todo esto a cámara lenta, ¿qué más ocurre antes de que os maten?
C: Están a punto de disparar la flecha... lo hacen ahora... disparan hacia el unicornio... la flecha lo traspasa totalmente...
T: ¿Cómo traspasa la flecha al unicornio?
C: Dolorosamente... y me alcanza también a mí.
T: ¿Qué sientes en el momento que te alcanza la flecha?
C: Miedo.
T: ¿Cómo es esa energía de miedo?
C: Con cosquillas en la barriga.
T: Muy bien, imagínate que puedes sentir todo esto de nuevo, ¿por dónde te entra la flecha?
C: Por el ombligo.
T: Sigue imaginando y siente cómo te alcanza la flecha por el ombligo... eso es... fíjate, cuando sientes el miedo y esas cosquillas en la barriga, ¿de qué color es esa energía?
C: Dorada.
T: ¿Qué más sientes cuando te alcanza la flecha?
C: Más magia negra.
T: ¿Qué siente tu cuerpo en este momento?
C: Que ya no tengo magia. Que no tengo poderes mágicos.
T: ¿Sientes algo más?
C: Como una sensación de que no me gusta su intención de matarme.

T: Bueno, parece que te están matando en este momento, ¿cómo se está muriendo tu cuerpo?

C: Se van acumulando moscas, hormigas y gusanos.

T: Muy bien, retrocede a un momento anterior cuando todavía no han aparecido las moscas, las hormigas y los gusanos. Imagínatelo y vuelve al momento en el que te clavan la flecha y siéntelo, ¿cómo empieza a morirse el cuerpo?

C: Me clavan la flecha, le digo adiós al mundo y ya está.

T: Muy bien, ahora vas a retroceder y vas a volver a vivir la muerte de tu cuerpo. Siente como la punta de la flecha te alcanza por el ombligo. Imagínatelo y siéntelo todo muy lentamente como si te estuviera ocurriendo en este momento.

C: Me duele mucho.

T: Muy bien. Siente el dolor, ¿qué más sientes cuando sientes el dolor?

C: Que no me deberían hacer eso los humanos.

T: ¿Qué más sientes en este preciso instante?

C: Intriga por algo, pero no sé por qué.

T: Muy bien, ahora siente cómo tu cuerpo comienza a morirse, ¿hay alguna parte de tu cuerpo que dejas de sentir conforme tu cuerpo se está muriendo?

C: El dedo meñique del pie.

T: Avanza lentamente y no te mueras todavía, ¿dejas de sentir alguna otra zona de tu cuerpo?

C: Las piernas... los dedos de la mano... la cabeza...

T: ¿Cuál es la última parte de tu cuerpo que logras sentir antes de morir?

C: La barriga.

T: ¿Cuál es el último sentimiento que tienes antes de morir?

C: Tristeza.

T: ¿Y cuál es el último pensamiento?

C: Que como mascota el unicornio era muy guay.

T: Sigue avanzando lentamente hasta que tu corazón ya no late y tus pulmones ya no respiran. Cuando tu cuerpo esté muerto, me lo dices (pasa un cierto tiempo mientras Alma está experimentando la muerte de su cuerpo).

C: Ya.

T: ¿En qué posición queda ese cuerpo cuando se muere?

C: Así (lo explica con sus manos).

T: ¿Desde dónde estás viendo tú ese cuerpo muerto? (al decir "ese cuerpo" trato de ayudarla a desindentificarse del cuerpo físico y a prestar su focus de atención en su yo no físico).

C: Desde arriba.

T: Fíjate, ahora que desde arriba ves tu cuerpo muerto ahí abajo, ¿de qué te das cuenta?

C: De que me he muerto.

T: Oye, fíjate, te has muerto y sin embargo tienes conciencia de todo esto. Estás viendo tu cuerpo muerto ahí, ¿verdad?

C: Sí.

T: Y, sin embargo, ¿sigues siendo consciente de todo esto?

C: Sí.

T: Entonces, ¿hay algo de ti que no se ha muerto?

C: Sí.

T: Muy bien, ahora volverás a los últimos segundos de vida en ese cuerpo, justo antes de que se muera, y fíjate si hay alguna cosita que salga del cuerpo en el momento de morirse.

C: Sí, sale una cosa blanca.

T: ¿Qué dirías que esa esa cosa blanca?

C: Mi alma.

T: Entonces, ¿tú no estás muerta?

C: Está como si fuera un avatar.

T: ¿Cómo es eso para ti?

C: El avatar sale del cuerpo y me convierto en él. Mi alma era yo y el cuerpo muerto era el avatar.

T: Entonces, ¿lo que muere es el avatar y tu alma sigue viva?

C: Sí.

T: Entones, para que yo lo tenga claro. Tu cuerpo está muerto y tú estás viva en forma de energía blanca, ¿es así?

C: Sí, así es.
T: ¿dónde quedó el dolor?
C: En el avatar.
T: ¿Dónde quedó tu tristeza?
C: En el avatar.
T: Entonces, ahora que ya no tienes cuerpo, ¿te sientes bien?
C: Sí. Muy bien.
T: ¿Ya no te duele nada?
C: Nada. Ya no hay dolor.
T: ¿De qué te das cuenta ahora?
C: De que soy feliz.
T: Fíjate, ¿eres feliz a pesar de que tu cuerpo se ha muerto?
C: Sí.
T: Qué bien. Pues mira, avanza lentamente y dime, ¿dónde vas tú cuando el cuerpo se muere?
C: A mi casa, a ver a la familia.
T: ¿Vas a ver a tu familia que sigue viva en sus cuerpos?
C: Sí.
T: ¿Y se pueden dar cuenta de tu presencia?
C: Cuando las toco.
T: Entonces, a pesar de no tener cuerpo físico, ¿los puedes tocar?
C: Sí.
T: ¿Ellos pueden sentirte cuando los tocas?
C: Sí.
T: ¿Algo más que esté pasando?
C: Que me doy cuenta de que no me ven porque están metidos en sus cuerpos.
T: ¿Qué le ocurre a tu cuerpo muerto conforme va pasando el tiempo?
C: Que las moscas, las hormigas y los gusanos lo disfrutan comiéndoselo.
T: ¿Te duele cuando se comen tu cuerpo?
C: Nada.
T: ¿Qué ocurre cuando se comen todo tu cuerpo?

C: Quedan los huesos.
T: Imagina que pasan miles de años, ¿qué ocurre ahora?
C: Yo vuelvo a la tierra y recuerdo todo lo que pasó.

En este momento de la sesión, Alma necesita ir al servicio. Interrumpimos un momento la sesión y la reanudamos tras la pausa. Le indico que continúe con el mismo estado de consciencia que tenía justo antes del descanso. Todo sigue con normalidad.

T: Ahora vuelve al momento en que tu cuerpo se ha muerto y tú vas a visitar a tu familia con la forma de alma blanca, ¿qué es lo primero que haces?
C: Buscar a mi mascota, el unicornio y lo encontré.
T: ¿Y dónde encuentras al unicornio?
C: En el cielo.
T: Muy bien. Oye, ¿y el unicornio ahora también es como algo blanco, como un alma?
C: Sí.
T: ¿También de color blanco?
C: No, amarillo.
T: Entonces, ¿las dos almas os reunís en el Cielo?
C: Sí.
T: Y cuando acaba todo esto y os reunís en el Cielo, ¿de qué eres consciente sobre la vida?
C: De que volvió con nosotros; o sea, murió el que nos mató.
T: ¿Y qué más ocurrió entonces?
C: Nos volvió a matar... nos tiró otra flecha en el Cielo y volvimos a la Tierra.
T: ¿Con qué forma volvéis a la Tierra?
C: Volvemos a ser criaturas.
T: Muy bien. Oye, ¿cómo dejáis de estar en el Cielo para volver a ser otra vez unas criaturas en la Tierra?

C: Preguntándole a Dios que si puedo volver a la Tierra. Acaso que nos maten, que volvemos directamente.

T: ¿Qué te dice Dios?

C: No, en este caso Dios no me lo dijo y me mató.

T: ¿Quién te mata?

C: El mismo que nos mató en la Tierra (esta información cuadra con la visión que muestra Paramahansa Yogananda en su bibliografía en el sentido de que las almas inmundas que nos hacen daño pueden actuar en el plano físico y también en el plano astral).

T: Ah, bien. ¿Y cómo dejas de estar en el cielo para volver a un cuerpecito de nuevo?

C: Pues, estando en la barriga de una mamá.

T: ¿Cómo haces para entrar en la barriga de tu mamá?

C: Viniendo del cielo pasando por un tubo.

T: ¿Cómo es eso?

C: Bueno, hay muchos tubos y decidimos llegar por uno de ellos a la barriga de una madre cualquiera.

T: Oye, ¿y a qué se debe que tú estás en esta mamá y no en otra?

C: Porque hay miles y miles de tubos, hay miles y miles de mamás en la Tierra.

T: ¿Porque entras tú por este tubo a esta mamá y no te vas a otra?

C: Porque se llamaba igual que mi mamá anterior.

T: Ah, qué bueno. ¿Y qué es lo más que más te gusta de esta mamá?

C: De mi madre, o sea, de la María o de la que me ha tocado.

T: De la que te ha tocado ahora.

C: Que no bebe alcohol y que no fuma.

T: Muy bien. Oye, fíjate, ¿y cuando tú vienes a la Tierra y entras en la María? ¿Qué es lo que más te gusta de la María?

C: Su sonrisa.

T: ¿Qué te hace sentir a ti, la sonrisa de mamá?

C: Alegría.

T: Y en relación a la muerte de los cuerpos en la Tierra, ¿de qué eres consciente en este momento?
C: El alma sale, se libera y va al Cielo. No te duele nada y sigues viva, pero sin cuerpo y se está en paz y feliz y todo está bien.

Fin de la sesión.

Testimonio de María, madre de Alma

Este es mi testimonio como mamá de Alma. Ella se sintió muy bien con Carlos. Yo estaba en la habitación de al lado y la podía escuchar perfectamente. Ella es una persona tímida a la que le cuesta abrirse, pero a pesar de ello, la regresión fue muy fluida y dijo cosas muy bonitas.

Alma tenía más miedo a la muerte hará un par de años. Esta terapia le ayudó a entender que somos más que este cuerpo y que tenemos magia dentro, que fue lo que ella experimentó. Lógicamente, tiene un recorrido todavía pendiente de realizar, pero claramente le sirvió para darse cuenta de que seguimos vivos después de morir y eso seguro que le servirá, no solo para este momento de su vida, sino para siempre.

Sinceramente, creo que la regresión le sirvió claramente a mi hija Alma para vivir su vida con mucho menos miedo del que tenía. Realmente, mereció la pena hacerla.

Figueres, 2 de abril de 2025

Testimonio de Alma

Este audio es para hacer el testimonio de la terapia que me hicieron cuando tenía 11 años. La verdad es que en el momento de la terapia sentí como si volviera a vivir lo mismo y fue un poco duro para mí, pero la verdad es que me sirvió bas-

tante para poder afrontar las cosas y después de esa terapia poder avanzar y dejar eso atrás.

Es como que ya no les tenía tanto miedo a esas cosas y fue una experiencia que me ayudó bastante a poder superar lo que tenía que trabajarme en ese momento. La verdad es que me sirvió mucho.

Este es mi testimonio y me llamo Alma.

Figueres, 2 de abril de 2025

Beth, Problemas en el Cole

Sobre la Consultante

Beth es una niña de 9 años cuando acude a mi consulta por estar sufriendo algunos problemas con sus compañeros de colegio. Está familiarizada con la técnica al haberse formado su madre como Terapeuta Regresiva en mis clases. Hace tres años le realicé una regresión con éxito y esta es la segunda vez que trabajo con ella.

Transcripción de la Sesión

Cártama, 10 de enero de 2024

TERAPEUTA (T): Beth, muchas gracias por venir de nuevo a mi casita con mamá.

CONSULTANTE (C): De nada.

T: ¿Hay algo que te preocupe y que desees trabajar?

C: Tengo muchas cosas que hacer del colegio, además de las clases de piano, y me agobio mucho algunas veces.

MAMÁ (M): ¿Con quién te agobias?

C: Con Ramón, un amigo más o menos que es muy bruto y cuando sin querer nos tropezamos con él o estamos jugando y nos chocamos, él se pone como a dar patadas y dice: ¿qué haces?, y yo le digo: "ah, perdón, es que no te había visto" y se pone muy bruto.
T: ¿Te da patadas a ti también?
C: A veces.
T: ¿Son fuertes las patadas?
C: Juega al fútbol.
T: ¿Te duelen?
C: Sí. A veces.

Ahora le doy una serie de instrucciones a Beth antes de realizar la sesión. Oriento el trabajo con ella como si fuera un juego y le animo a utilizar su imaginación como lenguaje de su alma. La animo a permanecer con sus ojos cerrados y a que se permite sentir todo lo que su alma le vaya mostrando. Le pido que retroceda a una experiencia anterior en la que está sufriendo ese agobio.

T: Muy bien, sigue ahí. Dime lo primero que te venga.
C: Jugamos al pañuelito y viene Pablo, un amigo mío, y me llama "árbitra comprada, partido regalado". Es una cosa que a mí me hace gracia, pero cuando me lo dicen contra mí no me gusta y me molesta mucho.

Ahora hago retroceder a Beth a los instantes previos en que Pablo le va a decir esas cosas y continúo con la sesión.

T: Muy bien, avanzad lentamente y dime qué está pasando cuando todavía Pablo no te ha dicho eso.
C: Mi amiga Nina y Ramón se llevan muy mal y están discutiendo por quién va a ser el capitán y yo digo que Nina decida.

Entonces, discuten y se pegan patadas como siempre. Yo me enfado y les digo que paren, que es una tontería; pero como ellos son así, no puedo hacer nada.

T: Muy bien, repite esa frase última.

C: Como ellos son así, no puedo hacer nada porque no los controlo yo (obsérvese: añade que no los puede controlar y que esto puede tener relación con sus enfados).

T: Vete a los instantes inmediatos anteriores al momento en que te sientes enfadada y dime, ¿qué está pasando? (Beth guarda silencio).

C: Después de repetir lo mismo varias veces para que paren me quedo sentada porque, aunque se lo repita, no paran.

T: ¿Qué les estás diciendo exactamente?

C: Parar ya, que es una tontería, da igual. Si queréis podemos hacer lo mismo que te he dicho, lo de chicas contra chicos, pero no paran.

T: Avanza lentamente y siente el momento en el que empiezas a sentirte enfadada, ¿cómo reacciona tu cuerpecito en este momento?

C: Me dan ganas como de pegarles a los dos. Eso es, porque es una tontería lo que están haciendo.

T: ¿Qué más siente tu cuerpo?

C: Me quedo sentada en un rincón, me quedo encogida y no sé qué hacer.

T: ¿Qué piensas en este momento?

C: Como que estoy perdida y que no sé qué camino tomar (no puede controlar lo que está pasando).

T: ¿Qué más sientes en este momento?

C: Confundida.

T: ¿Algo más?

C: Nada más... esas mismas palabras se me repiten en la cabeza.

T: Retrocede a una experiencia anterior a esta en la que estás sintiendo cosas parecidas y dime lo primero que te venga a la conciencia.

C: Dos amigos míos mayores, Tasmín y Juan, se están peleando casi por la misma razón.

T: ¿Son muy mayores?

C: Tienen unos 11 o 12 años (en este momento Beth tiene 9 años). Tasmín es muy buena amiga y me trata muy bien y cuando se encuentra mal, yo siempre voy a consolarla y ella hace lo mismo conmigo.

T: ¿Por qué se pelean?

C: Pues que han dicho una tontería... no me acuerdo qué era... como que una aplicación era mejor que otra y también por el juego.

T: Muy bien. Y fíjate, avanza un poquito más y dime cómo empiezan ellos a discutir o a pelearse.

C: Empiezan a decirse palabrotas fuertes y hacen gestos con las manos.

T: ¿Qué se dicen?

C: No me acuerdo, y además no puedo decir palabrotas (en este momento se ríe).

T: ¿En qué momento comienzas a sentirte mal?

C: Cuando los intentan separar y vienen cinco profesoras.

C: Pues cuando los intentan separar, porque vinieron cinco profes a detenerlos y normalmente solamente viene uno y me siento confundida, porque al principio pensaba que estaban bromeando porque normalmente se dicen cosas, pero como de broma. En realidad, las palabrotas no se dicen de broma, pero se hacen como si se juega.

T: Muy bien.

C: Y por eso me quedo confundida, porque normalmente ellos nunca se pelean.

T: Y cuando te quedas confundida, ¿qué otra cosa sientes?

C: ¿Qué hago? Porque mucha gente se queda quieta porque se queda muy confundida... pero, ¿qué pasa? Sentimos miedo y a la vez, no. Algunos corren hacia las profesoras, pero están lejos y tardan en llegar.

T: ¿Y a qué se debe que acuden cinco profesoras para separarlos?

C: Porque los dos son muy fuertes y se tiran de los pelos sin parar. La primera profesora que llega intenta separarlos, pero no lo consigue. Hicieron falta las otras cuatro profesoras para parar la pelea.

T: ¿Todas son profesoras?

C: Sí, chicas, porque profesores no hay ninguno.

T: ¿Algo más?

C: Yo quiero separarlos, pero no me atrevo a meterme en medio, no sea que a lo mejor me hagan algo a mí o yo pueda hacerle daño a alguno sin querer y me pueden decir: ¿qué haces?, ¿qué quieres?, no es tu problema.

T: ¿O que te den un puñetazo o algún golpe sin querer?

C: Normalmente estoy acostumbrada.

T: ¿Acostumbrada?

C: Sí. Ramón siempre es muy bruto y una vez me partió al labio cuando me quedé a dormir el día de su cumpleaños porque me lo pidió varias veces. Levantó un palo y le dije que tuviera cuidado ya que me podía dar. Eso fue lo que pasó. El labio se me hinchó y se puso como una pelota de ping pong.

T: Y en ese momento, ¿qué sientes tú cuando te da?

C: Pues no quería llorar porque todos eran chicos excepto yo. Tenía la piel como colgando por dentro con un fuerte dolor. Se me puso todo morado. Era como una cicatriz aquí afuera y por dentro. Fue el 7 de diciembre y tardó dos meses en curarse.

T: Vuelve ahora a lo de Tasmín y Juan, cuando te sientes confundida ¿algo más?, ¿hay algún momento donde también te sientes agobiada o algo parecido?

C: Sí, porque en ese momento hay unas cien personas en el patio rodeando la pelea.

T: ¿Cuál es para ti el momento de mayor agobio o confusión?

C: Me agobio mucho cuando ya vienen las cinco profesoras. Una de ellas tiene que poner a Tasmín contra la pared para que se calme.

T: Y en ese momento, ¿cómo reacciona tu cuerpo físico?

C: Pasmada, totalmente pasmada.

T: ¿Qué más?

C: Me río un poco porque a veces me hace gracia, pero a la vez me arrepiento y también tengo furia porque se pelean por una tontería.

T: Toma consciencia de esa furia, ¿en qué parte de tu cuerpo la sientes?

C: En mis manos.

T: ¿Qué sientes en tus manos cuando sientes furia?

C: Pues como que me quiero desahogar, pero intento hacerlo no pegando.

T: ¿Cómo es eso para ti?

C: Cuando vamos a Estepona los fines de semana me desahogo golpeando un saco de boxeo y así me quito mucho peso de encima (ha aprendido a descargarse golpeando de esa forma).

T: Vuelve a la experiencia anterior y fíjate, ¿qué está pasando cuando te quieres desahogar, pero intentas no pegar?

C: Aprieto fuertemente mis dientes. Así lo hago cuando me enfado y la rabia se acumula más en mis dientes que en mis manos. Así me desahogo, aunque algunas veces lo hago como siempre se ha hecho, llorando.

T: Estas sensaciones de furia, rabia y de estoy pasmada, ¿las sientes en alguna otra parte de tu cuerpo o solo ahí en tus dientes?

C: En mis piernas porque aparte de que me llevan de un lado a otro todo el día, como que quiero pegar una patada.

T: ¿Cómo es esto para ti?

C: Mis pies y mis piernas son los que soportan todo el tiempo mi peso. Gracias a ellas puedo caminar. Hay personas que no pueden hacerlo porque se las han cortado por algún accidente.

T: Imagínate que ahora estás frente al saco de boxeo. Vete a un momento previo cuando tienes necesidad de desahogarte golpeándolo, ¿qué sientes?

C: Que después de esperar cinco días desde el lunes ya llega el fin de semana para poder desahogarme y quitarme todo ese peso de encima. Siempre estoy pensando en eso, entonces también es como otro problema.

T: ¿En qué lugar de tu cuerpo sientes todo ese peso?

C: En todo mi cuerpo. Es como que va subiendo. El lunes es un día que lo paso mal. Por ejemplo, aquí estoy calmada, aquí estoy muy enfadada. Y ahora mismo, como más o menos por la mitad del día, estoy así de enfadada.

T: ¿A qué se debe ese enfado que tú tienes ahí durante la mitad del día?

C: Porque es como mucho peso, lo del proyecto, lo del piano y los problemas del coro... me agobio mucho. Ah, y también me agobio porque en mi colegio estamos aprendiendo las tablas de multiplicar. Solo que me la tengo que repasar un montón de veces porque me la preguntan desordenadas. Por ejemplo, primero hacen como 1 por 6. Y ahora, sin esperártelo, te dicen 6 por 6. Y aunque ahora mismo ya me lo sé que es 36. Pero ahí me quedo atascada.

T: ¿Cuándo te lo sabes también te quedas atascada?

C: La mayoría de veces no. Pero a veces, sí.

T: Oye, y cuando te agobias con las tablas de multiplicar, fíjate, si tuvieras que darle alguna forma a ese agobio que sientes, ¿qué forma le darías?

C: Es que no lo sé, porque es mucho peso. No sé cómo apartarlo cuando tengo que entregar un trabajo para el próximo día y no sé cómo evitarlo.

T: Muy bien. Podemos intentar buscar una solución, ¿te parece bien?

C: Sí (como dudando).

T: Vale. ¿Tú tienes algún amiguito especial que sea...?

C: Nina., es mi mejor amiga.

T: Oye, ¿puedes imaginar un amigo o una amiga muy especial que no sea humano y que sea todopoderoso?

C: Los Médicos del Cielo.
T: Oh, qué bueno. Bueno, pues entonces vas a coger y vas a imaginar a tus médicos del cielo. Y vas a imaginar que eres capaz de crear un lugar muy maravilloso y mágico, ¿vale?
C: Sí.

Ahora le doy ciertas instrucciones para que libremente sea Beth quien imagine este lugar especial en el que se va a encontrar con los Médicos del Cielo. La idea es que se encuentre totalmente protegida y segura en ese espacio.

T: ¿Cómo es ese lugar?
C: Es un castillo de color rosa purpurina como una mezcla de todos los rosas que existen con el amarillo también.
T: Tú estás ahí, como ves, al principio, y ahora, al fondo de la sala, vas a invitar a que pasen, de manera mágica, a los Médicos del Cielo, ¿cuántos son?
C: Muchísimos... como unos 25 y uno de ellos parece el jefe. Es alto y tiene un cuerpo normal con barba y pelo corto blancos. Sus ojos son verdes, bien bonitos y brillan como los árboles.
T: ¿Cómo te comunicas con él?
C: De muchas formas.
T: ¿Cómo se llama ese médico?
C: Amadeus.

Ahora aprovecho para presentarme a Amadeus y pedirle orientación y ayuda para Beth, a la que instruyo para que esté abierta a las instrucciones que pueden llegarle.

T: ¿Te llega algo de Amadeus?
C: Ya lo tengo.
T: ¿Cuál es la solución que te ha dado Amadeus?
C: Muy raro, la muerte.

T: Ah, qué bueno.

C: Porque, aunque te mueras, tu espíritu está vivo y no te tienes que preocupar por nada (profunda enseñanza que recibe una niña de solo 9 años del mundo espiritual).

T: Pregúntale si tampoco cuando se pelean tus amigos.

C: Tampoco.

T: Pregúntale entonces si tú eres libre de decidir no enfadarte, no sentir rabia ni quedarme pasmada cuando te pasen estas cosas.

C: Que no.

T: Amadeus te dice que tú no eres capaz de hacer eso.

C: Y yo también lo pienso.

T: Ah, qué bueno, qué bueno. Espérate, espérate porque aquí está pasando algo raro. Me gustaría que le miraras ahora a Amadeus a los ojos, a ver si son los mismos ojos o han cambiado.

C: Siguen siendo los mismos.

T: Pregúntale por qué cree él que tú no vas a ser capaz.

C: Los dos pensamos lo mismo.

T: Vale, pero ¿por qué? Necesito una razón.

C: Porque es imposible no enfadarte en la vida. Porque en algún momento te tendrás que enfadar, sí o sí.

T: Muy bien, muy bien, pero, ¿podíamos decidir enfadarnos menos?

C: No.

T: Entonces eres una pobre niñita víctima del enfado que no puede evitar enfadarse cuando se pelean sus amigos?

C: Más o menos.

T: ¿Y vas a seguir siendo una pobre víctima toda tu vida?

C: No lo sé.

T: ¿Qué crees?

C: Eso ya depende del presente y del futuro.

T: ¿Y si dependiera de otra cosa?

C: No lo sé.

T: ¿Probamos?

C: Vale.

T: Ahora le voy a decir a Amadeus que se aparte un momentito, ¿vale?

C: Sí.

T: Y fíjate si hay otro médico que nos pueda ayudar en esta parte del ejercicio. Porque creo que Amadeus no confía demasiado en ti. Cree que tú vas a seguir enfadándote, me da la sensación, ¿es así?

T: No sé. Los dos pensamos lo mismo.

T: Precisamente por eso quiero ver si entre los Médicos del Cielo hay alguno que piense distinto, que crea que tú sí eres capaz de superar estas cosas. Si no encuentro a ese médico, creo que no podré ayudarte.

Ahora se produce un largo silencio. Esta información ha calado hondo en Beth. He probado a retarla y parece que algo está pasando. Forma parte de la estrategia que estoy improvisando en función a lo que está ocurriendo.

T: Beth, tú sabes que tus amigos son así y que tú no puedes hacer nada para evitarlo, ¿cierto?

C: Sí.

T: ¿Te imaginas que tú aprendieras a permitir que tus amigos se peleen sin intervenir?

C: No, no.

T: ¿No te lo imaginas?

C: No sé cómo hacer.

T: Bueno, vamos a probarlo ahora solo con la imaginación, ¿vale?

C: Sí.

T: Imagínate que vas a presenciar una pelea entre cualquiera de tus amigos, ¿quiénes son los que se van a pelear ahora?

C: Ainara y Nina

T: Bien, ahora imagina la pelea. Recuerda que no es real en el ámbito físico, pero sí en el de la imaginación, solo la estás imaginando, ¿vale?

C: Sí.

T: Venga, se están peleando. ¿Qué está pasando ahora entre ellas?

C: Que Nina le cuenta sus cosas a Ainara y ésta se las cuenta a los demás. Entonces ellas se enfadan y se pelean.

T: Ahora, permite la experiencia hasta el momento en que están totalmente enfadadas. ¿ok?

C: Sí, ya.

Beth me cuenta con todo detalle el momento más álgido del enfado entre ellas. Prosigo con mi trabajo haciéndole sentirlo todo muy profundamente.

T: Muy bien. Y ahora vas a imaginar que tú no te vas a enfadar. Las ves a ellas dos muy enfadadas. Esto, lo otro, qué tal, que hay que ver qué le has contado, que yo te dije que no. Todas esas cosas que se digan, ¿vale?

C: Sí.

T: Y ahora tú, con tu poder, vas a decidir que no te enfadas.

C: Igualmente, no me enfadaría (esta respuesta resulta sorprendente en este momento).

T: Muy bien, ¿y cómo has conseguido no enfadarte?

C: Porque eso es lo que quiero que pase en la vida de verdad. Nina y Ainara son mis mejores amigas, pero desde que sobornó a Ainara, ya no es mi mejor amiga. Bueno para mí ella sí lo es, pero yo para ella ya no.

Ahora pretendo empoderar más a Beth para que lo consiga en su vida cotidiana y acudo de nuevo a los Médicos del Cielo para solicitar un médico más adecuado a sus necesidades.

T: Mira a los médicos del cielo y dime si hay alguno que crea que tú puedes conseguir no enfadarte cuando te pasen estas cosas con tus amigos. Yo creo que sí puedes conseguirlo, pero necesito la ayuda de un médico que también lo crea así.

C: Ya tengo uno (la propuesta parece estar funcionando).

T: Bien, ¿cómo se llama este médico?

C: Ummm...

T: Si no sabes el nombre, tú le puedes bautizar con un nombre. Le puedes llamar como tú quieras.

C: Pasado.

T: ¿Pasado? Oh, qué bueno. ¿Se llama Pasado?

C: Como el pasado.

T: Qué bueno, qué bueno.

C: Porque es muy antiguo.

T: Ah, qué bien. Entonces es muy sabio. Si es muy antiguo, es muy sabio. Y además fíjate porque todas las peleas que tú has vivido ahora mismo ya pertenecen al pasado, ¿verdad?

C: Sí.

T: Y todos los enfados que tú has tenido hasta ahora también pertenecen al pasado, la rabia, el sentirte perdida o confundida ¿verdad?

C: Sí, todo eso pertenece al pasado.

T: Maravilloso, pues el Dr. Pasado es el Médico del Cielo más adecuado para ayudarte en este momento de tu vida. Por cierto, ¿qué aspecto tiene?

C: Pelo largo y barba lisa y larga de color negro.

T: ¿Hay algo en él que te llame la atención?

C: Tiene una marca del infinito en su frente.

T: Seguramente es una marca de su sabiduría ya que él es muy antiguo, ¿puede ser?

C: Sí y sus ojos son como el arcoíris.

T: Impresionante, como el arcoíris. Este médico es sabio de verdad. Él tiene la fórmula y te va a enseñar algo que la mayoría de las veces te va a funcionar y vas a conseguir enfadarte cada día menos hasta que consigas estar tranquila, ¿de acuerdo?

C: Sí.

T: Recuerda que te has acostumbrado a enfadarte cuando suceden esas cosas pero que ahora vas a aprender a no hacerlo y que, a veces, las cosas se cambian poco a poco. Así que, si te vuelves a enfadar en una futura pelea, no pasa nada. Será como un recuerdo del pasado, ¿vale?

C: Sí, vale.

T: A partir de hoy, con la ayuda del Dr. Pasado, vas a practicar algo nuevo que él te va a enseñar. Permítele que te diga cuál es la clave para que tú te enfades cada vez menos por las cosas de los demás hasta que consigas dejar de enfadarte.

C: Irme para otra parte, pero que después me cuenten lo que ha pasado para saber si era grave o no, pero tomármelo como una broma.

T: Muy bien, muy bien. Oye, fíjate si él tiene algún objeto mágico que te pueda entregar para que te ayude en esos momentos.

C: Ninguna cosa porque él siempre me está acompañando (respuesta sorprendente).

T: Estupendo, entonces, su presencia es tu mejor ayuda, ¿cierto?

C: Sí.

T: Entonces, a partir de ahora cada vez que se peleen o se enfaden tus amigos y te des cuenta de que comienzas a apretar los dientes, a sentir enfado o a sentirte perdida, en ese preciso instante tienes que pedirle ayuda al Dr. Pasado, ¿de acuerdo?

C: Sí.

T: En ese momento visualiza al Dr. Pasado, si tienes que cerrar los ojos un poquito lo cierras y te apartas un poquito de los amigos, ¿vale?

C: Vale.

T: Y cuando pase la pelea, diles a tus amigos que los quieres a los dos y que no te gusta que se peleen entre ellos, ¿te parece bien?

C: Sí.

T: Pero siempre pide la ayuda al Dr. Pasado y le coges la mano y que te acompañe cuando te retires de él, ¿vale?

C: Vale.

T: Esto que te digo es importante. A lo largo de la vida nuestros seres más queridos a veces se enfadan y se pelean. Si permitimos que esto nos afecte a nosotros es como si nosotros también nos enfadáramos por el enfado que tienen los demás. Realmente es un poco tonto todo esto, ¿verdad?

C: Sí.

T: Si un amigo le tira de los pelos a otro amigo, yo no tengo porqué hacer lo mismo. Si alguien insulta a otra persona, yo tampoco tengo que insultarla. Eso realmente no ayuda a mejorar nada y encima te perjudica a ti, ¿lo ves?

C: Sí, lo veo.

T: Muy bien, ahora fíjate si el Dr. Pasado está de acuerdo con lo que te estoy diciendo.

C: Sí, así es.

T: Entonces, el enfado que siente otra persona no es asunto tuyo y no tienes porqué contagiarte de eso. ¿cierto?

C: Sí.

T: Muy bien. Entonces pregúntale al Dr. Pasado si lo que piensa, dice, siente y hace otra persona es tu asunto o no lo es, ¿qué dice?

C: Que es asunto de esa otra persona.

T: Qué bueno. Esa es la verdad. Entonces, lo que tú piensas, dices, sientes y haces, ¿de quién es asunto?

C: Es mi asunto.

T: Muy bien, no lo olvides porque es muy importante y te va a ayudar a no enfadarte más por los enfados de los demás. Para que me quede claro, a partir de ahora, ¿de quién es asunto lo que tus amigos piensan, sientes, dicen o hacen?

C: Pues de ellos.

T: Muy bien, entonces a ti no te corresponde intervenir en las peleas de ellos. En vez de hacer eso, puedes hablar con ellos después de acabada la pelea, ¿vale?

C: Vale.

T: Porque tú no eres responsable de esas peleas ¿de acuerdo?

C: Sí.

T: Y, además, ahora tienes junto a ti al Dr. Pasado que siempre va a estar contigo.

C: Sí.

T: Maravilloso. Si te parece bien, en la próxima ocasión en que tus amigos se enfaden o se peleen, acuérdate de pedir en ese momento la ayuda del Dr. Pasado. Además, si lo necesitas, puedes pedirle a mami hablar conmigo, ¿vale?

C: Vale.

T: Muy bien, pues ahora antes de terminar elige un color, el color que más sientas en este momento, ¿cuál te viene?

C: El verde.

En este momento hago una armonización utilizando las características naturales del color verde y procurando que Beth sienta un amor profundo e incondicional por sus amigos y por sí misma, animándola a utilizar también esta energía verde para que le ayude en los momentos que ella lo pueda necesitar. Le refuerzo con esa energía todos los mensajes y enseñanzas clave que hemos trabajado durante la sesión. Ella comprende que todas esas cosas pueden ser el pasado y que es capaz de generar un presente bien distinto. Concluyo mi trabajo. Acabada la sesión, mantenemos un corto diálogo que se resume a continuación.

T: Bueno, Beth, cuéntame un poquito. ¿cómo han sido para ti todas estas cosas que has vivido durante la terapia?

C: Me ha gustado mucho porque al menos he tenido a alguien que me ha escuchado, aparte de mi mami. Y me he desahogado un poco.

T: Muy bien.

M: Porque hoy venía preocupada con la pelea, ¿verdad?

C: Sí.

T: Bueno, pues ya sabes, a partir de ahora tienes que recordar todo lo que te ha mostrado el Dr. Pasado, ¿ok?

C: Sí.

T: Beth, yo tengo ahora 62 años y he vivido muchas peleas y discusiones. Cuando era niño me pasaba igual que a ti. Me preocupaba por las peleas de mis amigos y me afectaban mucho. Sufría y lo pasaba mal.

C: Igual que yo...

T: Sí, exactamente igual que tú, pero con el paso de los años me di cuenta de que era una falta de amor hacia mí mismo. Me metí en peleas que no eran las mías y no podía arreglar nada. Ojalá hubiera tenido la ayuda de un Dr. Pasado como el que tú tienes ahora. Me hubiera ahorrado muchos malos ratos. Creo que tú eres muy sabia y amorosa y no vas a necesitar tanto tiempo como yo para dejar de enfadarte por el enfado de los demás. Tú sabes que en el fondo es una tontería y que antes creías que no podías evitar sentirte mal, pero ahora, con el amor y las enseñanzas del Dr. Pasado, sí sabes que lo puedes evitar y que ya no es necesario que te enfades tú también, ¿verdad?

C: Sí.

M: A que ahora no te molesta tanto lo que ha pasado. Ya es pasado.

C: Ah, ya es pasado.

T: Eso es Beth, una vez que termina la pelea es pasado.

C: Porque cuando, eso mismo digo yo, cuando cojo la goma y borro, y sin querer como que la dejo un poco sucia, digo, bueno, eso ya es pasado, eso estaba pasado.

M: Lo ha borrado y eso es ya pasado.

T: Y me ha encantado que el Dr. Pasado haya aparecido. Ese es el que te va a ayudar siempre.

M: Si era como tú, porque tú decías, tiene los ojos verdes y es como yo, claro.

T: El otro médico pensaba como tú pensabas antes y por eso sufrías innecesariamente, pero ahora ya puedes pensar de esta nueva forma, ¿verdad?

C: Sí.

T: Antes de acabar, recuerda que no hay nada ni nadie que te obligue a sufrir más tiempo por los enfados de los demás, ¿de acuerdo?

C: Sí.

T: Ni, aunque te lo diga algún Médico del Cielo que pueda estar despistado o equivocado, ¿vale?

M: ja, ja... (la madre se ríe).

C: Sí, es que ese médico estaba viejito y no comprende porque no es de una nueva generación.

T: Eso es, ese médico necesitaba al Dr. Pasado.

M: Era más sabio.

C: Porque él también era del futuro y del presente.

T: Claro, Pasado es su nombre. Bueno, a mí me parece que tú has hecho un buen trabajo y me encantaría que la próxima vez en que tus amigos se empeñen en pelear o discutir, me dijeras cómo reaccionaste. Pídele a mamá que me lo diga o dímelo tú, ¿vale?

C: Vale.

T: Muy bien, muchas gracias. Entonces, ¿te parece bien que cerremos ya la grabación?

C: Vale.

Testimonio de Eva, madre de Beth

Te escribo para dar mi testimonio como madre y terapeuta regresiva. Ha trascurrido más de 1 año desde que mi hija hizo su segunda regresión y había detalles del audio y de la transcripción escrita que no recordaba. Volver a oír la voz de mi hija me ha emocionado enormemente.

La implicación emocional durante la terapia en la que estuve presente acompañando a mi hija tal vez hizo que hubiese partes a las que no pude prestar la debida atención o que no fuera totalmente consciente de su importancia, tal como lo estoy haciendo en este momento presente.

Al igual que hacemos un estudio profundo del esquema de trabajo cuando nos estamos formando en esta disciplina; tras oír y repasar con tranquilidad el audio completo de la sesión con Beth, soy aún más consciente y puedo expresar con más seguridad que los terapeutas formados en terapia regresiva somos muy capaces de ayudar a las personas a integrar y sanar sus traumas presentes o pasados, al poder permitirles interpretar más sanamente sus emociones y todo su lenguaje, incluyendo en esta sanación, sin ningún tipo de duda, a nuestros niños.

Los niños son muy sabios y tienen una capacidad de expresión y una sensibilidad aún más desarrollada que los adultos y del mismo modo viven y expresan sus experiencias o sucesos y traumas con un lenguaje físico, verbal y emocional.

Es evidente que necesitamos a más profesionales especializados en terapia regresiva con el nivel de experiencia, sensibilidad y sutileza de entendimiento que nuestros jóvenes requieren, tanto en su etapa infantil como en su adolescencia.

Beth a día de hoy es una niña más fuerte y más segura de sí misma. Sabe enfrentarse a situaciones de enfado, rabia o frustración sin esconderse en sí misma, callárselas o interiorizarlas.

Tiene criterio propio y lo expresa sin miedos. Puede defenderse en caso de ser necesario sin que las ofensas o peleas de otros las convierta en propias o le afecten.

Como dijo el Maestro: cada uno somos responsables de nuestros pensamientos, nuestras palabras y nuestros actos

¡Un fuerte Abrazo Maestro!

Málaga, 14 de abril de 2025

Testimonio de Beth

Hola Carlos.

He escuchado un poco del audio y quiero decirte que ahora me siento mucho mejor que hace un año cuando hicimos la regresión. Al oír el audio soy consciente de que antes me quedaba calladita cuando sufría algunas situaciones y ahora me doy cuenta de que puedo afrontar mucho mejor las cosas y soy capaz de comentar las cosas directamente con la persona con la que tengo el conflicto. Soy capaz de decirle "para ya, que eso me molesta" y antes esas cosas no las hacía.

Te mando muchos besitos y gracias por haber hablado conmigo ese día.

Málaga, 14 de abril de 2025

Luna Kaory, una Historia del Pasado

Sobre la Consultante

Antes de comenzar la sesión, la abuela de la Luna, Mary-Chuy, me pone al corriente de ciertos aspectos.

MARICHUY (M): En una vida pasada, su mamá y ella eran brujitas. Eso lo vio mi hija en una regresión. Luna era mucho más poderosa, pero ella (su madre de ahora) era así como muy feliz, más despreocupada y como que eso le causaba problema a ella. Tenía como envidia y en una de esas, la envenenó y la mató porque se sintió ofendida por algo que en realidad era muy simple y leve. Luego en otra regresión, mi hija, Verónica (actual mamá de Luna), era el papá de Luna y era muy estresado y algo esquizoide. Entonces estaba ella con su mamá en la sala y brincaba continuamente, bajo el ruido de la tele (años 50 aproximadamente), y al no hacerle caso, el papá se disoció, salió, discutió y las ahorcó a las dos. Una vez una canalizadora le dijo que ella trae como muy fuerte una vida donde fue muy poderosa y todavía la tiene, por eso es su carácter de ella, porque siente eso todavía y no suelta esa vida. La canalizadora dice que lo mejor sería que le cerraran un poco las memorias para que pudiera disfrutar la niñez.

Transcripción de la Sesión
Sesión On-Line, 28 de diciembre de 2023

TERAPEUTA (T): ¿Luna habla normalmente o es que le da vergüenza de hablar conmigo?

M: Sí, le da vergüenza porque parece perico ella. Habla mucho y desde que tenía como tres, bueno, en cuanto empezó a hablar bien, de repente nos dice, ah, este, le dice a una tía, pues, mira Mónica, ten cuidado porque nos pueden atropellar. Acuérdate que ya nos atropellaron una vez y nos morimos. Pero tú no tenías a Ulises y yo no tenía a mi mamá. De repente nos suelta como chispazos o remembranzas de otras vidas. Luna está en el kínder hasta el siguiente año que le toca ir a la primaria, pero va a una escuela de regularización en la tarde, porque empezó a ir a cursos de verano, le gustó y ahí sigue. Ahí le enseñan muchas cosas, ella ya sabe poner su nombre, las letras y el significado de las letras. Está adelantada y ya le están poniendo trabajos de primaria y no de kínder.

T: Muy bien, Luna, entonces, ¿quieres jugar conmigo esta tarde?

M: ¡Dale pues, si vas a tener un premio conmigo! Si ganas, ¿eh?

T: Luna, ¿jugamos a recordar qué pasó hace mucho tiempo contigo?

CONSULTANTE (C): Sí.

T: Muy bien, entonces, para jugar a ese juego me tienes que hablar y contarme cositas. Y tú, si quieres, me puedes preguntar cosas a mí y yo, si quiero, te puedo preguntar cosas a ti. ¿Te parece bien?

C: Sí.
T: Me han dicho que tienes una voz muy bonita y por eso tengo ganas de escucharte, ¿qué has desayunado, Luna?
C: ¡Pan y leche!
T: ¿Calentita o fría?
C: Fría.
T: Luna, te vas a quedar ahí en la camita, ¿quieres estar sentadita o tumbadita?
C: Tumbadita.
T: Túmbate, cariño. Muy bien. Mira, si te parece bien, vamos a jugar un juego con los ojitos cerrados y utilizando la imaginación, que es algo muy bonito que tú tienes por dentro y que te puede ayudar a recordar las cosas del pasado. ¿Tú te acuerdas cuando tú tenías otra forma, un cuerpecito diferente?
C: Sí (Luna acepta y cierra sus ojos).
T: Qué bien, ¿te acuerdas cuando tú eras pequeñita?
C: Sí.
T: ¿Dónde estás cuando eres muy pequeñita?
C: En el zoológico.
T: ¿Cuántos añitos tienes?
C: Uno.
T: ¿Qué sientes ahora que estás en el zoológico?
C: Felicidad.
T: ¿Qué animales hay en el zoológico?
C: Hay cangus, un león, unos leones de agua, focas...
T: Muy bien, si es verdad para tu Alma, vas a retroceder a una experiencia de tu pasado cuando eres una persona con mucho poder y sabes hacer magia, ¿qué sientes ahora?
C: Placer... y agua.
T: ¿Dónde vives?
C: En la misma casa de antes.
T: ¿Hay algo que te preocupe o te de miedo?
C: Sí.
T: ¿De qué tienes miedo?

C: Yo siento que alguien me observa, siempre lo siento.
T: ¿Cómo es ese alguien que te observa?
C: Muy extraño.
T: ¿Cómo es extraño para ti?
C: Cuando mi mamá está en la sala y yo camino para mi cuarto.... mi mamá me está observando... pero no sé quién me observa si no está mi papá.... no sé si es un niño o un perro... o alguien...
T: Oye, ¿te gustaría poder hablar con ese alguien que te observa para ver qué le pasa por si le podemos ayudar y que no te moleste más?
C: Es que nunca me ha hablado, yo solo lo siento.
T: ¿Cómo lo sientes?
C: Siento que alguien me toca de los hombros, volteo para atrás y no hay nadie.... mi mamá está enfrente observándome... es como si fuera un alma o algo.
T: ¿Y qué crees tú que quiere ese alma que te observa? Igual le podemos ayudar.
C: Siento como que es un perro o un gato... no sé lo que es... siento que alguien me toca de los hombros, pero está parado en mi espalda... no sé si es un alma.
T: ¿Le quieres preguntar si es un perro, un gato o un alma? Pregúntale, ¿qué sientes que es?
C: Siento que es algo... tengo cámaras en la casa... mis papás bajan porque allá ponen las cámaras... cada vez que yo bajo y voy allá enfrente con unos amigos siento que alguien me observa... por eso me voy corriendo a la escuela.
T: ¿Qué sientes cuando alguien te toca?
C: Me siento rara.
T: ¿Quieres que te enseñe un truco para que ese alguien deje de observarte?
C: Sí.
T: La abuela y yo estamos contigo y te vamos a proteger totalmente, ¿vale?

C: Sí.

T: Muy bien, ahora te vamos a pasar una energía muy bonita con nuestras manos... así... (le muestro físicamente cómo lo estamos haciendo) ... testa energía tiene un color azul precioso... y ahora vas a llamar a tu animal preferido, ¿cuál es?

C: Un oso pandita negro y blanco.

T: ¿Es grande?

C: Los pandas son grandes y chiquitos, me gustan más los grandes.

T: Muy bien, eliges entonces al grande. ¿Tiene mucha fuerza y te protege muy bien?

C: Sí.

T: Muy bien, ahora te estamos ayudando la abuela, el panda y yo y puedes sentir toda esta fuerza contigo. Vas a imaginar que el panda está contigo y que le coges la mano... ahora, sin miedo, valiente, porque eres la niña más valiente del mundo, vas a hablar con esa alma que te observa y le vas a decir, ¿qué quieres? (Luna así lo hace). Ahora el alma del panda, sin palabras, te va a hablar y te va a contar lo que quiere... tú vas a sentir su respuesta en tu corazoncito y en tu cabecita... (de momento, Luna guarda silencio).

T: ¿Qué sientes tú que le ha ocurrido a esa alma para que esa Alma te tenga que observar?, ¿qué te dice?

C: No tengo miedo.

T: Muy bien, mira el alma de ese alguien y dime si es el alma de algún niño.

C: Sí.

T: ¿Es el alma de un niño?

C: Sí.

T: Muy bien, si no tienes miedo es posible que le puedas ayudar. Vamos a averiguar qué le pasó... pregúntale si le pasó algo malo (así lo hace Luna).

C: Sí.

T: Entonces, es posible que necesite tu ayuda porque tú eres una niña muy especial y tienes ahora la ayuda de la abuela, la mía y la del panda. Habla tranquilamente con el niño y que os cuente que le pasó.

C: Lo atropellaron necesitaba ayuda y quiso que lo llevaran al doctor, por eso me está siguiendo.

T: Fíjate, cuando lo atropellaron, ¿le ayudaron o lo dejaron abandonado?

C: Lo dejaron ahí.

T: ¿De qué color tiene sus ojos?

C: Grises.

T: Dile que nosotros le podemos ayudar, ¿quiere él nuestra ayuda?

C: Sí.

T: Pregúntale si tenía mamá y papá cuando le atropellaron.

C: A su mamá y su papá también lo atropellaron.

T: ¿El niño se murió cuando lo atropellaron?

C: Sí.

T: Pregúntale si se quedó atrapado allí y si está perdido o confundido.

C: Pues sí.

T: Entonces, ¿él te observa porque necesita de tu ayuda?

C: Sí.

T: Ahora, la abuela, el panda y yo te vamos a ayudar y con toda nuestra fuerza junta, sin miedo ninguno, vas a mirar con los ojos de tu corazón al niño y le vas a decir que venga, que nosotros le vamos a ayudar y lo vamos a subir al Cielo. ¿Te parece bien que le subamos al cielo para que esté allí con su mamá y su papá y todos juntos reunidos otra vez felices?

C: Sí.

T: Muy bien, ahora coge al niño y tráelo cerca de ti y empújalo lo más arriba que puedas, hacia el Cielo.... no dejes de empujarlo hasta que llegue muy arriba y se quede descansando con su mamá y su papá que le están esperando... y cuando esté con sus papás, dímelo (pasa un tiempo).

C: Ya.

T: ¿Se le pasó el miedo a ese niño?

C: Sí.

T: Y tú, ¿sientes... miedo?

C: No.

T: ¿Hay alguna cosita más que tú quieras recordar de hace mucho tiempo?

C: El zoológico... los changos... pero también otro que es mi favorito, el panda... que antes no lo vimos... fuimos al acuario... fuimos a la hojas de los pandas y no estaba...

T: Oye, ¿hay algo más que te preocupe o que te dé miedo, que quieras que nosotros resolvamos?

C: No.

T: ¿Está bien para ti?, ¿estás alegre y contenta de haber ayudado a ese niño que antes te daba miedo?, ¿sientes algún miedo?

C: No.

Ahora interviene la abuela que ha estado presente durante toda la sesión.

M: Ahorita estaba recordando que, respecto a esa vida, antes de que la viera mi hija, ella estaba platicando con una amiga mía que tiene medianidad (mediujmnidad)... oh, Luna, que no sé qué, y empezó a platicarle. Dice que antes ella era grande y su mamá también era grande... pero ella no es mi mamá... y yo subía y bajaba escaleras y hacía fiestas... yo traía zapatillas y un vestido negro largo. Entonces, más o menos así es lo que después vio y narró mi hija... de que sí, era en una fiesta donde estaban... y que ella dijo algo muy sencillo que no le gustó y la ofendió... pero como ella era muy sensible y se sabía muy poderosa, no toleraban que nadie hiciera la menor mofa de ella.... eso es lo que está recordando ahorita, de ese tiempo donde subía y bajaba escaleras.

T: Bueno, yo tengo un truco que me enseñó un mago y si quedó algo allí pendiente de resolver se puede solucionar con una goma mágica.

C: ¿La goma mágica?

T: Sí, es una goma que se mete en la memoria, y hace así... y lo borra todo... y se quedan los niños en paz, en paz, en paz total. ¿Te gustaría recordar aquella vez en que tú eras muy grande y mamá era muy grande también, y dejar todo bien, bien, bien borrado para que tanto mamá como tú seáis felices y estéis en paz, en paz y en paz?

C: Sí.

T: Vale, pues venga, cierra los ojos un poquito y recuérdame cómo era esa vida para ti. Dime qué pasaba, cómo eras tú entonces. Cuéntame, cariño.

C: Soy niña.

T: Muy bien. ¿Y cómo de grande te haces? (con su lenguaje no verbal indica que muy grande).

T: ¿Cómo es la casa en la que vives?

C: Es un departamento chiquito.

T: Oye, ¿y te gustaría borrar algunas cosas que te puedan molestar de ese pasado?

C: Sí.

T: Vale, pues entonces, yo te voy a dar por aquí la goma mágica. Te la paso. Tómala (me aseguro de que es así) ... eso es muy bien, ahora la goma te la pasas por aquí, por la cabecita y empiezas a borrar, a borrar todo, todo lo que te dé miedo... todo, todo lo que te preocupe... todo, todo lo que sea desagradable... eso es... muy bien... te sientes muy feliz... y ahora eliges un color... el que más sientas...

C: El color del panda.

T: Muy bien. Pues coge el color panda y te lo pones en la cabecita...

A continuación, hacemos unos ejercicios de borrado de todo tipo de energía que haya podido vivir con su mamá en cualquier momento de tensión o conflicto pasado... todo se hace con consciencia de amor y de perdón entre ambas almas... se intercambian energías hasta que se sienten bien las dos almas... Luna borra todo lo malo de su pasado con la goma mágica... se visualiza junto a su mamá sintiéndose plenamente feliz... me aseguro de que así sea antes de cerrar la sesión...

T: Pues ahora dile a esa niña que tú fuiste, que se hizo muy grande, dile, esa vida ya acabó. Díselo. Esa vida ya acabó... todo está bien... todo está en paz.... eso es... y ahora coge el color panda visualizas cómo te llenas de por dentro toda, toda... con ese color precioso... siéntete llena de color panda.... feliz y en paz... sabiendo que esa vida terminó y que todas esas sensaciones se acabaron... siento cómo todo eso acabó... siente que tú ahora eres una niña feliz, muy amada por papá, por mamá, por la abuelita, por todos tus seres queridos. Todos te quieren mucho.

(...)

T: Ahora le vamos a preguntar a la abuela si le parece que todo está bien.
M: Sí, está bien... muy bien... está muy chiveada... está muy bien.
T: Me siento muy orgulloso de Luna, abuela.
T: Luna, me siento muy orgulloso de ti, cariño. Te has portado súper bien, súper bien, súper bien. Dentro de dos o tres semanitas, si quieres, me cuentas cómo va, ¿vale?
C: Sí.
T: Hemos ayudado a ese niño que te observaba antes, que era un alma que se quedó allí porque le pasó algo terrible. Ahora está en el cielo con su mamá y con su papá. Tú también

has cerrado ese pasado y vas a ser una niña ahora sin miedo, muy feliz, muy contenta. Bueno, Luna, mi vida, nos vemos prontito si Dios quiere, si necesitas algo, ya sabes, me llamas con la abuela, ¿de acuerdo?

C: Sí.

M: Bueno, despídete de Carlos.

T: Un besito, un besito, Luna. Adiós, guapa. Adiós, bonita.

Perimer Testimonio de Verónica Citlalli López, mamá de Luna

Quisiera compartir lo que ha significado para mí, como mamá, vivir este proceso de Terapia Regresiva junto a mi hija. Ha sido una experiencia profundamente transformadora, no solo para ella, sino también para mí.

Desde el primer momento sentí que algo muy importante se estaba moviendo entre nosotras. Ver a mi hija conectar con partes tan profundas de su alma, expresar lo que sentía, lo que recordaba, lo que la asustaba... fue conmovedor. Pero también fue esperanzador, porque en medio de todo eso comenzó a sanar, a liberar emociones que venía cargando sin entender del todo.

Hemos tenido experiencias de otras vidas, donde compartimos historias muy difíciles. Nos traicionamos, nos hicimos daño, y entendimos que muchas de esas emociones seguían vivas en nosotras de manera inconsciente. Pero también nos dimos cuenta de que hoy tenemos la oportunidad de transformar todo eso a través del amor y la conciencia.

Me llenó de orgullo ver la valentía de mi hija, su conexión tan clara con lo sutil, su capacidad para soltar miedos y ayudar incluso a otras almas en su camino. Su mente se volvió una herramienta poderosa para sanar: con su color panda, su animal protector y su corazón tan puro, abrió un camino de luz para ambas.

Como mamá, no puedo explicar lo orgullosa que me siento de verla crecer de esta forma. Esta terapia me ayudó a comprenderme también a mí misma, a ver nuestras heridas compartidas con más compasión. Y me regaló una nueva forma de mirar nuestra relación: con más ternura, más paciencia y mucha más conexión.

Hoy la siento más tranquila, más fuerte, más libre. Y yo también. Esta experiencia nos unió profundamente, y siento que las dos estamos dando pasos firmes hacia una vida más liviana, más amorosa.

Gracias a la Terapia Regresiva, no solo recordamos: sanamos. Y eso, para mí, no tiene precio.

México, 7 de abril de 2025.

Testimonio MaryChuy, Abuela de Luna

Mi nombre es Mary Chuy Hernández, psicoterapeuta en Terapia Regresiva y soy abuela de Luna.

Luna es mi segunda nieta, solo tengo dos. Uno tiene 21 años y Luna actualmente 7 años. Ella es una niña extraordinaria, al igual que su madre, mi hija Verónica. Me di cuenta que ella estaba por encarnar, porque la soñé cuando aún no sabía de su existencia. Tras mi sueño pregunté a mis hijas (Tengo cuatro hijas y un hijo): ¿Cuál de ustedes está embarazada? - Ninguna me dijo nada. Y fue como un mes más tarde que me dice mi hija Verónica "Estoy embarazada".

Escuché llorar a Luna dos veces, cuando aún estaba en el vientre de su mamá, y a pesar de que estaban en otra ciudad distante; cada vez le llamé a mi hija, solo para comprobar que efectivamente, algo le había sucedido y había afectado a Luna. Cuando nació, su Numerología de vida en pareja arrojó puro número 9, que entre otras cosas significa culminación y cierre de ciclos. Fue años más tarde, cuándo mi hija hizo Regresiones a Vidas Pasadas, que entendimos el significado: Luna y su mamá habían encarnado juntas, al menos un par de veces y se habían hecho daño mutuamente, y aquí estaban nuevamente, con la misión de corregir errores pasados y perdonarse una a la otra.

Sé que no les ha sido sencillo al principio; sin embargo, y a raíz del trabajo Regresivo, Verónica ha sido más paciente con su hija, quien se mostraba con frecuencia dominante y exigente con ella. Y Luna, después de su propia Regresión y borrado mágico ha ido también tranquilizándose y asumiendo su papel como hija, y, además, ha podido llevar una vida más tranquila, enfocada en los actividades propias de una niña de su edad.

México, 10 de abril de 2025

Testimonio de la Consultante, Luna Kaory, a través de su madre

Mi hija Luna me ha compartido lo siguiente:

"Antes me daba miedo una sombra que no sabía si era un perro o un niño, y tenía un panda para ayudarlo a ir al cielo, y era un panda imaginario, en mi mente.

Y por fin ayudamos al niño a llevarlo al Cielo y me sentí muy bien.

He dormido bien después, me llevo mejor con mi mamá. A veces veo sombras en la noche, pero ya no me da tanto miedo porque mi mamá me acompaña y mi abuelita me ha explicado qué son esas sombras."

México, 12 de abril de 2025

Testimonio Final de Verónica Citlalli López, mamá de Luna

Ante este testimonio, como mamá, he observado varios cambios muy significativos. Mi hija ahora duerme mejor, ya no se despierta en la madrugada. En casa se siente una sensación de paz, de quietud, que se refleja tanto en ella como en mí. Luna está más tranquila, más segura de sí misma. A veces me comenta que aún ve figuras en las sombras, pero ya no le angustian tanto: tiene una luz nocturna, la compañía de su gatita, y cuando eso no basta, me quedo con ella hasta que se relaja.

Mi hija es diferente ahora, no porque haya cambiado su esencia, sino porque ha cambiado la forma en que ve la vida y enfrenta su día a día. Eso ha mejorado muchísimo nuestra relación. Ya no discutimos tanto, su carácter, aunque sigue siendo fuerte, ha suavizado su expresión. Ya no veo en sus ojos ese coraje de antes, que yo no sentía como suyo. Ahora se le nota más ligera, más en paz, y eso ha transformado por completo nuestra convivencia.

Definitivamente, la Terapia Regresiva ha sido una maravilla en nuestras vidas. Su efecto ha sido profundo, claro y muy real.

México, 14 de abril de 2025.

Marcos, Sensaciones en su Cuerpo

Sobre el Consultante

Marcos es un preadolescente de 12 años de edad. Sus padres están separados. Vive con su madre y la pareja de ésta. Tienen una buena relación familiar en esta nueva familia y la relación madre-hijo es de mucho amor y confianza.

Transcripción de la Sesión

Málaga, 7 de febrero de 2024

TERAPEUTA (T): Marcos, ¿por qué quieres hacer una regresión?

MARCOS, CONSULTANTE (C): Cuando veo personas o animales a los que les faltan las extremidades en alguna película o en alguna carnicería, a veces siento como que fuera yo a perder el brazo izquierdo y también las muñecas, pero menos. Siento dolores en los brazos, en las piernas, en las muñecas.

T: ¿Algo más?

C: Sí, quiero saber por qué me han hecho bullying. Empezó en la primaria, en segundo o tercero, cuando tenía unos 8 o 9 años, y duró unos 4 o 5 años hasta sexto de primaria.

Ahora le doy al Consultante toda la información necesaria para que comprenda bien lo que vamos a hacer. Le resuelvo en su lenguaje las dudas que le surgen y consigo finalmente su conformidad con lo propuesto. Se tumba en una colchoneta sobre el suelo y realizamos todos los preparatorios previos necesarios poder trabajar en buenas condiciones ambientales. Le explico los motivos por los cuales es mejor mantener los ojos cerrados durante toda la sesión y la ofrezco una serie de instrucciones necesarias que garantizarán el buen desarrollo de la sesión. Acabo esta parte del trabajo con el siguiente diálogo:

T: Te resumo. Hablarás en tiempo presente, me dirás directamente lo que te viene y no lo razonarás... retrocederás a una experiencia de tu pasado que está directamente relacionada con las cosas que te pasan, ¿cuáles son tus primeras sensaciones?
C: Me ha venido una imagen extraña de... ¿puedo hablar de personas?, ¿no?
T: Sí, siéntete libre para hablar de lo que sea.
C: Es una imagen extraña de mi amigo Mario... con una camisa blanca... tiene una cara súper rara y está hablando con alguien. Tiene el cuello doblado, como mirando para un lado, y los ojos hacia arriba... y la boca como si te hicieran una foto y te pillaran hablando en una posición extraña...
T: Permite la experiencia, ¿qué sientes?
C: Me hace gracia.
T: Ahora, confía en tu alma. Vas a ir a un momento donde estás sintiendo algo un poquito difícil y desagradable para ti que tiene que ver con estas sensaciones en las extremidades, con estos dolores en los brazos, en las piernas, en las muñecas, y con esa sensación de que vas a perder el brazo izquierdo. Lo primero que te venga me dice eso. Uno, dos, tres, eso es.

Dibujo de Marcos

C: Pues... me han venido... no sabía decirte porque también estoy sintiendo cosas en las piernas.

T: ¿Qué sientes en las piernas?

C: No sé... siento cosas raras y siento lo del brazo izquierdo, pero ahí a veces, cuando estoy durmiendo, siento las piernas, como si algo me pasara, y ahora me ha venido una imagen de... no sé, de... como si fuera un lobo o algo que me está cogiendo una pierna.

T: Muy bien, permite la experiencia, ¿qué está pasando cuando sientes eso en la pierna?

C: Siento las piernas un poco extrañas... como si se durmieran y a veces me dan como unos calambres. Bueno, calambres, que estoy moviendo las piernas. No sé si lo ves. Y me duele. Bueno, duele, no. Siento como un punzante dolor extraño. Bueno, no sé si es un dolor, pero siento algo en el talón de aquí de la pierna izquierda.

T: Eso, muy bien, permite la experiencia y fíjate, ¿qué siente tu pierna?

C: Siento como si un tigre... o algo, o lo que sea, me está mordiendo la pierna y me está arrancando trozos de carne de los gemelos de la pierna izquierda.

T: Siéntelo. Toma consciencia de esto y avanza lentamente, ¿qué más está pasando?, ¿cómo reacciona tu cuerpo?

C: Pues estoy en el suelo ahora mismo... soy un hombre... llevo pantalones y no veo nada... estoy intentando escapar moviendo la cintura.

T: ¿Qué más siente tu cuerpo?

C: Lo mismo... como si me hubiera vuelto a tirar y ahora estoy sintiendo algo en el pecho... me duele... me está mordiendo y sacando algo del pecho... de las costillas, por esa zona

T: Eso es, toma consciencia de todo lo que siente tu cuerpo en este momento y dime, ¿qué más sientes?

C: Dolor, mucho dolor... creo que ya no me muevo... creo que ya estoy muerto...

T: Fíjate, ¿late tu corazón y respiran tus pulmones?
C: No.
T: Eso, y fíjate, para estar seguro, ¿desde dónde ves ese cuerpo muerto?
C: Estoy viendo mi alma como si estuviera aquí... y estoy viendo... no me veo, no me veo bien la cara, ni el pelo, pero me veo todo esto... me lo veo... y ahora veo... se me ha venido a la cabeza con el pelo.... me falta la mitad del muslo... se me ve el hueso y tengo un agujero aquí (señala una parte de su pierna).
T: ¿Qué haces tú cuando te ves ahí junto a tu cuerpo muerto?
C: Me quedo mirándolo.
T: ¿Qué sientes en este momento?
C: Pues que todavía siento el dolor en el pecho, pero mucho menos.
T: Muy bien, ahora retrocederás a los instantes previos a tu muerte y vas a sentir cómo te van a devorar... dime lo primero que te venga a la consciencia.
C: Siento como me están comiendo... (aquí hace un resumen sentido de su muerte).
T: Avanza lentamente, ¿cuál es tu último pensamiento antes de morir?
C: Una chica bailando.
T: ¿Cuál es tu último sentimiento?
C: Tristeza.
T: Muy bien. ¿Algo más?
C: Sí, algo de amor... un poco... nada más.
T: Vete a los últimos segundos de vida en ese cuerpo... avanza lentamente... literalmente, ¿por dónde desconectas de ese cuerpo antes de estar ahí fuera?
C: ¿Por dónde salgo?
T: Sí, ¿por dónde sales?
C: ¿Mi alma? (es sorprendente que con esta edad ya distingue bien su alma de su cuerpo).
T: Sí, tu alma

C: Pues, mi alma sale desde aquí... noto cosquillas en las piernas y como que se sale por el lado de la rodilla.

T: ¿Cómo es tu alma cuando sale del cuerpo?

C: Como humo (es una de las respuestas más habituales en mis Consultantes).

T: ¿Tiene algún color?

C: Entre blanco y un poco de gris, muy poco y no sé... no estoy seguro si también es azul.

T: ¿Qué más hace tu alma?

C: Pues lo que se me ha venido a la cabeza, aunque no estoy seguro, creo que es que dejo de mirar a mi cuerpo. Miro a un árbol y como que me dirijo como si estuviera flotando o algo hacia esa zona y ya nada más.

T: Muy bien... ahora vas a volver una vez más a los últimos segundos de vida en ese cuerpo... sin la necesidad de sentir ningún tipo de sintomatología física... (le doy esta instrucción porque eso se ha trabajado suficientemente y ahora quiero que preste atención a otros factores diferentes) ... ¿qué más ocurre cuando tu cuerpo muere?, ¿qué animal lo está devorando?

C: Un tigre (la instrucción ha funcionado y ahora el Consultante experimenta toda la experiencia desde los ojos del Alma).

T: Eso es, sigue.

C: Y veo como que estoy en una posición y que a veces está mirando para allá. Tengo un brazo para arriba y otro para abajo y el tigre está encima mío y me está comiendo el estómago.

T: ¿De qué otra cosa tomas consciencia?

C: Pues soy consciente de que mi alma está por encima mía y me estoy viendo la cara ahora mismo. Me parezco bastante a un yo de mayor, solo que más blanco y con el pelo más rubio y soy consciente de que tengo un árbol detrás, pero no el otro, es como un árbol, varios árboles.

T: Oye, mira ¿Se puede tener conciencia de todo esto sin cuerpo?

C: Sí.

T: Entonces, ¿tu cuerpo está muerto?

C: Claro.

T: Sin embargo, ¿tú sigues teniendo conciencia de todo esto?

C: Sí.

T: Entonces, ¿de qué otra cosa eres consciente en este momento?

C: Pues de que un tigre se está comiendo mi cuerpo y estoy viéndolo.

T: Muy bien.

C: Me estoy viendo sin un espejo, vamos.

T: Oye, si estás viendo cómo un tigre se come tu cuerpo y eres consciente de todo esto, ¿significa que tú estás vivo o estás muerto?

C: Que mi cuerpo está muerto, pero mi mente y alma siguen vivas (esto es un descubrimiento y toma de consciencia impresionante para un preadolescente de 12 años. A partir de ahora, tendrá muy claro para toda su vida que él es mucho más que su cuerpo... por eso se lo hago repetir).

T: Repite eso.

C: Que mi cuerpo está muerto, pero mi mente y alma, o conciencia, sigue viva, solo que no está en un cuerpo físico.

T: Muy bien. Oye, entonces, lo único que se muere es el cuerpo, ¿verdad?

C: Sí.

T: ¿Y te parece una flipada de que quizás pueda permitirte el lujo de vivir el resto de tu vida que te queda como Marcos con la verdad que tienes sabiendo que nunca te vas a morir, que solo se va a morir el cuerpo?

C: Sí.

T: Está guay, ¿no?

C: Sí.

T: O sea, le pase lo que le pase al cuerpo, tú vas a poder seguir vivo eternamente. Y seguramente podrás volver a la Tierra muchas veces, podrás tener otra mamá como la que tienes ahora, ¿quién sabe si repites otra vez con ella?, no se sabe, pero está guay, ¿no?

C: Sí.
T: Avanza unos días y dime, ¿qué hace tu Alma una vez muere tu cuerpo?
C: Voy a un cementerio.
T: ¿Qué haces en ese cementerio?
C: Viendo un funeral.
T: ¿A quién están enterrando?
C: Eh, pues ahora me... pues supongo que... a mí, no sé.
T: ¿Están enterrando a los restos que han encontrado?
M: Mmm... (dudando).
T: ¿Quienes están en ese entierro?
M: Lo único que veo es a tres hombres... creo que son mis amigos... casi todos tienen el pelo negro... y hay una mujer.
T: Fíjate en ella, ¿quién es?
M: No lo sé, es la que vi bailando creo (parece que existe una clara conexión entre sus almas).
T: Ah, muy bien.
M: Tiene el pelo negro también (otra cosa en común).
T: Muy bien, retrocede a un período anterior en esa vida cuando nada de esto ha ocurrido y estás viviendo tu vida normal, ¿qué es lo primero que te viene?
C: Pues yo de ese cuerpo mío de niño, digo, ese yo del pasado de niño.
T: Sí, ¿cuántos añitos tiene ahí?
C: Unos ocho años.
T: Oye, ¿y tu familia?
C: Pues veo una madre.
T: ¿Qué aspecto tiene esa madre?
C: Pues tiene el pelo blanco.
T: ¿Sí? (es extraño que siendo él un niño, su madre tenga el pelo blanco).
C: Sí. Parece una abuelita, pero es mi madre.
T: Ve a algún momento en el que estés cerca de ella y sientas su mirada, ¿qué te transmite?

En este momento sucede algo interesante. El Alma del Consultante conecta directamente con su mamá de ahora (qué está presente en la sala). Todo indica que la madre de ahora también lo fue en aquella vida pasada.

C: Preocupación e interés.... pero... cuando mi madre, ¿la de ahora o la del pasado?
T: La del pasado... la del niño de ocho años de esa vida.
C: Es que cuando me has dicho siente su mirada... he sentido a mi madre de ahora.
T: Muy bien, pues toma consciencia de este sentimiento y de esa conexión entre esas dos mamás, la de esa vida y tu mamá de ahora. Ahora focaliza tu atención en la mamá de aquella vida y dime si realmente esa mamá es tu mamá o es tu abuela en esa vida. Dime lo primero que te venga.
C: Pues me ha venido una persona muy parecida a mi madre de pelo blanco, solo que tiene el pelo castaño.
T: Muy bien, y fíjate, ¿esa mirada que te transmite?
C: Me viene amor y odio.
T: Muy bien. Fíjate, ¿cómo son los ojos?
C: Normales, serios, pero no enfadados.
T: ¿De algún color?
C: Un castaño claro caramelo.
T: Conecta y siente profundamente esa mirada. Conecta con el Alma de tu madre en esa vida, ¿te resulta familiar?, ¿te recuerda a alguien?
C: Sí, a mi madre de ahora.
T: Ahora vas a ir a un momento en que tu Alma está viviendo algo con tu papá de esa vida, ¿Que te viene?
C: ¿Mi padre? Creo que no... no lo he visto.
T: ¿No te viene?
C: Me viene... me viene mi padre de ahora, pero un poco diferente... pero no me aparece en esa misma escena con mi madre ni nada.

T: Vete a cualquier otro momento de esa vida. Si hubo papá, te vendrá algo.

C: No.

T: Muy bien, ¿es posible que no tuvieras papá?

C: Sí, creo que no lo tuve.

T: ¿Tuviste algún hermano en esa vida? Si te viene alguien bien, si no, no pasa nada.

C: No lo sé. Me viene alguien, pero no estoy seguro si es mi hermano. Me viene un niño, pero no sé si es mi hermano.

T: Ok, no pasa nada. Fíjate si después de un tiempo fuiste a algún lugar o te quedaste por allí, apegado a aquella experiencia.

C: Fui a una colina.

T: ¿Qué más? Avanza.

C: Debajo se ve un pueblo y al lado mío se ve una montaña con el pico blanco.

T: ¿Ha pasado ya mucho tiempo? (es una pregunta para averiguar si hubo atrapamiento del Alma tras esa muerte violenta).

C: Sí.

T: Muy bien. Existe la posibilidad de que parte de tu Alma se quedara atrapada en aquella experiencia y que no fuese a ningún otro lugar. Visualiza un lugar muy hermoso para tu Alma donde te sientas totalmente seguro y donde no pueda ocurrirte nada malo. Cuando lo visualices, dímelo.

C: Mm... ya lo tengo.

T: Muy bien, Y al principio de ese lugar vas a situar a tu yo actual.

C: Sí, ya.

T: Tu yo actual al principio ¿vale?, y al fondo de ese lugar, vas a situar al cuerpo que murió atacado por el tigre. Aparte, vas a situar también al tigre. Y no puede pasarte nada, ¿de acuerdo? Realmente, el tigre te vio, te atacó y te comió. Él no sabe si eso es o no correcto, solo tenía hambre y si no come, se muere. ¿Lo sientes así?

C: Sí.

T: Ahora quiero que le hables al tigre y dile que no quieres tener nunca más miedo de él.
C: Pues justo me has dicho eso y estoy imaginando mi cuerpo aquí al lado y el tigre que me está mirando.

En esta parte del trabajo, instruyo al Consultante para que le diga ciertas frases al tigre, siempre que las sienta y las vea claras. Se transcriben todas juntas sin la repetición del Consultante para hacerlo más ameno.

T: Dile, tu instinto natural te llevó a matarme para comerme.... no me mataste por gusto, mataste para sobrevivir... pero me dejaste impregnadas en mi conciencia todas estas sensaciones sobre las carnicerías... la falta de extremidades... los dolores... esa sensación de que me vas a comer el brazo izquierdo... ahora soy consciente de que te comiste casi todo mi cuerpo hasta que dejaste de tener hambre... comprendo que mataras para comer, pero yo necesito sanar esta experiencia... y, aunque no lo sepas, te quedaste con una parte de mi energía...

Ahora, le hago volver a vivir al Consultante toda su muerte con la instrucción de que lo haga sin necesidad de reproducir ningún tipo de sintomatología física. Así puede vivirlo desde la mirada del Alma y ser más consciente aún de lo que hasta ahora no ha sido posible. Me confirma que con cada bocado literalmente se estaba quedando con una parte de su energía, pero no el resto. El Consultante recupera usando sus propias manos esa energía.

A continuación, le propongo un ejercicio de visualización donde siente cómo es capaz de reparar ese cuerpo devorado. Lógicamente esto no se hace desde un punto de vista físico, sino energético y de sentimiento. Recupera también toda la sangre perdida. Recuperar la sangre es importante en esta parte del trabajo, ya que representa una parte importante del Alma. Lo hace con su imaginación y sintiéndose como una especie de mago. Le doy instrucciones para que vaya sanando todo ese cuerpo de modo progresivo y sentido. El Consultante va experimentando una reconstrucción energética de todo su cuerpo de esa vida pasada y todo ello se va reflejando en su cuerpo de ahora. Finalmente, tras un diálogo profundo, acordamos que necesita experimentar un entierro digno para que el Alma se quede en paz. Así lo hacemos y manifiesta haberse quedado en total paz. A continuación, se reproduce un extracto de esta parte de la sesión.

T: Eso, y siéntelo como es un entierro digno... y ahora, vas a coger toda la energía... vas a acabar con los dolores que has sentido, la tristeza... todas esas sensaciones son valiosas.... todo lo vas a sacar de tu cuerpo y lo vas a elevar a la luz... eso es, saca todos esos dolores, todas esas sensaciones... tu cuerpo está completo, todo está en él, todo se encuentra en su lugar... visualiza y siente cómo desaparece el dolor y todas esas sensaciones... ahora, pregunta a tu cuerpo si se queda en paz (así lo confirma) ... y tráete a esa persona que fuiste a esta sala contigo...

Ahora viene otra parte del trabajo donde me aseguro que el Consultante sienta como todas esos fragmentos de su Alma que quedaron atrapados en esa experiencia vuelven a estar unidos y formando parte de una misma Alma... esto suele tomar unos minutos hasta que el Consultante confirma que así lo siente...

T: Y ahora visualiza que por fin coges toda tu energía y te vas a la luz... tómate el tiempo necesario... asegúrate de elevarte a esa luz... siente como ahora sí se cierra ese ciclo, esa experiencia... Bendice incondicionalmente es vida... siéntelo... ahora ya sabes de dónde procedía todo lo que has estado sintiendo en tu cuerpo de ahora... ya no tiene sentido que eso siga contigo... puedes dejarlo definitivamente en aquel pasado... (el Consultante va sintiendo y confirmando todo lo que aquí se va trabajando... el trabajo no avanza sin su pleno consentimiento... sin su confirmación).

T: Antes de terminar, elije un color, el color que más quieres.

M: Celeste.

T: Muy bien... siente esa energía del color celeste rodeándote totalmente por dentro y por fuera... siente como te alcanza y se expande dentro y fuera de tu cuerpo físico inundando también tu campo energético... siente como ese color celeste inunda de paz y tranquilidad a toda tu alma... siente cómo ahora eres capaz de comprender de dónde venía todo esto... siente que todo esto se cerró y que perteneció a ese pasado... a esa persona que tú fuiste... ya no tienes que arrastrar esas sensaciones ni esas energías en tu vida de ahora como Marcos... ¿lo sientes así?

C: Sí.

T: Estupendo, si en algún momento te viene el recuerdo, no pasa nada. El recuerdo es el recuerdo, ¿vale? Te puede venir una sensación, pero la realidad está cerrada. ¿De acuerdo, Marcos?

M: Sí.

T: Pues muchísimas gracias por esta bonita experiencia.

M: ¿Ahora puedo abrir ya los ojos?

T: Sí, puedes abrir los ojos.

M: ¡Ay! ¿Paz!

Marcos se muestra muy tranquilo y con mucha paz. A pesar de lo terrible de la experiencia que vivió en aquella vida, ahora está consciente y muy satisfecho de haber vivido todo esto.

C: Creo que viví en Asia.... y era muy parecido al yo de ahora... por lo tanto, algo me dice de que a lo mejor no era... creo que viví por esa zona... no sé, de Asia o el Himalaya, pero no era asiático. Era un inmigrante... de Europa y tú también (dirigiéndose a su madre), porque no me vi como un asiático.

T: Estabas en su vida... eras su madre.

LAURA (la madre del niño) (L): Sí, así lo siento... yo era su madre en aquella vida.

T: Sí, eso parece. Creo que eras su madre, pero debiste morir joven... por eso tu madre, la señora del pelo blanco, lo crio (la abuela del niño).

C: Sí, así era.

T: La madre murió cuando tú tenías muy poquitos años y el padre desapareció, no hubo, o murió.

L: Sí, claro.

T: No hubo padre. Si hubo padre, fue muy al principio nada más.

L: Claro.

T: Bueno, pues nosotros vamos a descansar, Marcos, ¿qué te ha parecido?

C: Bien.

T: Bueno, querías recordar alguna vida pasada tuya, ¿no?

C: Sí.

T: ¿Lo has hecho?

C: Sí.

T: ¿Ya sabes de dónde te venía todo esto?

C: Sí.

T: Bueno, recuérdalo... cuando te vuelvas al pueblo, circunstancialmente puedes volver a sentir la misma sensación, pero que sepas que ya está cerrado, que ya estás concluido. Lo normal es que con el paso del tiempo lo vayas dejando de sentir y no te vuelva a ocurrir nunca más, ¿vale?

C: Sí.

T: ¿Vale?, por lo menos ya sabes de dónde venía todo esto y fíjate qué cosa más buena... como alma, tienes un montón de años, ¿no?

C: Ya.

T: Has experimentado en tu propia carne una vida pasada y sabes que nunca te vas a morir. Y luego viviendo vibras y vibras y vibras... y fíjate, el amor tan grande que hay entre tu madre y tú... ya venís siendo madre e hijo de otra vida.

C: Yo me he ido a un crucero... un maldito tigre me ha comido y ya está.

L: Le encanta.... ve un montón de documentales... flipa con los animales... su Alma se siente atraído hacia ellos...

T: Mami (dirigiéndome a Laura), ¿quieres dar tu testimonio?, ¿cómo ha sido para ti?

L: ¡Oh!, me ha encantado, venga sí.

T: Mami, te puedes quedar aquí también si quieres, ¿cómo ha sido para ti ver así a tu hijo?

C: ¿Deberías decir algo? ¿Deberías decir algo?

L: Pues, primero me ha he sorprendido lo rápido que ha entrado en la regresión. Me he quedado sorprendida.

C: De hecho, me han venido un montón de imágenes del día a día, pero he pensado en otras cosas.

L: Sí, pero ha entrado súper rápido y después, la sensación de cómo lo ha vivido, todo lo que, cómo ha avanzado, lo que tenía, el efecto del alma. Y después, la parte de la sanación, súper importante, porque claro eso es lo más importante. Cómo se ha quedado tumbado... es sorprendente...

Primer Testimonio de Marcos

Hola, soy Marcos Urdiales Aguilar y Carlos me hizo una regresión hace algo más un año, cuando yo tenía 12, porque quería saber por qué sentía dolores en el cuerpo, en las muñecas, los brazos, el pecho y las piernas. La sensación que tenía era como si me arrancaran partes del cuerpo. Además, también quería saber por qué me habían hecho bullying.

Al hacerme la regresión pude comprender y resolver el porqué de los dolores que sentía. La experiencia fue bastante impresionante. La razón de sentir esos dolores era bastante interesante, ya que me había comido un tigre en una vida pasada.

En el momento en que me estaba haciendo la regresión, sentí dolores en las partes mencionadas anteriormente y la verdad fue bastante impresionante porque fue como volver a estar en aquel día, en aquel bosque y con aquel tigre, sintiendo el mismo dolor que ya había sentido antes.

Lo bueno fue que, aunque fue una experiencia bastante desagradable, porque tuve que volver a sentir todas esas sensaciones, la verdad es que fue bastante bueno vivirlo. La regresión me ha ayudado bastante. Eso es todo.

Torremolinos, 19 de marzo de 2025

Segundo Testimonio de Marcos

He leído la transcripción de la sesión y me han venido recuerdos que había olvidado relacionados con la regresión de cuando sentí las sensaciones y todo eso. Es curioso porque se trata de recuerdos nuevos que no me vinieron inmediatamente después de la regresión.

Durante la sesión, en esa vida, yo era rubio, pero no es verdad, ya que era pelirrojo. Me ha venido también que era irlandés y, curiosamente, la fecha exacta de los sucesos Era el inicio del siglo XX, 1901 me ha venido a mí. He investigado y creo que ya sé que el tigre que me mató era un tigre de Bengala. Además, creo saber qué tigre fue. En realidad, era una tigresa a la que llamaban "el tigre de Champawat". Se dedicaba a devorar hombres. Empezó a matar a la gente en esa época, entre finales del siglo XIX y comienzos del XX, en India y en el Himalaya. Creo que tiene que ser esa tigresa.

También he podido recordar después de la sesión que en esa vida yo me dedicaba a algo relacionado con la botánica, con las plantas y todas esas cosas. Vendía flores y recuerdo que eran violetas. De hecho, me vino una imagen mía de esa vida con un sombrero de paja y un saco en la espalda, agarrándolo con la mano.

Otra cosa que me ha venido es que, aunque no puedo recordar el nombre del pueblo en el que vivía en el Himalaya, sí me viene a la mente que empezaba por la letra k. Y, por último, me viene a la mente la persona que yo era. Tenía el pelo hasta el cuello y era un hombre de unos 21 o 22 años y con el pelo igual de largo o más, con un poco de pelusilla y con los ojos de color marrón oscuro y pelirrojo.

Torremolinos, 25 de marzo de 2025

Información Extra

Marcos me envía el siguiente mensaje, después de ofrecer su testimonio:

*"El **Tigre de Champawat** fue un tigre de Bengala hembra responsable de un estimado de 436 muertes en Nepal y el área de Kumaon, en Uttarakhand, India, la mayoría ocurridas en los últimos años del siglo XIX y primeros del XX. Sus ataques han sido listados en el Libro Guinness de los récords como el más alto número de muertes causadas por un tigre.*

La tigresa fue abatida en 1907 por el cazador Jim Corbett. Se descubrió que tenía rotos los caninos derechos, según Corbett, por un antiguo disparo, lo que le impidió cazar sus presas naturales y decantarse por los humanos. Corbett informó que aparte la lesión dental, la tigresa tenía buena salud y una edad entre diez y doce años".

Testimonio de Laura, madre de Marcos

Soy la madre de Marcos, Laura, y tengo que decir que me gustó muchísimo ver la regresión que le hicieron a mi hijo. Carlos es muy profesional y supo llevar a Marcos y hacerle entrar en regresión de una forma muy rápida y se conectó muy bien con su alma pudiendo resolver muy pronto lo que tenía que resolver como terapeuta. El resultado fue muy positivo, ya que Marcos ha dejado de sentir todo lo que sentía. Ha tardado un poco porque eso no es algo que sea de momento, pero sí que conforme pasaban los meses empezó a sentirlo menos y menos y ya no siente ninguna de las sensaciones que tenía antes: que le quitaban las carnes, y que le arrancaban miembros. Eso ya desapareció completamente. Fue una experiencia muy positiva para él y para mí.

Torremolinos, 25 de marzo de 2025

Martina, Agresividad Infantil

Sobre la Consultante
Antecedentes según María, madre de Martina

Martina es una niña de 7 años que acude a consulta con su madre. Atraviesa una situación emocional compleja. Muestra una fuerte negativa a asistir al colegio, reaccionando con agresividad llanto e intentos de huida. Tras un intento de huida del colegio por una ventana es llevada a Urgencias y derivada a la Unidad de Salud Mental Infanto Juvenil donde está ingresada durante 23 días.

Durante su estancia en el hospital muestra una fuerte dependencia de su madre, con miedo intenso a quedarse sola. El equipo profesional lo considera un problema comportamental relacionado con una supuesta falta de límites. Su entorno familiar es delicado: su madre ha atravesado una separación traumática y la figura paterna de referencia para Martina ha desaparecido de su vida (su padre biológico nunca estuvo presente). A pesar de varios ingresos, cambios de psiquiatras y tratamientos con psicofármacos desde abril, Martina no logra una adaptación escolar estable.

Aunque llegó a perder casi 8 kilos, actualmente ha recuperado casi todo su peso, pero sigue teniendo dificultades para volver al colegio. El centro educativo ejerce presión sobre la madre, que se encuentra desbordada y sin respuestas claras sobre cómo actuar.

Transcripción de la Sesión (Prolegómenos y Psicoterapia Previa)

Cártama, 4 de octubre de 2024

Antes de comenzar la sesión procuro ganarme la confianza de Martina y consigo que acepte cerrar sus ojitos a través de un juego al que vamos a jugar durante la sesión. Ella parece estar de acuerdo.

Los nombres ajenos al de Martina que figuran en este capítulo están cambiados para preservar el anonimato de esas personas.

TERAPEUTA (T): Hola Cariño, cuéntame, ¿qué te pasa?
MARTINA (C): Tengo miedo de que mamá no venga a por mí (se refiere cuando está en el colegio).
T: ¿Qué más te pasa?
C: Dolor de barriga
T: ¿Cómo es para ti ese dolor de barriga?
C: Como un pinchazo.
T: ¿Qué más sientes cuando sientes ese pinchazo en tu barriga?
C: Me pongo nerviosa y tengo ganas de pegar.
T: ¿A quién te gustaría pegarle en ese momento?
C: Al profe Jacinto porque es muy malo.
T: ¿Qué pasa con el profe Jacinto?
C: Que regaña mucho y que me castiga.

T: ¿Cómo te castiga?
C: Me pone de espaldas a la pared, pero me doy la vuelta y no lo hago.
T: Y si pudieras, ¿le darías una paliza en ese momento al profe Jacinto?
C: Sí.
T: ¿Qué sientes en ese momento?
C: Rabia.
T: ¿En qué parte de tu cuerpecito sientes ese rabia?
C: En la cabeza.

Durante la sesión Martina abre los ojos de vez en cuando y le animo a que los mantenga cerrados. Como no es capaz de mantenerlos cerrados mucho tiempo, le voy proponiendo diversos juegos y solicitándole de vez en cuando que los vuelva a cerrar. Es el único modo en que consigo que los mantenga cerrados el suficiente tiempo como para seguir profundizando en sus emociones y sentimientos.

T: ¿De qué color sientes que es la rabia?
C: Rojo oscuro.
T: ¿Tiene alguna forma?
C: No.
T: Oye, el pinchazo que sientes en la barriguita, ¿de qué color es?
C: Amarillo oscuro.
T: Vamos a tener que hablar con la rabia y con el dolor porque yo no estoy de acuerdo con lo que te hacen sentir. ¡Qué se creerán ellos! Y tú, ¿estás de acuerdo?
C: No.
MARÍA, MADRE DE MARTINA (MM): El profe Jacinto no es su profe y es con el que ella quiere quedarse toda la mañana. o con la señora Patrito, que es la directora.

T: Bueno, no sabemos lo que pasa, a lo mejor la ha castigado alguna vez o ocurre algo de lo que nosotros no somos conscientes, ¿a ti te ha sorprendido?
MM: Sí, lo que no le gusta es subir a su clase o que le regañen.
T: No te gusta que te regañen, ¿verdad? (dirigiéndome a Martina).
C: No.
T: Claro, es normal. A nadie le gusta que le regañen.

Hasta ahora, todo el diálogo se ha desarrollado con la mamá de Martina, ella y yo sentados en nuestras sillas. Ahora voy a preparar el terreno para que Martina acepte tumbarse en la colchoneta con sus ojos cerrados todo el tiempo y podamos hacer una terapia más profunda. Aprovecho para enseñarle un capítulo de mi libro "Terapia Regresiva Básica" en el que trato a una niña con problemas y le explico algunos aspectos clave del modo en que le pude ayudar. Así consigo que confíe todavía más en mí.

T: Bueno, Martina, te voy a explicar una cosita. Has visto el capítulo de mi libro y te he mostrado cómo ayudé a esa niña que venía de Italia con 6 añitos con tantos problemas, ¿verdad?
C: Sí.
T: Cuando vino esa niña se tumbó en esta colchoneta. Para que yo te pueda ayudar tú tienes que hacer lo mismo y mamá estará junto a ti. Cuando te tumbes podremos entrar dentro de tu cabecita y de tu barriguita porque dentro de ti están esas cosas de color rojo y amarillo oscuro que te están molestando, ¿verdad?
C: Sí.
T: Eso es, y yo quiero quitarte esas cositas para que tú puedas ir al colegio normal y corriente como cualquier niña, ¿vale?
C: Sí.

T: Vamos a ver, cuéntame, cariño, ¿cómo es tu relación con tu papá?, ¿lo ves?

C: Lo veo una hora y media.

MM: Lo ve poco, alguna tarde y de vez en cuando algún sábado, pero vuelve el mismo día; o sea, no duerme con él nunca.

C: Sí he dormido.

MM: Bueno, antes de que le pasara esto, durmió dos fines de semana, pero el asunto es que él tiene otra familia y las dos veces en que han dormido juntos, él estaba en casa de sus padres. No estaba con su otra familia y su otra hija.

T: Ok, Martina, ¿echas de menos a papi?

C: No (lo muestra con lenguaje no verbal. Al parece, según me cuenta la madre que se vieron poco durante la etapa anterior en otra provincia).

T: ¿Algo más que yo debería de saber y que no os haya preguntado?

MM: Martina tenía mucho apego con Marcos, mi última pareja a la que ha visto durante dos años en fines de semana. A él le gustan mucho los niños y Martina era su debilidad y ella lo quería mucho a él.

T: ¿Tienen contacto entre ellos?

MM: No, además la ruptura fue bastante fea y prefiero que no tengan contacto entre ellos.

T: Ok.

MM: Ayer sucedió algo extraño. Íbamos caminando las dos juntas y Martina quiso quedarse sentada en una piedra. Dijo que como yo la veía que ella se quedaba esperándome mientras yo subía caminando a la parte más elevada del terreno. No llevaba ni un minuto sentada en la piedra cuando, de repente, salió a correr gritando socorro, socorro, un hombre me ha preguntado qué hago yo aquí sola... y dijo que era Marcos y yo le dije qué cómo iba él.

C: Era parecido.

T: ¿Era un hombre de carne y hueso o un hombre que apareció en ese momento y luego desapareció? (trato de averiguar si es una presencia imaginada o sentida por Martina).

C: De carne y hueso. Se fue corriendo por el camino que nosotras vinimos.

El asunto no estaba claro y le hice a Martina algunas preguntas para ver si hubo realmente un hombre físico o no lo hubo. Según ella, sí lo hubo. El tema es que no podemos afirmar con total seguridad de que fue así o no. Cabe la duda de que realmente hubiese un hombre en ese momento. Parece ser que la madre y la tía de su madre sí vieron a un hombre, pero antes de comenzar a subir.

MM: Quién corría de verdad para abajo era yo cuando la oí gritando socorro y ella corría hacia arriba.

T: Martina, ¿Ha venido Marcos alguna vez a visitarte en tus sueños?

C: No, quien me despierta en mis sueños en mi hermano que tiene miedo porque se abre una puerta.

T: ¿Puedes aclararme eso?

MM: Tenemos una puerta delante de nuestra casa y con el aire algunas veces se abre sola.

T: Ah, comprendo. Se abre la puerta y a tu hermano le da miedo, entonces va y te despierta.

C: Sí, pero a mí no me da miedo. Yo no despierto a mamá y me quedo dormida de repente.

T: Ah, entonces a ti no te da miedo la puerta cuando se abre por el aire, pero a ti sí te da miedo cuando viene el pinchazo del dolor de barriga, ¿verdad?

C: Sí.

T: Cariño, ¿hay algún otro momento en que te de miedo?

C: Sí.

T: ¿Cuándo entras a la clase? (poco a poco voy poniendo sobre la mesa los miedos reales de Martina).
C: Sí.
MM: Los compañeros de Martina la animan, la abrazan y juegan con ella, por lo menos lo que he visto cuando yo he ido.
T: Cuéntame, ¿qué sientes en ese momento cuando te duele la barriga?
C: Pues que me duele más la barriga.
T: Muy bien. Ok, ok. Bueno, Martina, ¿estás dispuesta a tumbarte en la super colchoneta que tengo ahí en el salón y que yo te haga la sesión para ver qué está pasando con esa rabia y con ese dolor de barriga y a ver si te lo puedo quitar?, ¿vale? (Esto se lo digo en tono de broma y haciendo como payasadas verbales).
C: Sí.
T: Pues venga, vente para acá, campeona. Vente para acá, que eres una niña valiente. Es una niña super valiente.
MM: No pasa nada, hija (animando la madre a tumbarse).
T: Bueno, Martina, quítate los zapatitos y túmbate, cariño. Mami va a estar aquí a tu lado todo el tiempo.

Ahora traslado a Martina con un lenguaje muy coloquial, cercano y amistoso una serie de cositas que ella debe tener en cuenta para que la sesión sea lo más exitosa posible. Le explico cómo trabajo con los niños y la importante de tener sus ojos cerrados. Ella lo acepta.

T: Vamos a ver. Bueno, Martina, mira, te voy a contar cómo se hace esto con los niños, ¿vale?
C: Sí.
T: Martina, ¿tú eres capaz de estar un rato muy grande con los ojos cerrados?
C: Sí.

T: Entonces, mira, te voy a contar. Es mejor con los ojos cerrados porque cuando la niña o el niño cierra los ojitos le aparecen cosas que es bueno que aparezca para que yo me dé cuenta de lo que le está pasando y le pueda ayudar y quitarle lo que le está pasando, ¿vale?

C: Sí.

T: Entonces yo te voy a ir haciendo preguntitas. Tú vas a estar todo el tiempo con los ojitos cerrados. Vas a ser una niña muy buena, muy valiente y vas a estar con los ojitos cerrados. No tengas miedo de nada porque aquí está tu mami y aquí estoy yo, ¿de acuerdo?

C: Sí.

T: Y yo soy como si fuera... Ahora, pues no sé, no soy tu tío, pero podría ser tu tito Carlos. Tú te imaginas que yo soy un tito, ¿vale?

C: Sí.

T: Y que estoy aquí para ayudarte. O podría ser un abuelo, o podría ser, pues yo qué sé, un buen amigo, ¿vale?

C: Sí.

T: Un amigo mayor. Yo no tengo siete añitos como tú, tengo 63 años soy muy viejo, muy viejo, muy viejo, ¿vale?

C: Sí.

T: Martina, tú vas a estar con los ojitos cerrados. Yo te voy a estar haciendo preguntitas y todo lo que venga por tu cabecita, tú me lo cuentas, ¿vale?

C: Sí.

T: Y yo después voy a coger algunas de las cositas que están en tu cabecita. Las que sean buenas, las vamos a poner mejor y las que no sean buenas les voy a hacer así (muestro cómo con un lenguaje no verbal) y las vamos a hacer desaparecer como con magia, como si fuéramos magos (aquí al hablar en plural estoy incluyendo a Martina en su propia sanación).

T: Las vamos a hacer desaparecer para que ya no te tengan que molestar más, ¿vale?

C: Sí.
T: Y tú dentro de una semanita o de pocos días con mamá me vas a contar. Yo me voy de viaje el lunes a Holanda, pero tú me vas a contar cómo va, ¿vale? Y cualquier cosita que te pase, dile: mamá, que quiero hablar con Carlos y me llamas y hablas conmigo y yo te ayudo, ¿vale? ¿Hacemos eso?
C: Sí.
T: Pues venga, vamos a firmar eso. Dame un dedito (ahora al enganchar los dedos estamos haciendo un pacto energético entre sus conciencia y la mía. Es una forma de afianzar nuestra alianza y de darle más recursos a ella).

Transcripción de la Regresión propiamente dicha

T: Bueno, ahora sí, Martina, cierra tus ojitos y retrocede a la última vez que tú puedas recordar dónde estás sintiendo el miedo y el pinchazo en tu barriguita, ¿qué está pasando?
C: Lo siento aquí (se señala la barriga).
T: ¿Qué más sientes?
C: Miedo.
T: ¿Dónde estás cuando sientes el miedo y el pinchazo?
C: Con Patrito en su despacho.
T: Muy bien, vas a retroceder al momento en que estás a punto de sentir el pinchazo. Avanza muy despacio, ¿dónde estás?
C: En la clase.
T: Muy bien, sigue avanzando muy lentamente, ¿qué pasa justo en el momento en que sientes el pinchazo?
C: Que no va a venir mamá.

Es interesante lo que está pasando aquí. Un pensamiento es capaz de desarrollar un sentimiento, en este caso el miedo de que mamá no vaya a venir a recogerla.

T: ¿Dónde sientes esto?

C: En la cabeza.

T: Muy bien, tú piensas que no va a venir mamá y en ese momento empiezas a sentir el pinchazo, ¿es así?

C: Sí.

T: Muy bien, ahora fíjate bien en la energía que está en tu cabecita y dime, ¿hacia dónde va?; dime si esa energía se mueve y va a algún sitio. Fíjate bien, ¿es la misma energía del pinchazo o es otra?

C: Es otra.

T: Avanza despacito y siente ahora esa cosita que tú sientes cuando mamá no va a venir por ti; fíjate bien, ¿es esa la energía de la rabia?

C: Sí.

T: ¿y está en la cabecita?

C: Sí.

T: Oh, ¡qué bueno! ¿Y esa es la energía que es de color rojo oscuro?

C: Sí.

T: Muy bien. Ahora vete al momento en que empiezas a sentir la otra energía, la del miedo, la que después se transforma en ese pinchazo. Fíjate bien en ella, ¿cuándo empieza a aparecer ese pinchazo?

C: Cuando entro en la clase.

T: Muy bien, cuando entras en la clase sientes ese pinchazo en la barriga, ¿verdad?

C: Sí.

T: Muy bien, vete a ese momento, vívelo poco a poco y dime, ¿cómo va apareciendo ese pinchazo?

C: Entra despacito y luego más fuerte.

T: ¿Y el dolor cuándo empieza a aparecer, cariño?

C: Cuando estoy a punto de entrar a la clase.

T: Avanza lentamente y dime qué hace el dolor conforme tú vas entrando en la clase.

C: Que me da mucho más pinchazo.

T: ¿Qué sientes cuando te da mucho más pinchazo?
C: Cuando me pongo nerviosa.
T: Fíjate, ¿qué otra cosa pasa en tu cuerpecito cuando te pones nerviosa?
C: Que no va a venir mamá.

Ahora viene un momento clave en la sesión. Le voy a proponer al alma de Martina que vaya a una supuesta experiencia anterior donde le pudo haber ocurrido algo con su mamá. La instrucción será muy precisa: irá solo si ha ocurrido de verdad; en caso contrario, no.

T: ¿Eres capaz de utilizar tu imaginación?
C: Sí.
T: Muy bien, entonces irás con tu imaginación a un tiempo muy atrás a una experiencia antigua en el que, solo si es verdad para tu alma, irás a un momento donde quizás mamá no vino a recogerte. Dime lo primero que aparezca en tu cabecita, aunque parezca una tontería o una locura, ¿qué sensación te viene?
C: Los pinchazos.
T: Muy bien, vete a ese momento y fíjate bien, ¿cómo es tu cuerpecito en ese momento?
C: Muy gordo y muy grande
T: Avanza en esa experiencia de tu almita, ¿qué aspecto tiene tu cuerpo?
C: Soy muy alta.
T: ¿Cuántos años tienes en este momento?
C: 10 años.
T: ¿Sientes en ese momento nerviosismo y pinchazos?
C: No.
T: Oh, qué bueno, entonces, cuando tú seas más grande ya no vas a sentir pinchazos, ¿verdad?
C: No (aquí está la clave para la sanación de Martina).

T: Qué bien, qué bien, maravilloso, ¿Te atreves ahora a usar tu imaginación otra vez?
C: Sí.
T: Estupendo, imagina entonces que ya tienes 10 años y eres muy grande, ¿ya lo has imaginado?
C: Sí.
T: Muy bien, siéntelo. Eres muy grande y tienes 10 años, ¿tienes el pinchazo?
C: No.
T: Maravilloso, oye y la rabia de tu cabeza, ¿sigue ahí?
C: No.
T: Entonces, ¿ha desaparecido?
C: Sí.
T: Pero bueno, ¿esto qué es? ¡Qué bien lo has hecho! Cuéntame, ¿cómo lo has conseguido?
C: Con la mente.
T: Con la mente, ¡madre mía! Cuéntame, ¿cómo lo has hecho? Así yo puedo aprender también de tu mente.
C: He pensado que todo iba a estar bien y que no me iba a pasar nada.
T: Qué bien, qué bien. Repite eso.
C: Que todo iba a estar bien y que no me iba a pasar nada.
T: Muy bien, ¿usamos de nuevo la imaginación?, ¿estás dispuesta?
C: Sí.

Se lo repito varias veces al escribirlo en mis notas para reforzarlo en su mente de ahora. Voy a jugar con mi imaginación y con la de Martina en relación al tiempo a dar por sentado que esta consulta se realizó hace tres años y no en este momento. Es atreverse a ser capaz de desafiar lo razonable y lo lógico para expandir consciencia y adquirir nuevas habilidades y recursos a los que solo se puede acceder a través de la imaginación, lenguaje por excelencia del Alma.

T: O sea, que cuando tenías 7 años y eras más chiquitita fuiste a Málaga a la consulta de Carlos, ¿te acuerdas? Entonces no eras capaz de pensar que todo va a estar bien y que no te va a pasar nada. Por eso te pasaba lo que te pasaba, ¿verdad? Pero ahora que tienes 10 años has aprendido que con la mente eres capaz de quitarte el miedo y el pinchazo, ¿verdad? Bueno, pues entonces, mira, vamos a hacer ahora una cosita. Como tienes una alma muy bonita y dos ojos muy bonitos también que tienen mucha, mucha luz ¿que crees?; ¿qué no me di cuenta cuando llegaste?, ¿tú sabes que tienes mucha luz en tus ojitos?

Trato de potenciar el autoconcepto de Martina haciéndole experimentar nuevas sensaciones para logre superar los límites que su propia mente lógica y racional le impone.

T: Pues mira, vas a imaginar una cosa. Yo te voy a tocar una mano con mi mano (voy ejecutando el primer movimiento) y te voy a tocar la otra mano con mi otra mano (ejecuto el siguiente) y ya te toco las dos manos, ¿vale? Y vas a imaginar que ahora tú coges una gran energía muy potente y bonita con tu mente y la vas a llevar a tu barriguita y con tus manitas vas a poner ese energía en el sitio donde sientes los pinchazos (en este momento dejo de acompañar a la niña para que sea ella, con sus propias manos, quien haga la magia y se empodere a sí mima sintiéndose protagonista de su sanación). Eso es, eso es. Ahora escucha este sonido que va a potenciar todavía más el efecto de esta nueva energía (hago sonar un cuenco nepalí de grandes dimensiones que tengo en casa).

Martina está ejecutando muy conscientemente todos los movimientos que le he sugerido y está asumiendo que esa ella la que está protagonizando esta parte de su propia sanación.

T: ¿Te gusta ese sonido?
C: Sí.
T: Pues ese sonido te va a quitar poco a poco eso que sientes ahí, esos pinchacitos. Y vas a imaginar que traes a la niña de 10 años, a la Martina de 10 años. Tráela contigo. Tráela y métela dentro de ti. Mete a la Martina de 10 años dentro de ti. Métela aquí, te voy a tocar la cabecita. Mete ahí en tu cabecita la cabecita de la Martina de 10 años. Eso, siente como la Martina de 10 años está contigo. ¿De acuerdo?
C: Sí.
T: Y ahora fíjate, la Martina de 10 años le va a enseñar a la Martina de 7 años que no hace falta esperar hasta los 10 años.

Aquí adelantamos la experiencia tres años. Hemos viajado al futuro y de ese futuro hemos regresionado a la Martina de 10 años hasta la Martina de 7 años. Ella ha podido experimentar sintiéndolo de verdad su propio futuro. En realidad, se trata de una progresión, dentro de una regresión. Lo sanador es que la Martina de 7 años (la niña de ahora) siente y se ve capaz de sanarse a sí misma desde su propia persona de dentro de 3 años (la futura Martina de 10 años). La Conciencia no tiene límites y en Consciencia Expandida el límite no lo puede poner la mente lógica y racional, sin la propia Inteligencia Intuitiva de la Conciencia Superior de Martina o de cualquier otra persona.

T: Muy bien, sigue así, dile que ella, con sus 7 años, es capaz de manejar su mente y de pensar que todo va a estar bien y que no va a pasar nada. Díselo, díselo a la Martina de 7 años, cuéntaselo, cariño, tú tienes 10 años ahora, cuéntaselo. Díselo para que ella lo aprenda ahora. Dile que lo puede hacer ahora y que no tiene que esperar a que pasen tres años. Eso, díselo, díselo con palabritas, díselo con tus palabras.

C: Ya.
T: Eso. Y ahora desde la Martina de 10 años le vas a decir a la cabecita de la Martina de 7 años que también se puede quitar la rabia y esa energía de color oscuro. Díselo. Cuando se lo diga del todo, me lo dices.
C: Ya.
T: Muy bien. Y ahora le voy a hablar a la Martina de 7 años. Hola, Martina de 7 años. Te acaba de visitar la Martina de 10 años, ¿verdad?
C: Sí.
T: ¿Y te ha enseñado a quitarte el dolor de la barriga, los pinchazos?
C: Sí.
T: ¿Y a quitarte también todo lo que te pasaba en la cabecita?
C: Sí.
T: Bueno, qué bien, qué bien, que bien... Ahora vamos a ver si esto que te ha enseñado la Martina de 10 años se va a quedar contigo de verdad. Fíjate bien, ¿cuándo ha venido la Martina de 10 años? ¿Cómo ha hablado contigo?
C: Con su cabeza.
T: Con su cabeza, qué bien. ¿Y tú quieres que la Martina de 10 años con su cabecita se quede ya en tu cabecita también para que te ayude a que ya no te pase malo del cole?
C: Sí.
T: Qué bien, qué bien, qué bien... Bueno, pues entonces vamos a hacer una cosa. Quiero que mires en tu barriguita con la Martina de 10 años que se va a quedar también contigo. Quiero que mires en tu barriguita si todavía queda algún pinchazo o ya no hay ninguno. Míralo bien, cariño, míralo bien.
C: Ya no hay.
T: Ya no hay, qué bien. Nada, nada, ya no queda ninguno.
C: No.
T: Y la energía de amarillo oscuro ¿ya se ha ido toda?
C: Sí.

T: Qué bien, qué bien, qué bien. Bueno, ahora la Martina de 10 años te va a ayudar a entrar en la cabecita de este año. Fíjate si la rabia de tu cabecita ha desaparecido también totalmente.

C: Sí.

T: Muy bien, y ahora la Martina de 10 años que es una campeona y ya ha aprendido todo, todo con su mente, ya lo ha aprendido todo te va a dar un regalo imaginario. Te va a hacer un regalo a ti. A la Martina de 7 añitos un regalo imaginario. Algo que es mágico. No lo podemos ver con los ojos del cuerpo, pero con los ojos del alma para que tú te quedes con ese regalito y ya nunca más te vuelva a pasar lo del cole, ni lo de la cabeza ni lo de la barriguita. ¿Cómo es el regalo que te va a dar?

C: No sé (en este momento vuelvo a utilizar el cuenco nepalí y acompaño a Martina con su sonido).

T: Tienes que imaginarlo. Es un regalo mágico que no se puede ver con los ojitos del cuerpo, pero sí con los ojitos del alma, ¿qué regalo te va a dar?, ¿te imaginas un animal fantástico?

C: No.

T: ¿No? ¿Qué quieres imaginar para ese regalo?

C: Un carrito de gemelos.

T: ¡Ah! Un carrito de gemelos. Bueno, pues entonces ahora le voy a hablar a la Martina de 10 años, ¿vale?

C: Sí.

T: Martina de 10 años, por favor, dale a la Martina de 7 años el carrito con gemelos. Dáselo.

C: No, yo solo necesito el carro, no los gemelos (dije: con gemelos y Martina me corrige).

T: ¡Ah! Uy, lo que yo te quería dar, por favor, los gemelos, Bueno, pues que sea solo el carro, ya está. Dale el carrito. Y cuando se lo dé la Martina de 7 años me lo va a decir que ya lo tiene.

C: Ya lo tengo.

T: ¡Qué bueno, ¡qué bueno! Bueno. Oye, por cierto, cuéntame cómo es ese carrito que te va a servir para que ya nunca más te vuelva a pasar lo que te pasaba.
C: Pues de dos caras, una atrás y otra delante.
T: Tiene algún color ese carrito.
C: ¿Sí?
T: ¿De qué colores?
C: Morado y rosa.
T: ¡Ay, morado y rosa, qué bonito, ¿no?
C: Sí.
T: Morado y rosa, qué bonito, muy bien. Bueno, pues ya sabes que tienes que guardar ese carrito dentro de ti, dentro de tu mente para que ya nunca más te vuelva a pasar lo de la barriguita ni lo de la cabecita, ¿vale?
C: Sí.
T: Y si alguna vez la Martina de 7 años se asusta, la Martina de 10 años le da el carrillo y ya se le pasa, ¿de acuerdo, cariño?
C: Sí.
T: Muy bien. Bueno, pues entonces yo creo que eres una campeona y creo que ya puedes abrir los ojitos me parece a mí. Ya lo has conseguido. Ahora, ¿me dejas que te dé un abracito por lo bien que lo has hecho?
C: Sí.
T: Anda, dame un abrazo y un cariño. ¡Ay, qué bien!

En este momento, Martina me ofrece un grandísimo abrazo y aprovecho para seguir reforzándole el gran trabajo que su alma ha realizado.

T: Ay, mi niña eres una campeona a la que ya no le va a pasar más eso. Bueno, cuéntale a mami lo que has vivido y cómo lo vas a hacer a partir de ahora para que ya nunca más te vuelva a pasar. Díselo.

Martina habla con su madre.

T: Muy bien, o sea, con tu mente poderosa ya eres capaz de superar eso para que ya no te pase más, ¿verdad?
C: Sí.
T: Y ya sabes que para superar eso tienes que ir al colegio y probarlo, ¿vale?
C: Sí.
T: Y si en algún momento se acuerda la Martina de 7 años lo que le pasaba, tú vas a coger a la Martina de 10 años que está contigo y le vas a dar el carrito para que ya no le pasa más y en ese momento se le quitará, ¿vale?
C: Sí.
T: Muy bien, si le vuelve a pasar, pero yo creo que a lo mejor ya no le va a pasar nunca más, ¿tú qué crees?
C: Yo creo que ya no.
T: Pues, ¿chocamos eso? (en ese momento chocamos nuestras manos). Quiero decirte que estoy muy orgulloso de ti, muy orgulloso de ti, ¿vale?
C: Sí.
T: Martina, cada vez que tú necesites algo de mí, me puedes llamar. Le puedes decir a mami: quiero hablar con Carlos un ratito, y me puedes llamar un ratito y hablamos, ¿vale?
C: Sí.
T: Pues venga, tira fuerte (ahora desenganchamos los dedos) ¡Ah! Ya está. Bueno, campeona, cuéntame, ¿cómo ha sido esta experiencia para ti?
C: Muy bien.
T: ¿Sí?, ¿cómo te has sentido?
C: Bien.
T: ¿Y dónde estaba el poder para solucionar todo lo que te pasaba?
C: En mi cabeza.
T: En tu mente, ¿verdad?

C: Sí.

T: Ahí estaba el poder, dentro de ti, y resulta que tienes dentro una Martina grande, con 10 años, poderosa, a la que ya no le va a pasar nunca más. Ella te va a ayudar siempre para que ya nunca, nunca más, te pase, ¿vale?

C: Sí

T: ¿Quieres decirle algo más a mamá?

C: No.

T: ¿Suficiente para ti?

C: Sí.

T: Muy bien. Pues hemos acabado el trabajo. Enhorabuena, campeona.

Testimonio de María, madre de Martina

Nuestra experiencia con Carlos ha sido muy positiva. Acudimos a él aconsejada por una compañera del colegio donde yo trabajo, al ver la desesperación ante la situación que estaba atravesando con Martina.

Martina comenzó en febrero/marzo de 2024 a negarse a ir al colegio con reacciones bastante violentas y de rabia ante cualquier persona que se ofrecía a ayudar para que se quedara en el aula matinal. Ella lloraba y suplicaba no quedarse allí. Como yo tenía que irme a trabajar la dejaba obligada la mayoría de los días con la esperanza de que fuera una simple rabieta y se le pasara al momento de irme.

La cosa se fue agravando y los episodios cada día eran más largos y más fuertes hasta el punto de que ella amenazaba con lesionarse. Esto llevó a un ingreso de Martina en USMIJ (Unidad de Salud Mental Infanto Juvenil) y un proceso bastante duro para ambas. Ella se negaba a separarse de mí porque consideraba que debía "protegerme" por una ruptura sentimental bastante dolorosa que estaba atravesando.

Todo esto sumado a muchos cambios en poco tiempo de lugar de residencia, colegio y entorno.

La relación con su padre no ha sido nunca la mejor, él descuida mucho la atención a Martina y ella siente que no la quiere ni la escucha.

Martina se empezó a medicar en abril de 2024 con dosis mínimas que fue aumentando. Ante el abandono del caso por parte de la Seguridad Social, acudo a un psiquiatra infantil que cambia la medicación de Martina y a la vuelta al cole tras el verano complementa con otra medicación más por la vuelta a la negativa de la niña a quedarse en el cole.

Desde la dirección del centro la presión hacia mí como madre y según ellos como compañera, es tremenda. No paran de llamarme por teléfono, y tuve que abandonar mi puesto de trabajo en varias ocasiones porque la única propuesta era que tenía que llevarme a la niña del centro. Yo seguía al pie de la letra las pautas indicadas por la psicóloga (a la que acude una vez por semana) y el psiquiatra que pautaba la medicación, pero no veía resultados y la situación era muy complicada.

Acudo a Carlos desesperada. Carlos me atiende por teléfono con toda la amabilidad del mundo y ofreciéndome terapia regresiva para Martina en su centro en Cártama. Acudimos con Martina al centro en octubre de 2024. Carlos nos recibió con mucho cariño, Martina nada más bajar del coche se abrazó a él. Le conté todo el caso de Martina y él nos explicó cómo iba a proceder con ella.

Nos propuso formar parte de un estudio experimental para la publicación de varios casos de terapia regresiva en niños y aceptamos formar parte de él. Tengo que confesar que yo era algo escéptica a que esto funcionara, pues llevábamos mucho tiempo intentando mil formas de que esta conducta desapareciera y no había manera.

Carlos estuvo con Martina poco tiempo, quizás una hora como mucho. Aplicó su terapia, durante la cual yo estuve pre-

sente en todo momento, Martina a pesar de ser una niña bastante nerviosa, no para quieta ni un segundo, y después de un viaje de 3 horas en coche, donde moverse pudo poco, permaneció tumbada y siguiendo las instrucciones de Carlos.

Al salir de allí volvimos a casa, Carlos nos indicó que sería recomendable que Martina fuera dejando la medicación que tomaba de manera progresiva y según pautara su médico y que no creía necesaria pues podría afectar a otras cosas en la niña.

A partir de la visita a Carlos el comportamiento de la niña empezó a cambiar. De manera progresiva, no de golpe ni inmediato. La niña empezó a ir contenta al colegio, dejó de negarse a entrar en clase. Cambió sus rabietas y empezó a ser más moldeable y más fácil de reconducir la situación cuando se producía alguna.

A toda persona que me pregunta lo recomiendo al 100% pues, yo no puedo decir que no haya funcionado. La niña es otra persona unos días después de haber acudido a Carlos. De hecho, se ha ido retirando paulatinamente la medicación en Martina y en enero ha dejado de tomarla.

La niña sigue teniendo algún que otro episodio de rabieta, pero nada que ver con las del año pasado. Cosas que se pueden reconducir fácilmente. Se puede hablar con ella, razona, escucha y tiene una actitud positiva y alegre con la que no contábamos al acudir a Carlos.

La verdad que yo he quedado impresionada con los resultado a pesar de que al principio pensé que iba a ser imposible cambiar esta actitud. Tengo que resaltar la atención, delicadeza, cuidado y cariño de Carlos con su trabajo y con su disposición, pues a nosotras nos ha ayudado cuando ningún fármaco había funcionado en ella. Solo puedo decir cosas positivas y estaré eternamente agradecida de haber acudido a su clínica y haber podido contar con él.

15 de abril de 2025

Testimonio-Conversación de Martina con su madre

Recibo un audio grabado por WhatsApp de una conversación que María mantiene con su hija Martina para que ella pueda ofrecer su testimonio. María me indica que Martina es un poco tímida y que le cuesta expresarse en algunas cosas. Se reproduce a continuación:

María: Buenos días, Carlos. Aquí Martina que te va a mandar su reflexión sobre la visita que hicimos a Cártama, venga... ¿cómo te sentiste tú con Carlos?
Martina: yo, bien.
María: ¿cómo estuviste, nerviosa, relajada, tranquila?
Martina: Tranquila.
María: ¿y cómo va todo?
Martina: bien.
María: ¿se ha cumplido todo lo que dijo Carlos?
Martina: sí.
María: ¿han cambiado las cosas?
Martina: sí.
María: y Carlos, ¿cómo se portó contigo?
Martina: bien.
María: ¿te dio miedo en algún momento?
Martina: no.
María: ¿algo más quieres decir?
Martina: gracias.
María: ¿a quién?
Martina: a Carlos.
María: ¿por qué?
Martina: por ayudarme.

15 de abril de 2025

Mía, Burla de los Niños

Sobre la Consultante

Mía es una niña de 11 años que acude a consulta porque siente rechazo por otros niños y miedo a no sentirse parte integrante de un grupo de referencia. Todo lo que le resulta injusto le resulta difícil de digerir. Su madre se está formando en mi centro como futura Terapeuta en Regresiones.

Antecedentes

María, la madre de Mía tuvo un sangrado durante el embarazo e ignora si le pudo afectar negativamente a su hija. Su papá se quedó en paro en aquella época y lo pasó muy mal. Mía tiene mucha necesidad de ser amada y reconocida. A veces lo vive de modo dramático y con cierta sensibilidad. Se molesta y le duele mucho cuando se le adjudica algo que no sea verdad. Tiene alergia a los ácaros y su madre cree que tiene que ver con ella.

Transcripción de la Sesión
Sesión On-Line, 8 de mayo de 2023

MÍA, CONSULTANTE (C): Ahora cada vez la tengo menos.
TERAPEUTA (T): ¿Por qué crees que está relacionado contigo?
MADRE DE MÍA, MARÍA (M): Conozco algo de biodecodificación y las alergias están relacionadas con el polvo y el abandono. De pequeñita dormía fatal y no me dejaba descansar. Apliqué el método Estivill a mi manera y la dejaba llorar a ratitos. Igual se sintió demasiado sola y lo haya podido somatizar de mayor. No estoy segura.

En esta fase de la terapia le explico a Mía en un lenguaje asequible a su edad todo lo que tiene que ver con la sesión ofreciéndole una serie de explicaciones que le hagan comprender todo lo que va a experimentar. En especial, enfoco el asunto en su capacidad de imaginar y el modo en que está relacionada con lo que su Alma pudiera necesitar. La niña está muy familiarizada con estos temas por influencia directa de su madre, quien se encuentra realizando la formación en terapia regresiva. Antes de comenzar me aseguro que ha comprendido todo y que no necesita explicarme ella ninguna otra cosas más. Le pido que retroceda a su pasado y que vaya a algún momento donde algo le está molestando.

T: Lo que pasa es que los adultos no somos conscientes y lo hemos olvidado y a veces los niños sí os dais cuenta. Pues ahora, tranquilamente, pues dirigida por tu almita, por esa alma tan bonita que hay en tu interior, vas a retroceder en el pasado, en tu tiempo y vas a ir a cualquier momento donde te esté pasando algo que te hace sentirme, sentirte un poquito mal. Donde hay algo que te está como molestando un poquito.

Enseguida responde entrando en una experiencia. Su lenguaje no verbal es evidente y claro.

C: Me entran ganas de llorar.
T: Muy bien ¿qué sientes ahora?
C: Dolor y tristeza.
T: ¿En qué parte de tu cuerpecito se te refleja ese dolor?
C: En el pecho.
T: ¿En algún otro lugar más?
C: En el pie.
T: Muy bien, ¿Dónde sientes la tristeza reflejada en tu cuerpo?
C: En el pecho también.
T: ¿Cómo es para ti la energía del dolor que sientes en el pecho y en el pie?
C: Me están como, como pasando colores oscuros, como que se me van cambiando.
C: ¿Qué color tiene la tristeza que sientes en tu pecho?
C: Alrededor es negro y cuando va pasando para adentro es como más liso.
T: Siente todo eso y permite que salga. Avanza, ¿qué más está pasando a tu alrededor?
C: Discusiones.
T: ¿Cómo es para ti discusiones?
C: En el colegio.
T: ¿Qué está pasando?
C: Me está pegando un niño.
T: ¿A qué se debe que te está pegando?
C: No sé, viene, me pega y se va.
T: ¿Cómo te pega?
C: Cómo si me diera una colleja en la cabeza.
T: ¿Qué sientes tú en ese momento?
C: Tristeza, dolor y ganas de llorar.
T: ¿Qué otra cosa está sucediendo a tu alrededor que no me hayas dicho?
C: Los otros niños se están riendo.
T: ¿Por qué se ríen?
C: Por la colleja que me da ese niño.

T: Avanza un poquito más, ¿qué más está pasando contigo cuando los niños se están riendo?
C: Me pongo mal y me voy.
T: ¿Cómo es para ti me pongo mal y me voy?
C: Me entran más ganas de llorar y me siento peor.
T: ¿A dónde vas?
C: Hacia los baños.
T: ¿Y qué sucede ahora, cuando te vas a los baños?
C: Hay gente, niños de mi clase.
T: Muy bien. ¿Y qué haces ahora cuando llegas ahí
C: Limpiarme la cara.
T: ¿A qué se debe que te tienes que limpiar la cara?
C: Tengo lágrimas.
T: Avanza un poco más y dime, ¿cómo acaba todo esto para ti?
C: Salgo del baño, pero no lloro más.
T: Muy bien, ¿lo peor ha pasado?
C: Sí.
T: Muy bien. Fíjate, hasta aquí, ¿cuál es para ti el momento más terrible de esta experiencia?
C: Cuando se ríen de mí.

Ahora le pido a Mía que vaya al momento inmediato anterior a cuando se están riendo de ella pidiéndole que avance muy lentamente para que pueda tomar consciencia de todo lo que ocurre en su cuerpecito en ese preciso instante. Le hago profundizar en el núcleo de ese momento y le llevo también al momento de la colleja.

T: Fíjate, cuando te dan la colleja, ¿cómo reacciona tu cuerpo?
C: Se pone flojo.
T: ¿Alguna otra cosita que le pase a tu cuerpo?
C: Me pongo la mano donde me ha dado el golpe.
T: ¿En la cabeza?

C: Sí.

T: Siente todo lo que está pasando, siente tu cuerpo flojo y el momento en que te pones la mano en la cabeza, fíjate, en este momento, ¿cuáles son tus reacciones emocionales?

C: Dolor y enfado.

T: ¿Dónde sientes el dolor?

C: En la cabeza.

T: ¿Y el enfado?

C: En el pecho.

T: ¿Tiene algún color el dolor que sientes?

C: Azul normal.

T: ¿De qué color es la energía del enfado que sientes en el pecho?

C: Negra.

T: Ahora que sientes el dolor y el enfado, ¿cuáles son tus relaciones mentales?

C: ¿Porque me ha hecho eso?

T: ¿Piensas o sientes algo más?

C: Que tengo ganas de hacerle lo mismo, pero no debo hacerlo.

T: ¿A qué se debe que no debes hacerlo?

C: No está bien lo que ha hecho.

T: ¿Sientes o piensas algo más?

C: No.

T: Vete al momento en que se están riendo los niños. Fíjate, ¿cómo reacciona tu cuerpo?

C: Siento más dolor y empiezo a llorar.

T: Muy bien, ¿Qué más sientes?

C: Mucha tristeza, más que antes (ahora leo su lenguaje no verbal antes de realizarle la siguiente pregunta).

T: ¿Sientes enfado también?

C: Sí, bastante, más todavía que antes.

T: ¿Sientes algo más aparte del dolor, la tristeza y el enfado?

C: No.

En esta fase de la sesión le hago ser consciente y sintiente de todo lo que su cuerpecito está experimentando.

T: ¿De qué otro modo reacciona tu cuerpo?
C: Empieza a correr.
T: ¿A qué se debe que empiezas a correr?
C: Siento vergüenza.
T: ¿En qué parte de tu cuerpo sientes la vergüenza?
C: En la cara.
T: ¿De qué color es la energía de la vergüenza?
C: Verde.
T: ¿Ocurre algo más en ese momento?
C: Me seco las lágrimas.
T: ¿Qué piensa una niña como tú en ese momento?
C: Me hago preguntas.
T: ¿Qué preguntas te haces?
C: ¿Por qué se ríen de mí?, ¿si les gustaría que les hiciesen lo mismo?
T: ¿Alguna pregunta más?
C: No.

Ahora le resumo todo lo que ha ido manifestando en los últimos minutos para que sea consciente de todo lo que está experimentando y sigo con mis preguntas.

T: Fíjate, todo esto, ¿cómo te influye ahora?, ¿qué te obliga a hacer?
C: Reflexionar.
T: ¿Cuantos años tienes cuando esos niños se ríen de ti?
C: Tengo nueve.
T: Han pasado dos años, ¿qué otra cosa te hace hacer?
C: Pensar.
T: ¿Te influye de alguna otra manera?
C: De ninguna más.

T: ¿Qué te obliga a pensar todo esto?
C: Que no le debo dar tanta importancia a la gente.
T: ¿Todo esto qué te obliga a sentir?
C: Tristeza.
T: ¿Alguna otra cosa que te obliga a sentir?
C: No.
T: Muy bien, y todo esto, ¿qué te obliga a pensar de los demás?, ¿de esos niños?
C: Que son malos.
T: ¿Y todo esto qué te obliga a pensar sobre la vida?
C: Que no es justa.
T: ¿Sabes lo que es sacar una conclusión de algo que nos ha pasado?
C: Sí.
T: Estupendo, ¿qué llegas a pensar, sentir o concluir después de lo que te ocurre con esos niños?
C: ¿Cuándo ya he salido del lavabo?
T: Sí.
C: Pienso lo mismo que ahora. Que no le tengo que dar tanta importancia a lo que piensan los demás.
T: Muy bien, ¿concluyes algo más?
C: No.
T: Todo lo que te ha pasado te obliga a reflexionar, ¿eso te favorece en algo?
C: En bastantes cosas.
T: Y verte obligada a reflexionar, ¿te impide algo?
C: No.
T: Y verte obligada a pensar, ¿te impide algo?
C: No.
T: Y darte cuenta de que no le tienes que dar tanta importancia a lo que piensan los demás, ¿te perjudica en algo?
C: Me ayuda bastante.
T: Muy bien. Muy bien.
C: A veces cuando lloro, alguno se ríe.

T: Muy bien, ¿y le das menos importancia cada vez?

C: Sí.

T: Y verte obligada todavía a sentir tristeza, ¿de qué modo te afecta?

C: A veces no puedo evitar llorar.

T: Y verte obligada a pensar que son malos, ¿cómo te afecta a ti?, ¿te impide algo?

C: Me impide parar de llorar por las cosas o acciones que hacen.

T: Y verte obligada a sentir que no es justo, ¿cómo te afecta?

C: Me hace ver que ni yo ni nadie lo tendríamos que hacer.

T: Oye, entonces, todo esto que te pasó con estos niños, ¿te está ayudando a ti a ser mejor persona y más consciente?

C: Sí.

T: Estupendo. Tu Alma está trabajando muy bien, Mía. Ahora con tu imaginación, vas a crear una sala de cristal muy bonita, luminosa, hermosa... en la que te sientes totalmente protegida, calmada y con mucha paz... la luz alcanza toda la sala y también a ti... es un lugar mágico... una sala para el alma... ahora te vas a situar en ella... puedes contemplar todo el pasado de una manera maravillosa y mágica... y vas a vivir todo lo que te ocurrió con esos niños pero sin sentir nada de todo lo que sentiste en aquella ocasión... estarás totalmente a salvo de todo eso... será como si lo vieras desde lejos... como si estuvieras fuera de tu cuerpecito... ahora quiero que observes algo de lo que quizás en su momento no te diste cuenta.... fíjate, cuando el niño se acerca a ti y te golpea en ese momento... mira lo que está pasando a tu alrededor... mira lo que le ocurre a tu cuerpecito... y dime, ¿ganas o pierdes energía en ese momento?

C: Pierdo.

T: Y cuando los niños empiezan a reírse de ti y sientes vergüenza, ¿ganas o pierdes energía?

C: Sigo perdiendo energía.

T: Y cuando ese niño te golpea, ¿se siente superior a ti?
C: Sí.
T: Observa con los ojos de tu Alma, ¿se lleva parte de tu energía?
C: Sí.
T: Y cuando los niños se ríen de ti, ¿se están llevando también parte de tu energía?
C: Sí.
T: En ese momento, ¿se sienten superiores a ti?
C: Sí.
T: Muy bien, pues toma conciencia de que este niño y los que se rieron de ti te están robando energía. Y toma conciencia de que cada vez que una persona te quiere avergonzar, agredir o abusar de ti de alguna manera, te está robando energía, ¿lo ves claro?
C: Sí.
T: Muy bien, ahora vas a meter al niño que te golpea en esa sala, frente a ti y un poco retirado, y también mete a los niños que se ríen de ti. Ahí estás totalmente segura y no pueden hacerte nada.
T: ¿Los tienes ya ahí?
C: Sí.
T: Muy bien, dirígete al que te golpeó y dile todo lo que tu Alma siente de verdad. Todo lo que le digas en este momento le llegará directo a su Alma y él no podrá evitarlo.

En esta parte de la sesión, a veces ayudo a Mía añadiendo alguna frase y pidiéndole que solo la repita si la siente como verdadera.

C: No Me parece bien lo que haces y menos sin ningún motivo. Deja de hacerlo... perjudicas a las demás personas y a ti también, aunque no te des cuenta... no tienes derecho a hacer esas cosas...

A continuación, Mía hace lo mismo con el resto de niños que se rieron de ella. También le ayudo con algunas frases clave.

T: Y ahora prepárate porque vas a recuperar toda tu energía. Visualiza al niño que te agredió y junto a él a todos los que se rieron de ti.

Ahora le ofrezco a Mía una serie de frases que le ayudan a recuperar su energía, procurando que sean frases comprensibles para ella y que reflejen exactamente lo que sintió cuando vivió la agresión y la humillación delante de los niños. Se hace un resumen a continuación.

C: Esa energía en mía... me la dio la Vida para mí... no tenéis derecho a tomarla de mí... no tenéis derecho a quitármela... ahora voy a recuperar todo lo que es mío...

Ahora le ofrezco una serie de indicaciones para que, de un modo físico, a través de sus brazos y manos vaya recuperando toda su energía y la vaya sintiendo en su propio cuerpo. Me aseguro en todo momento de que así vaya siendo.

T: Asegúrate muy bien, ¿has recuperado ya toda tu energía?
C: Sí.

Ahora viene una parte del trabajo que consiste en empoderar a Mía frente al agresor y el resto de niños. Del mismo modo, voy ofreciendo frases adecuadas a su lenguaje para que sienta cómo lo va consiguiendo. Se hace un resumen a continuación.

C: Os quito todo el poder que teníais sobre mí... rompo y anulo todo lo que permitía que eso fuera así... recupero mi fuerte, mi poder y toda mi autoridad frente a vosotros... nunca más conseguiréis que yo me sienta mal por vuestra culpa... queda totalmente prohibido para vuestras almas volver a penetrar en mi cuerpo y tomar de mi energía sin mi permiso consciente... nunca jamás volveréis a conseguir avergonzarme... eso se acabó... eso ya es pasado... ahora en mi vida mando yo... nunca más volveréis a tener poder sobre mí...

Ahora viene una parte del trabajo en la que Mía saca de su cuerpo y de su campo vibratorio todas esas emociones y energías que le estaban afectando y que le provocaban todas esas sensaciones. Es ella con sus propias manos quien se limpia de todas esas influencias siguiendo mis indicaciones. El Alma de Mía elige transmutar esas energías negativas y no devolvérselas a los niños y deja atrás el enfado, la tristeza, el dolor, la vergüenza, las ganas de llorar... todo esto lleva su tiempo y en todo momento me aseguro que lo haga profundamente hasta que no quede nada de esas energías. Esta parte del trabajo energético se realiza sacando de su cuerpo toda esa energía y colocándola en una nube energética (que se transforma en color oscuro conforme va haciendo el trabajo) a la que finalmente eleva hasta el Cielo transmutando toda esa energía oscura en energía de luz y amor.

T: ¿Ya está todo limpio en tu cuerpecito?
C: Ya está.
T: Ahora, coloca tus manos en tu pecho, en tu corazón, y siente toda la paz que esto te aporta, ¿qué tal para ti?
C: Todo muy bien.
T: Ahora vas a permitir que entre a la sala la niña de nueve años que tú fuiste, la que se quedó ahí con todas esas sensaciones y con su vergüenza. Esa niña es tu pasado y puedes traerla contigo a tu presente. Ahora ya sabes cómo manejar todo esto y ella y tú podéis vivir como una única niña sin todas esas antiguas sensaciones.

En este momento le ofrezco a Mía una serie de argumentos e información para que comprenda bien lo que está haciendo. Básicamente se trata de un trabajo de niña interior en la que la niña anterior de nueve años se incorpora energéticamente a la niña de ahora de nueve años y se fusionan integrando todo ese pasado. Me aseguro de que lo haga de un modo sentido y seguro. Se resume una pequeña parte del trabajo.

C: Tú eres mi pasado... yo soy el presente... he logrado sobrevivir a pesar de todo... ahora soy más consciente y fuerte... te necesito y tú me necesitas a mí... ya puedes dejar atrás todas esas cosas... volvemos a estar unidas como una única alma en mi cuerpecito de ahora...

T: ¿Cómo se siente ahora la niña de nueve años?

C: Mejor.

T: ¿Está ya contigo y tú con ella en tu cuerpo de ahora?

C: Sí.

T: Toma consciencia de que todo eso ya pasó y forma parte de tu pasado. Has recuperado toda la energía que tomaron de ti. Estás totalmente limpia de todo eso. Ahora, con tu imaginación vas a visualizar el centro del universo, el origen de todo, y vas a ver una luz muy bonita que te llena de paz, ¿puedes verla y sentirla?

C: Sí.

T: Muy bien, llénate de esa luz y dime, ¿qué color te viene para que podamos acabar todo este trabajo?

C: Blanco.

Ahora lo que suelo hacer es adjudicarle al color que elige el Alma del Consultante todas las propiedades que considero adecuadas para confirmar y cerrar adecuadamente el trabajo. Nunca lo hago del mismo modo y me dejo fluir por la propia experiencia del Consultante y por lo que mi propio ser me va proponiendo. Siempre hago esta parte del trabajo con los pies en la tierra (sin proponer nada ajeno al Alma del Consultante) y con la cabeza en el Cielo, proponiendo aspectos que le permitan seguir evolucionando e integrando la experiencia. Hay frases de refuerzo y proyección progresión en la que el Consultante se ve fortalecido y viviéndose a sí mismo de un modo más sano y auténtico.

T: Mía, ¿cómo te sientes ahora?
C: Bien.
T: ¿Sientes paz?
C: Sí.
T: ¿Eres consciente que ahora ya el poder lo tienes tú de nuevo y que ya estos niños ya no tienen poder sobre ti, digan o hagan lo que sea?
C: Sí.
T: Muy bien, oye, ¿es suficiente todo lo que hemos trabajado para tu Alma?
C: Sí.
T: ¿Te parece que terminemos la sesión ya?
C: Sí, yo me siento bien.
T: Muy bien, lentamente ve abriendo tus ojos y volviendo al aquí y ahora.

Testimonio de María, madre de Mía

El motivo de consulta que llevó a mi hija Mía a realizar una regresión fue la cuestión del rechazo que ella sentía, el miedo a no pertenecer a un grupo y sentirse miembro de pleno derecho como cualquier otra persona.

Mía siempre ha vivido de modo muy consciente el tema de la injusticia. En general, siempre ha estado situada ahí. Tanto en el colegio como ahora en el instituto, va enfrentándose con ese tema.

Realmente, después de la regresión si hubo cambios. Comenzó, poco a poco, a aceptar de buena manera que no todo el mundo ve la vida del mismo modo. Es consciente de que ella tiene una visión de la vida un poco más adelantada que la que se da en el nivel medio de su edad y está aprendiendo a aceptar que a veces ocurren injusticias y, sobre todo, a no sufrir tanto por ellas.

De hecho, ella decidió no continuar en el mismo instituto con sus anteriores compañeros porque necesitaba apartarse un poco de todo eso. Ahora, en el instituto, está un poco mejor, aunque al principio también le costó adaptarse.

En resumidas cuentas, las cosas no se solucionan de una sola vez, pero sí es cierto que la terapia regresiva le ha ayudado a seguir liberando ciertas cargas y supone una buena ayuda en los procesos por los que ella está pasando.

Figueres, 10 de abril de 2025

Testimonio de Mía

Me llamo Mía y este es mi testimonio en audio de la terapia que me hicieron cuando tenía 11 años. La verdad es que en el momento de la terapia volví a sentir las mismas cosas y fue duro para mí, pero es cierto que me sirvió bastante para poder afrontar la realidad y después de la sesión pude avanzar y dejar esa problemática atrás. Dejé de tenerle tanto miedo a eso y reconozco que fue una experiencia que me ayudó bastante a poder superar lo que tenía que trabajarme en ese momento y la verdad es que me sirvió mucho.

Figueres, 12 de abril de 2025

Osiris, la Ira de Papá

Sobre el Consultante

Osiris (nombre ficticio) es un niño de 10 años que acude a consulta por sufrir ansiedad y somatizar ciertos procesos. Tiene algún conflicto con una profesora y sus padres llevan separados varios años y a veces le puede la rabia y la ira. La sesión se realizará con presencia de su madre.

Transcripción de la Sesión

Sesión On-Line, 27 de abril de 2023

TERAPEUTA (T): ¿Qué le ocurre a Osiris?

ESTRELLA (E): Padece muchos dolores de barriga, especialmente al amanecer y al anochecer. Creo que es emocional y no físico, ya que va bien al baño y no tiene problema de gases. Desde pequeño, cuando comenzó con algunos conflictos internos y episodios de ansiedad, se le reflejaban en la barriga. Ahora, cuando observo que tiene algún problema y le pregunto él responde que no, aunque sí lo tenga. En este momento tiene un problema con una maestra y se agudiza cuando va al colegio.

T: Osiris, ¿estás de acuerdo con lo que dice mama?

OSIRIS (C): Sí.

T: Osiris, ¿hay algo relacionado con mamá, papá o el abuelo que te esté afectando?

C: Normalmente sí, sí me afecta.

E: Dile claro lo que te afecta de tu padre.

C: Me gritaba mucho.

T: ¿Con qué edad pasaba eso?

E: Desde muy pequeñito.

C: Cuatro o cinco años.

T: ¿Alguna cosita más que me quieres contar, Osiris?

C: Lo del sangrado de nariz.

E: Desde que era un bebé tiene mucho sangrado por nasales, sobre todo en estados emocionales alterados, por la calor. Además, cuando le veo llorar entra en ira y en rabia y dice que no le gusta su carácter, que le gustaría cambiarlo pero que no puede evitar "ser" así. Se frustra y lo pasa muy mal.

Obsérvese que en el lenguaje normal se confunde *padecer* algo con *ser* ese algo. Una cosa es sufrir o tener un mal carácter y otra muy distinta en ser ese mal carácter.

T: ¿Es así, Osiris?

C: Sí.

T: Muy bien, ¿eso le ocurre a alguien más en tu familia?

C: Si

E: Al padre, "es" un carácter muy parecido a su padre (misma identificación, ser no es tener). Su padre me trataba mal y luego, tras arrepentirse, actuaba como si no hubiera pasado nada. Nuestra relación solo duró un año y medio. A los tres meses de conocerle, quedé embarazada y tras parir se le cayó la máscara a ese hombre y ahí se fraguó nuestra ruptura. Osiris tenía un año y medio cuando nos separamos.

T: Osiris, ¿cómo es la relación con tu padre?

C: A ver, complicado. Con mi padre ahora me llevo bien, pero es difícil de dialogar con él, porque intento hablar y acaba hablándome mal, aunque yo le venga por las buenas.

T: O sea, que ahora mismo, digamos que la relación ha mejorado, pero que de vez en cuando al hombre le entra ese mal carácter, ¿es así?

C: Sí.

E: Compartimos la custodia. Una semana está con su padre y otra conmigo, pero si es verdad que su padre le baja mucho la autoestima. Le dice: eres un bebé, eres esto, eres torpe, eres tal. Siempre lo castiga por todo.

C: Un día que me dolía mi barriga me pusieron con la dieta blanda y me castigó así porque así. Decía que era una excusa para no ir al cole y lo sigue haciendo, no le puedo decir nunca que tengo un dolor.

T: Bueno, ya me hago una idea de la situación, ¿alguna otra cosa importante que yo deba saber?

E y C: Ya está

Antes de comenzar la regresión, le explico a Osiris en un lenguaje apropiado a su edad en qué consiste la Terapia Regresiva y le hablo sobre los beneficios que le puede proporcionar. Le doy la oportunidad de preguntar todo lo que necesite y, finalmente, está conforme con todo lo que vamos a hacer y admite hacerlo con sus ojos cerrados.

E: Yo ya le hice dos regresiones y lo hizo súper bien.

Su madre en este momento está formándose en Psicoterapia Regresiva en mi escuela. En este momento, ofrezco a Osiris más información, también en lenguaje infantil, y le doy algunas instrucciones concretas para que se pueda favorecer el proceso terapéutico a lo largo de la sesión. La imaginación intuitiva de Osiris jugará un papel fundamental y no deseo que la bloquee.

T: A la cuenta de tres, irás a un momento anterior en el que estás sintiendo ese dolor de barriga, 1, 2, 3..., ¿dónde estás?
C: En casa de mi padre
T: Muy bien, avanza un poco más, ¿qué está pasando?
C: Me está entrando un dolor de barriga como de inseguridad y empiezo a llorar.
T: ¿Qué sientes en este momento?
C: Dolor de inseguridad.
T: ¿En qué parte de tu cuerpecito la sientes?
C: En la barriga.
T: Muy bien, Osiris. Ahora utiliza tu imaginación, ¿de qué color sientes ese dolor de inseguridad en tu barriga?
C: De color rojo.
T: ¿Qué es lo más difícil para ti de lo que te está pasando con papá?
C: Cuando se ponen a pelear y yo estoy delante y me asustan
T: ¿Quiénes se están peleando?
C: Mi padre, con su mujer.
T: ¿Qué le dice papá a su mujer en este momento?
C: No puedo decirlo.

En este momento, Osiris no se atreve a reproducir las cosas que su papá dice mientras se pelea con su mujer. Interviene su madre para animarle a decirlo y yo también añado algunas ideas para que eso pueda ser así.

C: Que es una gilipollas y que parece que lo que quiere es entorpecer su vida.
T: ¿Qué le responde su mujer?

C: Que se tranquilice.
T: ¿Y papá se tranquiliza?
C: No, la sigue insultando.
T: Muy bien, Osiris. Entra en ese momento más difícil para ti y permítete sentirlo de verdad.

En este momento añado una serie de instrucciones que favorecen que Osiris pueda profundizar en el momento más duro para él.

T: ¿Qué le pasa a tu cuerpo?
C: Como que se encoge, me empiezo a sentir mal y me entra el dolor de barriga.
T: ¿Te duele alguna otra parte del cuerpo?
C: No.
T: Fíjate, cuando te encoges, empiezas a sentirte mal y te duele le barriga, ¿qué sientes tú?
C: Tristeza.
T: ¿Dónde la sientes?
C: También en la barriga.
T: ¿De qué color la sientes?
C: Verde.
T: ¿Cuántos años tienes cuando vives esta pelea?
C: Siete (ahora tiene 10 años).
T: Siete años.

Ahora le doy varias instrucciones a Osiris para que acceda a una experiencia anterior a los 7 años en la que también lo está pasando mal o está sintiendo cosas parecidas. Retrocede a una experiencia a la edad de 5 años en la que está entretenido con un juguete.

T: ¿Qué está pasando?
C: Mi padre me regaña porque no recojo los juguetes.

T: ¿Qué te dice mientras te regaña?

Osiris vuelve a quedarse sin hablar y parece como bloqueado tras oír la pregunta. Hay una clara interferencia que no permite profundizar más en este experiencia concreta. Tras varios intentos, decido ir en otra dirección. Le hablo directamente a su Alma y le propongo ir a otra experiencia en la que también lo esté pasando mal.

T: Dime lo primero que te venga a tu cabecita.
C: Tenía seis años y estaba jugando con mis hermanos (responde en pasado y yo le sigo hablando en presente para facilitar que profundice más en la experiencia).
T: Muy bien, ¿qué sientes ahora cuando estás jugando?
C: Felicidad.

Aquí tampoco aparece nada traumático para el Alma de Osiris, así que le sigo proponiendo que vaya a experiencias pasadas en diferentes edades y en ninguna de ellas vuelven a aparecer aspectos traumáticos, sino varios momentos de felicidad y de juego, hasta que, por fin, sí llegamos a un momento más difícil.

T: ¿Qué está pasando en este momento cuando te sientes mal?
C: Que se me ha roto un juguete.
T: ¿Dónde estás?
C: Aquí en casa, en la habitación.
T: Muy bien. ¿Cuántos años tienes ahora?
C: Dos.
T: ¿Y qué sientes?
C: Tristeza y a la vez ira.
T: ¿Dónde sientes la tristeza?
C: En la cabeza.
T: ¿De qué color la sientes?

C: Naranja.
T: Y la ira, ¿En qué parte de tu cuerpo la sientes?
C: En la cabeza.
T: ¿Te viene algún color de esa ira?
C: No.
T: Muy bien, Osiris. Vete justo cuando se te rompe el juguete y dime, ¿qué le pasa a tu cuerpo en ese momento?
C: Se hace más pequeño.
T: ¿Estás llorando en ese momento?
C: Sí.
T: ¿Qué piensas en ese momento?
C: El juguete no se va a arreglar.
T: Muy bien, utiliza de nuevo tu imaginación. Vete al momento en que se te va a romper tu juguete y dime, ¿qué está pasando?
C: Que estoy feliz, jugando.
T: Muy bien, avanza hasta el momento en que aparece la tristeza o la ira y cuando las sientas me lo dices.
C: Ya.
T: Imagina que sales de tu cuerpo y puedes ver esas la tristeza y la ira, ¿cuál llega primero?
C: La tristeza.
T: ¿Cómo aparece la tristeza?
C: Sale de dentro de mí.
T: Avanza un poquito hasta que empieces a sentir la ira y dime, ¿tarda mucho en aparecer?
C: No.
T: Muy bien, fíjate, ¿la ira viene de dentro o viene de fuera de ti?
C: De fuera.

Esto es muy importante, ya que al venir de fuera se le puede hacer comprender y sentir a Osiris que la energía de la ira no es suya, sino que viene del exterior.

T: Vete a un momento donde estés de verdad enfadado y dime, ¿qué es lo que te viene a la conciencia?

C: Estoy jugando con mi hermano y al acabar de jugar, él se va y me deja solo para recoger los juguetes.

T: ¿Cuantos años tienes en este momento?

C: Cinco.

T: Vete a los primeros segundos donde empiezas a sentir la ira y cuando empieces a sentirla, dímelo.

C: Ya.

T: ¿Viene de fuera?

C: No, viene de dentro.

T: Así que ahora que tienes cinco años la ira ya está contigo dentro, ¿verdad?

C: Sí.

T: Pero cuando tenías dos años la ira no estaba contigo dentro todavía, ¿verdad?

C: No.

T: La ira vino de fuera, ¿verdad?

C: Sí.

Este es un momento clave durante esta terapia, ya que Osiris tiene una oportunidad real de comprender y de sentir que la ira realmente no es tuya, sino que ha penetrado en él desde el exterior. Esto le permitirá dejar de identificarse tanto con ella y le ayudará a ir dejándola atrás. A continuación, le propongo que imagine un lugar (el que él quiera) donde se pueda sentir muy seguro y en paz. Él utiliza su imaginación para esta parte de la sesión, aunque le facilito algunas pequeñas pautas en el proceso.

T: Hay una luz preciosa que lo ilumina todo... además te sientes muy bien, en paz y feliz... es como si el Osiris que tú eres ahora se pusiera al principio de esa sala... y ahora, enfrente de ti, como si se abriera una puerta, vas a dejar pasar al

Osiris de dos años, el del juguete roto que siente inseguridad cuando está con papá... deja pasar también al Osiris de 7 años... cuando papá y su mujer están peleando... y vas a permitir también pasar al Osiris de 5 años... el que tienen la ira dentro... y observa muy bien lo que está pasando. Fíjate, toma consciencia... el Osiris de dos años no tiene ira, ¿verdad? Le viene de fuera, ¿cierto?

C: Sí.

T: Y cuando le viene de fuera, y se le pasa esa ira, fíjate, si la ira se va o se queda por ahí, escondida.

C: Se queda.

T: Muy bien, sigue ahí escondida, ¿verdad?

C: Sí.

T: Entonces, cuando pasa algo desagradable que te crea inseguridad, esa ira sale, ¿verdad?

C: Sí.

T: Y no la puedes controlar, ¿verdad?

C: Sí, es verdad.

T: ¿Y de qué te das cuenta ahora, Osiris? Fíjate, porque la tristeza que sientes sí es tuya, ¿verdad?

C: Sí.

T: ¿Y la ira es tuya o no es tuya?

C: No.

T: Muy bien, ¿y la rabia es tuya o no es tuya?

C: Tampoco.

T: Muy bien. Pues mira, vas a permitir que a esa sala pasen la ira y la rabia y les vas a dar la bienvenida a esos dos sentimientos... permite que también entre la tristeza... y ahora el Osiris de 10 años va a hablar con el Osiris de 2 años y le vas a explicar lo que le está pasando de verdad...

Ahora continúa otra parte del trabajo terapéutico en el que a través de un diálogo entre los distintos *"Osiris"* nuestro Consultante se da cuenta de muchas cosas importantes que le puede ayudar a superar todas estas emociones que le tienen atrapado. Con mi ayuda, Osiris va comprendiendo y sintiendo una nueva realidad. Como Osiris en este momento no encuentra las palabras adecuadas para mantener este dialogo, le ayudo con frases que él siente como verdaderas y que resultan terapéuticamente liberadoras. Es como si varias partes escindidas de su consciencia (su Alma) se pusieran de acuerdo y se reconocieran mutuamente, complementándose entre ellas y estableciendo acuerdos de colaboración con el objetivo final de soltar lo que a Osiris no le corresponde y que absorbió de los mayores. Se realiza un trabajo de profunda comprensión y también de profundidad energética. Se le ayuda a soltar las energías negativas que le dominaban y se le ayuda a recuperar las energías que en algunos momentos anteriores había perdido. Todo esto se hace de modo que Osiris va viéndolo claro y va dando su conformidad. Por su gran extensión, solo se reproducen algunos fragmentos del diálogo terapéutico mantenido entre Sitio y yo...

C: Y me hace sentir ira
T: Pero tú no eres eso.
T: Muy bien. Yo te voy a ayudar a soltarlo.

(...)

T: Y ahora le vas a hablar al niño de 5 años... el que le pasa eso con papá y con su mujer... eres una parte de mí... y tú no eres culpable de lo que está pasando entre papá y su mujer... esa ira y esa rabia no son tuyas.
T: Y ahora fíjate, como con los ojitos del alma se puede ver todo, quiero que me digas de dónde viene de verdad esa ira y esa rabia. ¿Quién tiene de verdad esa ira y esa rabia? Fíjate porque esa ira y esa rabia vino de fuera.

(...)

T: Entonces ¿a quién pertenece esa ira y esa rabia? ¿A ti o a papá?
C: A mi padre.
T: Muy bien. Pues ahora en la sala vas a dejar que pase tu padre también... con su ira y con su rabia...

(...)

Aquí se hace un trabajo psicoterapéutico y psicoenergéticos importante y profundo que hace que Osiris se quede en paz con su padre y que suelte todas las energías que no son suyas...

(...)

De la misma manera, se hace un trabajo parecido con su madre... se hace un trabajo de visualización para que Osiris sienta y pueda comprender lo importante que ha sido para su existencia el encuentro vivido entre sus padres y gracias al cual él está vivo en este momento... el objetico es que Osiris sienta que es digno de esta vida y que merece ser feliz...

(...)

T: Ahora ahí tienes a tu padre y a tu madre... con tus manitas vas a sacar toda la energía de ira y de rabia que sientas que hay en todos estos cuerpecitos, en todas estas edades... asegúrate con tus manos de arrancarla y de devolverla a tu papá, la que sea suya... esa energía no es tuya, ya no la necesitas...

Voy explicando a Sirio cómo hacer este trabajo energético con cada una de esas energías que ha ido experimentando... hace un trabajo muy completo con su padre... luego una parte también con su madre... finalmente confirma que se ha liberado de todo ello...

(...)

T: Fíjate si estás limpiando tu barriguita bien del todo, mírala por dentro, ¿está limpia?
C: Sí.
T: Muy bien, mira tu cabeza por dentro, asegúrate de soltar toda la energía y si hace falta, con tus manos, acompaña con tus manos y saca la energía de la cabeza. Saca toda la energía que tenga que ver con estos sentimientos que tu alma ya no quiere tener.
C: Ya.
T: Muy bien. Ahora mira, para quedarte en paz con papá y con mamá, le vas a decir a papá lo siguiente...

(...)

Aquí continuó con el trabajo psicoterapéutico profundo hasta su finalización...

(...)

T: Pues toma conciencia de una cosa. Es posible que papá un día se dé cuenta de su propia ira, de su propia rabia. Y es posible que un día él se cure de eso. Pero nadie puede obligar a que eso sea así. ¿Vale? Lo importante es que tú tomes conciencia de que a veces cuando estás con papá, cuando él saca su ira y su rabia, si tú no te proteges, esa rabia, esa ira te llega a ti, ¿verdad?
T: Sí.

C: Muy bien. Pues ahora te vas a proteger de esa rabia y de esa ira. Imagina un color, el color que más sientas. Ese color va a ser un color de protección. ¿Qué color te llega ahora?
C: El blanco....

(...)

Aquí continúo con esta parte importantísima de la sesión... No es posible reproducir todo el trabajo en este capítulo por razones de espacio... hago que Osiris acabe de tomar toda la energía masculina que en su momento no pudo recibir a través de su papá... hago lo mismo con la energía femenina en relación con su mamá...

(...)

T: Para que el alma de papá se sienta bien, aunque él no sea consciente, y el alma de mamá también se sienta bien, les vas a decir lo siguiente...

(...)

T: ... Sigue ahí en tu color blanco de protección... abraza al niño de dos años... tráelo... imagínatelo y dale un abrazo... y dile que eso acabó ya... que ya no necesita seguir sintiendo nada de eso... trae también al Osiris de 7 años... siente como finalmente, te has liberado de toda la ira, la rabia y la tristeza... siéntete envuelto en esa energía de color blanco... y acuérdate, cada vez que tengas un problema con algún mayor, envuélvete en la energía de color blanco para que la energía de los mayores no te alcance a ti y estés totalmente protegido, ¿vale?
C: Vale

(...)

T: Y con esta confianza, aquí termina el trabajo de esta alma tan bonita, tan bella, que, que viste ahora este cuerpo de niño bajo el nombre de Osiris, bueno, son las seis y cuarto de la tarde del día de hoy, veintisiete de abril de dos mil veintitrés.

(...)

Testimonio del Consultante y de su Madre

Después de la sesión, Estrella (su madre), Osiris y yo, mantuvimos una larga conversación sobre la sesión y otras cosas que está viviendo Osiris con su profesora. Osiris hizo un resumen de todo lo que había experimentado y le ofrecí la posibilidad de hablar conmigo en cualquier momento si así lo necesita. Le expliqué algunos ejercicios energéticos para soltar acumulación de energías negativas de modo que él solo las pueda hacer cuando sea necesario.

T: En poquitas palabras, Osiris, ¿cómo ha sido la experiencia para ti?
C: Al principio era como, ¿cómo decir? Al principio estaba alucinando un poco.
T: ¿Sí?
C: Después ya me fui acostumbrando hasta que ya era como algo normal.
T: Ah, qué bien, qué bien. ¿Y qué es lo que más trabajo te costaba antes?
C: Lo que más trabajo me costaba, no sé decir.
T: Muy bien. ¿Te costaba, por ejemplo, imaginar el color de la energía a veces o?
C: No, eso me venía directamente a la cabeza.

T: Ah, qué bueno. Oye, y cuando te diste cuenta que la energía de ira y de rabia no era tuya, ¿qué sentiste en ese momento?

C: Estaba alucinando un poco.

T: Sí, fíjate que se quedó contigo desde los dos añitos.

C: Claro, pues imagínate cuando desde hace ocho años que la tengo entonces, sí.

T: Y ahora ya la has soltado. Si en algún momento pasa algo con los mayores y tú vuelves a sentir rabia o ira, no pasa absolutamente nada, la vuelves a soltar y ya está. Acuérdate que no eres tú, ¿vale? No es de tu alma, no te pertenece a ti, ¿vale?

C: ¿Y papa?

T: Papá también, si él aprendiera podría superar su energía y su rabia, porque seguramente a papá también se la pasaron.

E: Sí.

C: Seguramente.

T: Claro, se la pasaron y no ha tenido la oportunidad de que alguien le ayude a limpiarla como tú has tenido hoy y tomar conciencia de que no es nuestro y a lo mejor papá siente en el fondo que no puede controlar y se cree, aunque no es verdad, ya que podría controlarlo, pero alguien le tiene que enseñar y si él no pide ayuda pues igual nadie le puede enseñar, ¿verdad?

C: Sí.

T: Osiris, ¿algo más que quieras compartir? A lo mejor este video mañana lo van a ver otros niños o algún otro papá que puedan necesitar ayuda para superar sus frustraciones y problemas. ¿Cuál sería el testimonio tuyo final? ¿Qué le dirías, desde tu propia experiencia, a cualquier persona, niño o mayor, que pudiera ver este video?

C: Recomendarlo, lo recomiendo, aunque a veces pase un poco de vergüenza y todo eso, al final lo acabas viviendo.

T: ¿Algo más, Osiris, antes de que terminemos?

C: Nada más.

T: Estrella, ¿para ti cómo ha sido la experiencia?
E: Pues muy bien, claro. He visto a Osiris sintiendo mucha vergüenza. Veía su presión corporal, era la inquietud de no terminar de relajarse y de estar con esa timidez que él tiene con los adultos. Cuando yo le hice esas dos regresiones que te dije, estuvo muy relajado y fluyó muy bien y todo lo primero que le venía a la mente lo decía; en cambio, hoy lo he visto muy tenso, pero lo importante ha sido que ha sido capaz de estar ahí todo el tiempo.
T: Tú como madre, que lo conoces bien, ¿te cuadra la experiencia del alma, lo que ha salido con lo que a él le pasa?
E: Sí, perfectamente. Y fíjate que hoy me ha llamado la directora, he tenido que ir a buscarlo a las doce porque le dolía la barriga.
T: Ajá.
E: Parece que acercándose a la experiencia el alma también ha manifestado los síntomas. Por la mañana era cuando iba a encontrarse con esa profesora, la Grego le llaman. Suele gritar y hablar mal a los niños.
T: Osiris, cuando te pase eso, te metes en la sala blanca en la que has estado durante la regresión y le hablas directamente al Alma de la Grego, igual que has hecho con el Alma de papá, y le dices: "Grego, yo no quiero tu rabia ni tu agresividad... y coges su energía y se la devuelves..."
C: Vale.
E: Estoy gestionando para sacarlo de ese colegio.
T: Osiris, eso te puede pasar en cualquier lugar. A lo mejor te va a otro colegio y te puede tocar alguna otra profesora tonta. Nunca se sabe. También te puede pasar lo mismo con un amigo o con algún adulto. Recuerda que cuando pasa eso, se puede reactivar la memoria del Osiris pequeñito y puedes volver a sentir lo mismo,

pero ahora, con esta experiencia de la regresión, no lo vas a permitir más.

T: ¿Ok, Osiris?

C: Vale.

T: Lo importante es que des gracias a la vida por tener a esa tonta profesora porque está recordándote en parte todo lo que has vivido con tu padre y eso te va a servir para entrenarte y hacerte más fuerte cuando te pasen cosas parecidas. Cuando tú veas a la profesora, tú imagínatela. Como una niña asustada o como una vieja con un vestido negro, muy fea y con muchas verrugas. Tú te la imaginas de manera cómica porque lo que está pidiendo esa señora a gritos es ayuda, pero no lo sabe. Las personas que están amargadas gritan y regañan a los demás, los acosan y cuando pillan a una persona que se siente un poquito débil o insegura, como te ha pasado a ti en algún momento, pues le quitan la energía. Y lo importante es que entiendas eso. No permitas que te quiten la energía ni esta profesora, ni tu padre, ni nadie. ¿Entiendes bien todo lo que te estoy explicando?

C: Sí.

T: Cuando los adultos se equivoquen y te toque aguantarlos porque eres niño, te encierras en la burbuja de color blanco y no permitas perder tu energía; ¿de acuerdo?

C: Sí.

T: Y cuando sientas que te llegan energías malas, la visualizas y cuando no te vea nadie, se las devuelves, ¿vale?

C: Sí, sí.

T: Lo importante es que nunca más te quedes con ninguna mala energía que no sea tuya, ¿vale?

C: Vale.

E: Muy bien, hemos aprendido, gracias, yo aprendí otra vez también.

T: Pues nada, familia, un placer de colaborar con vosotros.

Testimonio de Osiris

Tras pedirle a Estrella, la madre de Osiris, un testimonio lo más veraz posible de la experiencia que tuvo su hijo, recibí este mensaje en audio grabado con su propia voz y la de su hijo.

Me hice una regresión con Carlos porque me dolía la barriga todos los días. Tenía miedo y estaba siempre enfadándome sin saber por qué. Durante la regresión me sentí relajado porque mi madre estaba a mi lado y Carlos me trababa muy bien. Me sentía seguro y cómodo.

Después de la regresión, vi que mi problema era por las discusiones de mi padre con su pareja y él lo pagaba conmigo chillándome y castigándome, aunque yo no hubiera hecho nada malo. Todo eso me viene ocurriendo desde que yo tenía unos 3 años más o menos.

Carlos me enseñó a quitarme esas energías que no eran mías y a protegerme cuando los adultos se pelean delante de mí.

A los pocos días después de la regresión dejó de dolerme la barriga y dejé de estar nervioso.

Me llamo Osiris, tengo doce años y estamos a veintiséis de diciembre de 2024.

Testimonio de Estrella (madre de Osiris)

Soy la mamá de Osiris y acudí a Carlos para hacerle al niño una terapia regresiva. Mi hijo todos los días, al amanecer y al anochecer, sufría dolores de barriga y siempre estaba muy enfadado y lleno de ira sin ningún motivo aparente. A veces me trataba mal.

Él era consciente de sus emociones y sentimientos negativos, lo que le producía una profunda tristeza, pero no sabía por qué y eso lo angustiaba todavía más.

Al inicio de la sesión, Osiris estaba nervioso e intranquilo, pero tenerme a su lado unido el trato cercano, extremadamente paciente y casi en forma de juego que le dispensó Carlos le hizo sentirse más tranquilo y confiado.

Durante la sesión, Carlos llevó a Osiris al origen de lo que le pasaba cuando tenía entre tres y cinco años y su padre le gritaba y castigaba, molestándolo y quitándose sus juguetes sin causa alguna que lo justificara.

Osiris pudo revivir durante la regresión las continuas discusiones que su padre mantiene con su actual pareja, cosa que le hacía mucho daño y lo desequilibraba. Carlos usó psicoterapia durante la regresión e introdujo algunas técnicas que ayudaron al niño a darse cuenta de que todo eso que le pasaba y que estaba sintiendo no era suyo.

Creo que eso fue la clave de la sanación para Osiris, ya que por primera vez el niño sintió que el problema no era él como persona. Recuperó su propia inocencia y dejó de sentirse mal y culpable. Poder soltar esa carga y sentir que ya no tenía que seguir llevándola liberó a mi hijo.

Durante la sesión, Carlos le enseñó a desprenderse de todo eso y, lo que es más importante, le mostró el modo para no dejarse impregnar por esas energías adultas que tanto daño le estaban causando a mi hijo.

Soy mucho más consciente, después de la regresión a Osiris, de la enorme responsabilidad que tenemos los adultos, sobre todo los padres, en el manejo de las emociones y de la obligación de ir trabajando y resolviendo nuestros asuntos pendientes del Alma.

Ha pasado el tiempo y ahora Osiris sigue usando las técnicas que aprendió durante la sesión cuando algún profesor se equivoca con él. Ahora sabe distinguir las emociones negativas del adulto de turno de las suyas propias y ya no las absorbe como si fueran propias. Es un niño que está creciendo de una manera más sana y natural.

Huelva, 15 de abril de 2025